Democratizar el dinero

Una introducción a la Reforma del Dinero Soberano

Jesús Suaste Cherizola, Govert Schüller
y Mark Young
(editores)

ALLIANCE
FOR JUST MONEY

Democratizar el dinero. Una introducción a la Reforma del Dinero Soberano

Jesús Suaste Cherizola, Govert Schüller y Mark Young (editores).

D.R. Allliance for Just Money.
Bloomington-Normal, Illinois, USA

Con excepción del artículo "La verdad sobre los bancos", de Michael Kumhof y Zoltán Jakab, traducido por los Servicios de Traducción del Fondo Monetario Internacional, todos los artículos fueron traducidos al español por Jesús Suaste Cherizola.

Índice

Información de los autores y los artículos

Dinero para la gente

Mary Mellor es profesora emérita de la Universidad de Northumbria (Reino Unido), donde fue fundadora de la cátedra del Sustainable Cities Research Institute. Ha publicado numerosos textos sobre alternativas económicas que integran perspectivas socialistas, feministas y sustentables. Sus libros incluyen *Feminism and Ecology* (1997), *The Future of Money: From Financial Crisis to Public Resource* (2010) y *Debt or Democracy? Public Money for Sustainability and Social Justice* (2015). La versión original del artículo incluido, "Money for the People", está disponible en: https://greattransition.org/publication/money-for-the-people. Traducido con la autorización de The Great Transition Initiative.

La verdad sobre los bancos

Michael Kumhof es Asesor Principal de Investigación en el Centro de Investigación del Banco de Inglaterra. Zoltán Jakab es Economista del Departamento de Estudios del FMI. El artículo fue publicado originalmente en: *Finanzas & Desarrollo*. Publicación trimestral del Fondo Monetario Internacional. Marzo de 2016. Volumen 53. Número 1. Traducción a cargo de Servicios Lingüísticos del FMI.

La verdad salió a la luz: el dinero no es más que un pagaré y los bancos nadan en ellos

David Graeber es antropólogo y activista. Es profesor de la London School of Economics y autor, entre otros libros, de *Toward an Anthropological Theory of Value: The False Coin of Our Own Dreams* (2001), *Debt: The First 5000 Years* (2011), *The Utopia of Rules* (2015), *Bullshit Jobs: A Theory* (2018). El artículo que esta antología incluye se publicó originalmente en *The Guardian*, el 14 de mayo de 2014. La versión original está disponible en: https://www.theguardian.com/commentisfree/2014/mar/18/truth-money-iou-bank-of-england-austerity

Los vampiros financieros y *The Walking Debt*

Ole Bjerg es profesor de la Copenhaguen Business School. Sus investigaciones giran en torno al diagnóstico del capitalismo contemporáneo. Ha escrito numerosos estudios acerca de la creación monetaria. Entre sus libros se encuentran: *Poker: The Parody of Capitalism* (2011). *Making Money: The Philosophy of Crisis Capitalism* (2014) y *Parallax of Growth: The Philosophy of Ecology and Economy* (2016).

Kristian Bondo Hansen es profesor asistente de la Copenhaguen Business School. Sus investigaciones se centran en el uso de la tecnología dentro de los mercados financieros. Actualmente participa en el proyecto "Algorithmic Finance: Inquiring into the reshaping of financial markets", que estudia el funcionamiento de los algoritmos y la inteligencia artificial en el comercio de productos financieros, así como las interacciones humano-máquina dentro del mercado financiero.

El dinero dominante

Joseph Huber es profesor emérito de la Universidad Martin Luther Halle-Wittenberg. Economista y sociólogo, es especialista en la modernización ecológica y en el análisis de los sistemas monetarios. Sus libros incluyen: *Creating New Money. A monetary reform for the information age* (2000, en coautoría con James Robertson), *New Technologies and Environmental Innovation* (2004) y *Sovereign Money. Beyond Reserve Banking* (2017). Es fundador de Monetative –organización alemana que pugna por la implementación de la reforma del dinero soberano.

Capitalismo Covid-19, deuda neoliberal y la necesidad del dinero soberano

Tim Di Muzio es Profesor Asociado de Relaciones Internacionales y Economía Política en la Universidad de Wollongong y profesor asociado del Center for Advanced International Relations Theory, de la Universidad de Sussex. Sus investigaciones se centran en la desigualdad económica, la política energética y, más recientemente, en la deuda global y el dinero. Es autor de *The 1% and the Rest of Us, Carbon Capitalism: Energy Social Reproduction and World*

Order, The Tragedy of Human Development y, junto con Richard
H. Robbins, ha escrito *Debt as Power* y *An Anthropology of Money*, entre otros trabajos. Contacto: tdimuzio@uow.edu.au.

Consecuencias y obstáculos internacionales en la Reforma del Dinero Soberano

Mark Young estudió Planificación Urbana y Economía. Es miembro de The Alliance For Just Money y autor de *How to Fix the
Future. Using Cooperative Economics* (2012), libro que describe
la estructura del sistema monetario global y los beneficios de la
reforma monetaria. Actualmente es consultor y desarrollador en
Crossroads Development & Consulting Company.

Una solución viable a la crisis económica

Robert Poteat fue investigador del American Monetary Institute.
La versión original del artículo incluido, "Viable Solution to the
Economic Crisis", está disponible en: https://www.monetary.org/
wp-content/uploads/2013/12/Viable-Solution-to-Economic-Crisis.
pdf

La necesidad de la reforma monetaria

Después de trabajar 35 años en el campo de las finanzas, Stephen
Zarlenga se dedicó a la investigación sobre la naturaleza y la historia del dinero. En 1999 publicó la versión en alemán de *The Lost
Science of Money. The Mythology of Money – The Story of Power*
(la versión en inglés se publicó en 2002). En 1996, fundó el American Monetary Institute, organización independiente que promueve
el estudio de la historia monetaria. Fue uno de los principales im-
pulsores de la *NEED Act*, presentada al congreso estadounidense
en 2010.

El vínculo entre la justicia social y la reforma monetaria

Nick Egnatz es un veterano de la guerra de Vietnam. Durante años
ha protestado activamente contra los crímenes imperialistas del gobierno estadounidense, tanto personalmente como de manera im-
presa. Fue nombrado por la Asociación Nacional de Trabajadores
Sociales "Ciudadano del Año" de Northwest Indiana en 2006 por

su activismo pacífico. Desde 2012 trabaja de cerca con el AMI, a favor de la reforma monetaria integral contenida en la *NEED Act* como un primer paso para acabar con el militarismo estadounidense, las guerras, el imperialismo y la creciente desigualdad entre quienes están en la cima de la pirámide y el resto de los miembros de la sociedad. Contacto: OccupyNick@yahoo.com

Crear una economía ganar-ganar para el siglo XXI. Los problemas y las soluciones. (Extractos)

Mark S. Pash. Egresado de la University of California Los Angeles y de la University of Southern California. Es fundador y director del Center for Progressive Economics. Es autor de *E=mcf: Theory of Economic Relativity* (1999) y *Creating a 21st Century Win-Win Economy* (2017). Además, ha contribuido en diversas antologías de divulgación económica.

La creación de dinero en la economía moderna

Michael McLeay, Amar Radia y Ryland Thomas pertenecen al Monetary Analysis Directorate del Banco de Inglaterra. La versión original del artículo puede encontrarse en: https://www.bankofengland.co.uk/quarterly-bulletin/2014/q1/money-creation-in-the-modern-economy

Para más información sobre este libro visite
http://www.monetaryalliance.org/democratizar-el-dinero/

Presentación

The Alliance For Just Money [Alianza por el Dinero Justo] se complace en presentar al público hispanohablante la antología "Democratizar el dinero. Una introducción a la Reforma del Dinero Soberano".

Con sede en Estados Unidos, la Alianza por el Dinero Justo es una organización no partidista que agrupa a personas de los más diversos puntos de vista políticos, vocacionales, filosóficos y personales que comparten el proyecto común de trabajar conjuntamente (así como con aliados individuales y organizacionales que comparten nuestro propósito) para construir un sistema de dinero justo que sirva a la humanidad y al planeta. Nuestra misión es investigar, educar y organizar para alcanzar ese sistema.

Un objetivo de la Alianza es invitar a los hispanoparlantes al urgente y emocionante trabajo de reformar el dinero. Extendemos un agradecimiento especial a Jesús Suaste Cherizola como promotor y traductor de este importante proyecto.

Los ensayos que esta publicación incluye fueron seleccionados para dar al lector una amplia visión de la historia, problemas, soluciones y obstáculos relacionados con nuestro actual sistema monetario, así como para dar a conocer los beneficios que, para todos los ciudadanos, traería consigo la reforma monetaria que aquí planteamos. Las opiniones expresadas son responsabilidad de cada autor y no necesariamente representan el punto de vista de la Alianza. Invitamos a los lectores a disfrutar de los artículos y a recordar que todo aquello que es físicamente posible, ecológicamente sustentable y socialmente deseable, es también financieramente viable.

Mark Young
The Alliance For Just Money

Más información sobre la Reforma del Dinero Soberano

Invitamos a los lectores a visitar nuestro sitio web, así como nuestras plataformas en Facebook y Twitter. Aunque la información del sitio web está en inglés, puede ser vista en español utilizando la función de traducción de los dispositivos móviles y computadoras.

Si está interesado en obtener más información sobre la reforma monetaria o en tomar medidas en su comunidad, puede ponerse en contacto con el Movimiento Internacional para la Reforma Monetaria (IMMR, por sus siglas en inglés). También encontrará información sobre la reforma monetaria en la página del American Monetary Institute, así como en la página de la organización española Dinero Positivo, afiliada al IMMR.

The Alliance For Just Money

www.monetaryalliance.org

Twitter: @AllianceJust

Facebook:

https://www.facebook.com/Alliance-For-Just-Money-1058915514317464/

reform@monetaryalliance.org

Movimiento Internacional para la Reforma Monetaria

https://internationalmoneyreform.org/

coordinators@moneyreform.international

Dinero Positivo:

https://dineropositivo.es/

correo@dineropositivo.es

American Monetary Institute:

https://www.monetary.org/

ami@taconic.org

Más información de este libro y audiolibro:

http://www.monetaryalliance.org/democratizar-el-dinero/

Prólogo
Democratizar el dinero, una agenda pendiente
Jesús Suaste Cherizola

¿Cuántas crisis económicas más tendrán que producirse antes de que las organizaciones políticas y los movimientos sociales asuman como un objetivo prioritario la tarea de reorganizar el sistema monetario y financiero imperante?

Dentro del debate público de las sociedades contemporáneas, la cuestión de cómo transformar el sistema monetario y financiero parece no ocupar un sitio prioritario. Esta ausencia resulta paradójica. Por un lado, es a todos evidente que las instituciones financieras concentran demasiado poder: millones de ciudadanos alrededor del mundo son asolados por el peso del endeudamiento y han sufrido los estragos de las crisis que generan los mercados financieros; decenas de gobiernos, en los últimos treinta años, se han visto obligados a implementar rescates bancarios con dinero de los contribuyentes. Pero por otro lado, la cuestión de qué hacer con la estructura del sistema monetario y financiero es una pregunta que parece caer en el olvido: no es sólo que los diversos actores políticos de las sociedades modernas carezcan de un plan de acción para la transformación radical del sistema financiero; parece que ni siquiera existe una conciencia clara sobre la importancia de someter las cuestiones monetarias al escrutinio del debate público.

Tal vez una de las mayores victorias del régimen oligárquico que hoy padecemos, reside en haber convencido a la ciudadanía de que los temas asociados a las finanzas son ajenos al interés de las mayorías y que incumben únicamente a un puñado de expertos. Como consecuencia, y pese a que vivimos en una sociedad completamente monetarizada, la comprensión general del dinero y sus implicaciones políticas suele ser deficiente y estar mistificada por explicaciones erróneas.

A contracorriente del olvido en el que se encuentra la pregunta por el dinero, este libro busca mostrar al lector que un sistema monetario –el conjunto de reglas mediante las cuales el dinero es creado y puesto en circulación– es el escenario de una lucha por el poder cuyas consecuencias impactan en todos los ámbitos de la vida cotidiana. ¿Qué consecuencias tiene la estructura del sistema monetario en la distribución del poder y el ingreso entre las clases sociales? ¿Y qué sistema monetario es compatible con los principios de libertad e igualdad que suscriben las sociedades modernas?

El tema central del libro –la reforma del dinero soberano– se despliega en dos direcciones:

1) El diagnóstico de que en las sociedades contemporáneas el poder de creación monetaria ha sido capturado por los bancos comerciales y, por lo tanto, está sometido a los imperativos de la obtención de la ganancia privada –no del beneficio colectivo–.

2) Un plan de acción: en respuesta a las contradicciones y problemas que engendra el sistema privado de creación monetaria, la reforma del dinero soberano propone implementar un sistema en que la creación monetaria (al igual que otras prerrogativas estatales, como la creación de leyes y el monopolio de la violencia legítima) sea una potestad del Estado y esté sometido al control democrático de la ciudadanía.

El proyecto de la reforma del dinero soberano, en fin, entraña una lucha por sustituir el vigente sistema privatizado de creación de dinero, por un sistema monetario bajo control del poder público.

La pregunta por el dinero

Dado que el sistema financiero ha creado una jerga especializada, es preciso detenerse a aclarar el significado de algunos términos e ideas que el lector encontrará frecuentemente a lo largo de este libro.

El diagnóstico que subyace a la reforma del dinero soberano parte de una indagación sobre la naturaleza del dinero. El dinero, sin embargo, es un objeto más difícil de definir de lo que el sentido común tiende a asumir, en particular porque en las sociedades contemporáneas el dinero se presenta ante nuestros ojos bajo dos formas irreductibles pero que en la vida cotidiana se confunden.

Tal vez la representación más familiar que tenemos del dinero es la de los billetes y monedas, cuya creación es todavía una prerrogativa de los Estados, y que utilizamos para llevar a cabo gran parte de las transacciones económicas de la vida cotidiana. La segunda forma del dinero es la de los depósitos bancarios: un mero "registro" contable que indica la cantidad de dinero que el banco se compromete a entregarle al titular de la cuenta si éste lo solicita. Cuando, en el habla cotidiana, decimos que "tenemos dinero" para referirnos al dinero registrado en nuestras cuentas bancarias, lo que en realidad tenemos es la promesa de un banco. La primera forma suele ser llamada "dinero en efectivo". A lo largo de este libro, la segunda forma recibe nombres como "dinero bancario" o "dinero en cuenta". Cuando se habla de dinero "en sentido restringido", suele hacerse referencia al dinero emitido por el banco central (monedas, billetes y "reservas", es decir, los depósitos de los bancos comerciales en sus respectivas cuentas en el banco central). Cuando se habla de dinero "ampliado", se incluye también al dinero de los depósitos bancarios.

Dentro de las economías desarrolladas, aproximadamente el 10 por ciento del dinero está constituido por el dinero emitido por el gobierno. El 90 por ciento restante toma la forma de depósitos. Esto quiere decir que, a diferencia del dinero objetivado en las monedas y los billetes, la mayor parte del dinero de las sociedades existe como dinero bancario, el cual es utilizado para realizar pagos a través de transacciones electrónicas.

El estatuto del dinero adopta, así, una forma paradójica: en estricto sentido los depósitos bancarios no son dinero, sino "promesas de pago". Pero en los hechos, esas promesas son utilizadas como dinero y constituyen la mayor parte de aquello que llamamos dinero.

Ahora bien, el elemento crucial de este sistema es el hecho de que, al contrario de lo que comúnmente se cree, el otorgamiento de un crédito no presupone ni requiere de un dinero previamente ahorrado. En otras palabras, un préstamo bancario no es la transferencia de un dinero ya existente de la cuenta de un ahorrador hacia la cuenta de un deudor. Al emitir préstamos, los bancos "crean" dinero al "crear" el depósito bancario correspondiente: esta creación es un registro contable que los bancos generan al introducir un número en sus computadoras. En esto se funda el poder de creación monetaria de los bancos.

Del hecho de que en la sociedad existan dos formas de dinero (o bien, un dinero emitido por la autoridad central y una "promesa de dinero" –los depósitos bancarios– que para efectos prácticos cumple con todas las funciones del dinero) se siguen algunas consecuencias que a primera vista pueden parecer extrañas pero con las que el lector se familiarizará a lo largo de este libro:

- Bajo el vigente sistema de creación monetaria, la práctica que permite la creación de dinero bancario (es decir, aquello que consideramos como la mayor parte de nuestro dinero) es la emisión de préstamos. Esto quiere decir que el dinero bancario es dinero creado bajo la forma de deuda, sobre el cual los bancos comerciales cobran intereses.

- Contra la extendida creencia, los bancos no son "intermediarios" entre ahorradores y deudores (no "prestan" el dinero que otros "ahorran"). El dinero que los bancos prestan es dinero que se crea en el momento en que se concede el crédito.

- Si la práctica del endeudamiento se detuviera, ello implicaría la contracción de la masa de dinero bancario (es decir, de la mayor parte del dinero en la economía).

- Cuando se emite un préstamo, se crea una cantidad de dinero (un depósito bancario) por un monto equivalente al "principal" de dicho préstamo. Sin embargo, un crédito entraña también una promesa de pagar intereses. Esto quiere decir que, por definición, un préstamo crea menos dinero del que se necesita para que el deudor pague su deuda.

- A nivel sistémico, este hecho hace que la deuda sea "estructuralmente impagable". Una persona puede terminar de pagar su deuda, pero es imposible que todas las personas paguen sus deudas al mismo tiempo, pues no existe la cantidad de dinero suficiente en el sistema para hacerlo.

- El endeudamiento es una condición inherente al funcionamiento de la economía: sin deuda no hay dinero. Y mientras menos deuda se emita, menor será la cantidad de dinero en circulación.

- El poder de creación monetaria está en manos de un sistema privado y, como tal, está orientado hacia la generación de ganancias de los bancos comerciales, no hacia el interés público.

- El poder de creación monetaria que hoy ostentan los bancos está en la base de la generación de las burbujas financieras.

- Si bien los gobiernos conservan formalmente la facultad de determinar su moneda, así como el monopolio de la emisión de billetes y monedas, en los hechos han delegado el poder de creación monetaria a los bancos comerciales.

- La forma aparentemente familiar que tienen los depósitos bancarios revela su naturaleza problemática en cuanto consideramos que el depósito bancario de un individuo es la deuda de alguien más y que, por lo tanto, la suma de los depósitos bancarios son una deuda de la sociedad hacia el sistema bancario.

- Todo el dinero depositado en el sistema bancario, es deuda que está generando intereses para los bancos comerciales.

- Si los bancos han acumulado tanto poder, hasta el punto de obligar a los gobiernos a rescatarlos de la bancarrota cuando las crisis financieras se producen, es porque se han apoderado de la facultad de creación de la partícula elemental de las transacciones económicas de la sociedades modernas: el dinero.

Los artículos aquí compendiados buscan dar respuestas a las preguntas que este sistema plantea: ¿cómo se constituyó el sistema monetario que hoy nos rige y a quiénes beneficia? ¿Qué consecuencias tiene el hecho de que la mayor parte del dinero existente tenga la forma de un depósito bancario y, por lo tanto, se haya creado a través del endeudamiento? ¿Qué sistema de creación monetaria necesitamos si queremos construir una sociedad más justa? ¿Y qué relación existe entre dicho sistema y el resto de los problemas que las sociedades enfrentan: la inestabilidad financiera, la precariedad salarial, el desempleo, la desigualdad, el endeudamiento de individuos y gobiernos, el cambio climático y la necesidad urgente de construir una economía sustentable?

Este libro, en fin, puede ser leído como un esfuerzo por desentrañar las consecuencias e interrogantes que se alojan en esta frase simple, *los bancos privados crean dinero*, principio en el que se expresa una compleja estructura de poder. Las respuestas convergen en el proyecto de la reforma del dinero soberano, es decir, la propuesta de devolver al Estado el monopolio del poder de crear dinero, y convertir a los bancos en verdaderos intermediarios entre ahorradores y deudores.

El contenido de esta antología

El presente libro combina textos que abordan la cuestión de la reforma monetaria desde una perspectiva teórica, con textos escritos desde el activismo político –centrados, principalmente, en la experiencia de las organizaciones que, en Estados Unidos, han luchado por implementarla–. Es una tarea pendiente adaptar el estudio y la práctica de la reforma monetaria a las particularidades de cada país.

El orden de los artículos ha procurado partir de la presentación de los temas elementales de la reforma del dinero soberano (¿qué es el dinero, qué formas adopta, cómo y por qué el sistema de creación monetaria fue privatizado?) para después dirigirse hacia la relación entre el sistema monetario y el resto de los sectores de la sociedad. (La única excepción a este orden es el artículo "La creación de dinero en la economía moderna", de Michael McLeay, Amar Radia y Ryland Thomas, publicado por el Banco de Inglaterra. Por ser el texto más técnico y de mayor complejidad, ha sido colocado al final. Si el lector desea partir de una exploración en detalle del proceso de creación monetaria, puede comenzar por este artículo).

Es imposible agotar en un solo volumen todos los temas y problemas que se reúnen en torno al proyecto de la reforma del dinero soberano. Como el lector constatará, ni siquiera es sencillo ubicar esta reforma dentro de la antinomia política clásica izquierda/derecha. En la medida que la reforma aspira a limitar el poder de los bancos a través de la nacionalización del dinero, parece tratarse de un proyecto cercano a las luchas históricas de la izquierda; pero en la medida que esta propuesta busca acabar con el poder oligopólico de los bancos, es compatible con los ideales del liberalismo económico. Más allá de estas coincidencias, y de las formas específicas que deberá adoptar la reforma en función de las condiciones de cada país, es urgente que la ciudadanía tome conciencia del poder implicado en el sistema monetario y cuestione su estructura vigente. En el contexto de una crisis que ha abierto nuevas posibilidades para la organización social, el proyecto de la reforma del dinero soberano propone un objetivo al mismo tiempo concreto y de gran alcance: limitar el poder de los bancos privados retirándoles la facultad de crear dinero.

Considero que el mundo hispanohablante (lo mismo la España capturada por el Banco Central Europeo, las políticas de austeridad y la ortodoxia tecnocrática, que los países latinoamericanos sometidos al peligro constante de la fuga de capitales, las crisis financieras y el peso de la deuda externa) es un terreno propicio para que las reflexiones en torno a las posibilidades y beneficios del dinero soberano cobren fuerza. Este libro espera contribuir a alimentar ese debate y enriquecer la lucha de las fuerzas democráticas en su búsqueda de una sociedad más justa.

Aprovecho este espacio para externar mi agradecimiento a *The Alliance For Just Money* –en particular a Mark Young y Govert Schüller– por su invaluable apoyo para la publicación de esta antología.

Dinero para la gente

Mary Mellor

Las iniciativas locales pueden generar avances modestos en la sustentabilidad, pero no la transformación de gran escala que necesitamos. Alcanzar este desafío requerirá, entre otros factores críticos, cambios sustanciales en la manera en que creamos y usamos el dinero. Como la historia demuestra, el dinero es un constructo político y social. Es la privatización del dinero –y no el dinero en cuanto tal– lo que ha alimentado la explotación social y la destrucción ambiental. En contraste, el dinero podrá contribuir al avance de una Gran Transición a condición de que sea reconquistado por el sector público. Al contrario de lo que el neoliberalismo asevera, el Estado puede crear dinero libre de deuda, distinto al dinero que conduce al crecimiento destructivo y agudiza la desigualdad. El dinero público puede facilitar la provisión de seguridad social y de una vida sustentable para todos. Pero para que dicho sistema de dinero público funcione, debe haber un robusto control democrático sobre el proceso de toma de decisiones monetarias, así como una vigilancia rigurosa sobre su implementación.

¿Por qué el dinero?

Si queremos transitar hacia una sociedad justa y sustentable, es necesario tener claridad sobre el punto en el que nos encontramos hoy.[1] Actualmente, la mayoría de la población del mundo –tanto en los países desarrollados como en los países en vías de desarrollo– vive en áreas urbanas. Es improbable que esta realidad demográfica cambie, pues la gente no se muestra dispuesta a regresar *en masse* a los medios de sustento rurales. Las innovaciones locales, cara a cara, en la producción y el intercambio, pueden representar pasos importantes, prefigurando los cambios de escala nacional que necesitamos. Sin embargo, estas estrategias son más apropiadas para áreas relativamente autocontenidas, y no pueden contribuir a la transformación sistémica que necesitamos.

---

1 Este ensayo está basado en mi libro *Debt or Democracy: Public Money for Sustainability and Social Justice* (London: Pluto, 2015).

En el mundo contemporáneo, el *aprovisionamiento*[2], la creación y la distribución de los bienes y servicios básicos, dependen del dinero. La mayoría de las personas vive en economías de mercado con cadenas de suministro entre moderadas y de larga distancia. Bajo el capitalismo conducido por el mercado, los medios de vida individuales y los servicios públicos dependen del éxito del mercado, y el dinero funciona como medio de cambio y como una fuerza conductora que opera detrás de la participación de los agentes en el mercado. El objetivo primario de la economía capitalista de mercado no es el aprovisionamiento de bienes esenciales y servicios para la gente, sino la inversión de dinero y trabajo en actividades que rinden todavía más dinero (i.e., ganancia) para los propietarios del capital. Esto crea una economía de dos fases: en primer lugar, la gente trabaja para asegurar un ingreso que le permita pagar por los bienes y servicios básicos que necesita para sobrevivir. Pero como el trabajo es necesario para la supervivencia, y en vista de que el mercado determina su propósito y disponibilidad, las personas pueden terminar en trabajos perjudiciales para ellas, para los demás y para el medio ambiente.

Justificadamente, el dinero tiene mucha mala prensa. El amor al dinero, o la avaricia, ha sido culpado del sobreconsumo y la explotación de las personas y el planeta. Dicho esto, es difícil vislumbrar cómo los bienes y servicios podrían ser producidos y hechos circular a gran escala sin un mecanismo que facilite la comparación del valor y el intercambio de los mismos. No es el dinero como tal la fuente del desequilibrio en nuestras relaciones con los demás y con la naturaleza, sino más bien la manera en que el dinero es creado y puesto en circulación dentro de las economías de mercado contemporáneas.

La existencia del dinero –es importante señalarlo– no supone la existencia de un mercado, pues en casi todas las sociedades humanas ha habido algún tipo de dinero. El dinero simplemente provee una unidad de valor reconocida. Esa unidad puede ser un precio dentro de un mercado, pero también puede ser el tamaño de un regalo o la medida de una necesidad. El equiparar del dinero con

---

2 Este ensayo adopta la noción feminista de "aprovisionamiento", que se refiere a las áreas de las necesidades humanas no monetarizadas y la resiliencia de la naturaleza. Más sobre este concepto en Marilyn Power, "Social Provisioning as a Starting Point for Feminist Economics", *Feminist Economics* 10, no. 3 (2004).

la moneda, como a menudo se hace, es confundir la forma con la función. Esto implica suponer que el dinero *encarna* un valor, cuando de hecho *representa* un valor. El dinero puede tomar la forma de algo con valor de uso (ganado, grano), algo con valor social (una piedra especial, conchas de mar), algo con poco o ningún valor (papel, madera, metales comunes) e incluso algo sin forma física (transferencias bancarias, promesas verbales). La unidad de valor puede ser tangible (ovejas, cuentas) o intangibles (libra, dólar, euro).

El dinero, en otras palabras, es un constructo social y político. La utilización del dinero no estimula necesariamente la explotación humana ni la destrucción ecológica. Es la ideología del capitalismo neoliberal lo que pone a la ganancia monetaria por encima de las preocupaciones sociales y ecológicas, y es el sistema privado de dinero emitido por los bancos comerciales, lo que nos mete al pernicioso ciclo de deuda y crecimiento.

A menudo, la visión de las comunidades ecológicamente sustentables pone su atención no en el Estado sino en la economía social, que ocupa un sitio entre el Estado y el mercado.[3] Las características de la economía social, tales como las empresas comunitarias, las cooperativas y los mercados locales basados en dinero local, son todas benéficas, pero insuficientes para poner en marcha la Gran Transición. La creación de un futuro justo y sustentable supone un compromiso masivo que requerirá un nivel de coordinación que sólo el Estado puede ofrecer. Por ende, necesitamos atender al potencial de las economías gobernadas democráticamente, en las que el dinero sea tratado como un recurso público para el aprovisionamiento sustentable.

Sin embargo, el neoliberalismo, que ha influenciado gran parte del pensamiento convencional sobre el dinero, es obstinado en la idea de que el sector público no debe crear ("imprimir") dinero, de suerte que el gasto público debe estar limitado a lo que el mercado puede "permitirse". Según este punto de vista, el dinero es un recurso limitado, y el mercado asegura que sea utilizado eficientemente. ¿Esto quiere decir que el dinero público es un sueño imposible? No, pues la crisis financiera y la respuesta que recibió socavaron el dogma neoliberal. El sector financiero desempeñó de-

---

3 Para más información sobre la economía social, véase "Social Economy", Organization for Economic Cooperation and Development, 2017, http://www.oecd.org/cfe/leed/social-economy.htm

ficientemente su papel de creador de dinero a tal grado que el Estado tuvo que intervenir y proveer un respaldo monetario ilimitado para rescatarlo. La creación de dinero *ex nihilo* por parte de las autoridades públicas reveló la naturaleza inherentemente política del dinero. ¿Por qué, entonces, el poder de crear dinero fue cedido al sector privado, y con tan poca vigilancia pública? Y si el dinero puede ser creado para servir a los bancos, ¿por qué no crearlo para que sirva a la gente y al medioambiente?

Mitos en torno al dinero

Uno de los mayores obstáculos existentes para la reapropiación del dinero en aras del interés público, reside en la extendida incomprensión de lo que es el dinero. La historia convencional del dinero descansa en una serie de mitos que obscurecen sus orígenes sociales y políticos. El primer mito es que el dinero y el mercado comparten un origen común, y que las economías modernas, basadas en el dinero, emergieron a partir de economías de trueque. Sin embargo, no existe evidencia histórica de la existencia de economías amplias basadas en el trueque, y el dinero, como se explicará en la siguiente sección, tiene una historia social y política mucho más compleja. El segundo mito es que el dinero se originó como una moneda de metal precioso. Si bien en ciertos momentos el dinero ha estado hecho de este tipo de metales, también ha tomado formas mucho menos valiosas, cuyo uso precedió por mucho la invención de las monedas. El entender al dinero como hecho de algo valioso (oro, plata) sugiere que el dinero es deseable por sí mismo, como una encarnación del valor. Pero el reconocer que el dinero carece por sí mismo de valor (metales comunes, madera, papel), permite verlo como el signo que representa una relación social –y eso es el dinero en realidad.

Los presupuestos sobre la importancia histórica de la moneda de metal precioso dieron origen a un tercer mito, según el cual la actividad bancaria emergió de la gestión de depósitos de metales preciosos que eventualmente fueron representados por papel moneda y registros contables. En realidad, la actividad bancaria se originó mucho antes de la acuñación de monedas de metales preciosos, y los registros contables fueron una característica central. A su vez, esta incomprensión histórica contribuyó a la creación de un cuarto mito: que hoy los bancos meramente vinculan a los ahorradores de dinero (los titulares de los depósitos) con quienes piden préstamos. Como ha sido reconocido de forma cada vez más abierta por la Reserva Federal, el Banco de Inglaterra y el Fondo Monetario Internacional, y como ha sido sostenido por teóricos del dinero, los bancos, de hecho, crean nuevo dinero cuando emiten préstamos, abonando el depósito de un dinero previamente inexistente en las cuentas de quienes lo reciben. En la actualidad, las autoridades públicas monetarias retienen el monopolio de la producción del dinero en efectivo (billetes y monedas), pero el dinero que los bancos crean también es parte de la masa monetaria nacional y circula en la economía como tal.

Todos estos mitos, ampliamente difundidos, descansan en una mala lectura de la historia del dinero. ¿Cuál es, entonces, la historia real?

Breve historia del dinero

Las formas de dinero más tempranas fueron utilizadas casi completamente dentro de diversos contextos sociales, e.g., pagos y multas por una injusticia o una injuria, dotes y regalos para construir solidaridad social o evitar conflictos. A medida que los Estados centralizados emergieron, el dinero apareció bajo nuevas formas, tales como el pago de tributos, los gastos estatales y la recaudación de impuestos. En Estados más tempranos, el uso del dinero fue registrado en jeroglíficos o representado en formas simbólicas como tabletas de arcilla. Los gobernantes autócratas, con centros administrativos en palacios o templos, determinaban la forma y la oferta disponible de dinero. Todo esto ocurría miles de años antes de que emergiera la acuñación de monedas, alrededor del 600 a.C.

Lejos de ser un producto de los mercados, la acuñación de moneda fue creada y controlada por los gobernantes y jugó un rol central en el crecimiento del imperio griego y el romano. La acuñación estaba asociada a los centros de poder, ya que la creación de dinero confiere los beneficios de ser el primer usuario, tales como el señoreaje (la diferencia entre el valor nominal de la moneda y su costo de producción). En el mismo sentido, el poder de crear y poner en circulación el dinero está vinculado al poder soberano de recaudar impuestos. En lugar de depender de la recepción de un tributo tradicional, un gobernante puede pagar por bienes y servicios con dinero que después puede reclamar a través del cobro de impuestos.

Los mercados de mercancías gradualmente emergieron junto con las ciudades-Estado y los imperios. Y mientras los mercaderes utilizaban el dinero creado y controlado por los gobiernos, desarrollaron también sus propios medios para gestionar valores, deudas y pagos. Este nuevo dinero comercial tomó la forma de promesas verbales o escritas, o de representaciones físicas tales como las tablas de registro (una promesa de pago grabada en un palo que después era cortado por la mitad para que cada contraparte conservara una de ellas). Independientemente de la forma que tomara, lo central para el dinero comercial fue la deuda: la obligación de una persona de pagarle a otra.

La emergencia de la época capitalista, con sus promesas en papel y la banca moderna, atestiguó la privatización gradual del poder soberano de creación monetaria. Los conflictos constantes, la resistencia a aumentar los impuestos y la escasez de metales preciosos debilitó el control de los gobernantes. El control del dinero, así, cayó en manos de una élite económica emergente, y los gobernantes se volvieron cada vez más dependientes del endeudamiento. Con el tiempo, los Estados construyeron enormes deudas nacionales con el sector bancario, creando la dependencia financiera que vemos en la actualidad.

Un paso crucial en este proceso de privatización se produjo cuando el dinero comercial se convirtió en una divisa pública. El Banco de Inglaterra, por ejemplo, fue fundado originalmente en 1694 para prestar dinero al Estado. Con el paso del tiempo, sus billetes, respaldados por una difusa "promesa de pago", fueron designados como moneda. Eventualmente, todos los bancos dejaron de emitir dinero bajo su propio nombre y en su lugar emitieron dinero público (e.g. libras esterlinas). Este paso acarreó dos cambios mayores. En primer lugar, el sector público se convirtió en el respaldo de los bancos que estaban creando dinero en su nombre. En segundo lugar, mientras que el soberano podía crear dinero libre de deuda, los bancos comerciales no. El dinero creado y prestado por los bancos debe ser reembolsado con intereses. Esta diferencia crítica impulsa el crecimiento porque crea nueva deuda para reembolsar la deuda antigua. Y si este sistema, basado en la deuda, se reduce, también lo hace la masa monetaria.

Hoy en día, nuestra dependencia de la deuda se ha vuelto social, ecológica y económicamente insostenible. Es socialmente insostenible porque la creación de dinero como deuda exacerba la desigualdad. El dinero fluye hacia quienes están mejor posicionados para reembolsar sus deudas con intereses –una dinámica que enriquece a los ricos y atrapa a los pobres en una relación de deuda de largo plazo–. Es ecológicamente insostenible porque la creación monetaria a través de la deuda impulsa la expansión económica. Si los préstamos deben ser reembolsados con intereses, debe haber algún tipo de crecimiento económico. Esto no necesariamente causa un daño ecológico (podría simplemente incrementar el precio de activos ya existentes), pero es cierto que ello socava las bases del decrecimiento o incluso de una economía en estado estacionario. Es económicamente insostenible porque el hecho de basar la oferta monetaria en la deuda, eventualmente conduce a crisis en que los gobiernos, negocios y ciudadanos no pueden o simplemente no están dispuestos a incurrir en más deuda.

Los economistas ortodoxos ofrecen fundamentos al imperativo del crecimiento. Al tratar el dinero como la encarnación de un valor generado por la economía de mercado, atan la creación monetaria a la rentabilidad comercial y el crecimiento económico. Los economistas y diseñadores de políticas a menudo describen el gasto gubernamental como algo semejante a la administración de un hogar. Los gastos del sector público, argumentan, dependen de la "creación de riqueza" comercial de la misma manera que el gasto de un hogar depende de los ingresos del jefe o jefa de familia.[4] Mientras más productiva es la economía, mayor el ingreso gravable disponible para el uso público. Como conclusión, para quienes están interesados en solventar las necesidades del sector público, el crecimiento es bueno, sin importar su costo en el largo plazo.

El punto de vista ortodoxo sobre la economía ignora muchas otras fuentes de valor –trabajo doméstico no remunerado, lo comunitario, la convivencialidad y la resiliencia ecológica–. Evidentemente, existe un deseo de proteger de la mercantilización estas áreas de la vida, pero si sólo se hace esto, se deja al resto del sistema intacto. En lugar de ello, debemos reconfigurar el sistema monetario para dar prioridad a lo que realmente importa y desvalorizar las actuales prioridades del capitalismo de mercado.

Debemos comenzar por tratar al dinero como una fuerza activa, no como algo pasivo. Según la escuela económica convencional, el dinero fluye a través de la economía reflejando las decisiones de gasto e inversión. Pero la pregunta crucial de cómo el dinero entra

---

4 Me refiero a esta idea, así como a los mitos según los cuales el gobierno debe "vivir dentro de sus límites", como "economía del monedero" [*handbag economics*] tal como lo discuto en *Debt or Democracy*.

o sale de la economía, es pasada por alto. La historia muestra que hay dos agentes –Estados y bancos– que pueden crear nuevo dinero. El uso de este dinero, a su vez, crea nuevas formas de riqueza. Históricamente, los gobernantes reunieron ejércitos y construyeron fortalezas y palacios. Los bancos crearon crédito para el comercio y la producción. En los Estados modernos, tales como Gran Bretaña, el nuevo dinero ha provisto crédito para el consumo, particularmente hipotecas, convirtiendo los hogares en activos financieros en vez de simplemente lugares para vivir. En contraste, el dinero creado para fomentar un tipo de abastecimiento basado en conceptos de suficiencia y justicia social, apuntarían a crear "riqueza", es decir, bienestar para todos.

Recuperar el dinero para la gente

El legado social y público del dinero debe ser recuperado, y su gobernanza debe ser democratizada. El dinero puede representar un valor social y público, no sólo un valor comercial y privado. Y en vez de ser sólo un mecanismo para el intercambio orientado hacia la ganancia, el dinero puede ser un instrumento para el suministro de bienes y servicios que la gente realmente utiliza y para garantizar a todos el derecho a los medios de vida, como por ejemplo a través de un ingreso básico.

Mientras el uso comercial del dinero propulsa el crecimiento, la asignación de dinero público y social proveería a la gente de lo que necesitan directamente, apoyando así la construcción de una economía de una sola fase en vez de dos. El desarrollo de una economía de un paso es esencial para una Gran Transición hacia una sociedad justa y sustentable. El aliviar a las personas de la necesidad de tomar trabajos insostenibles e innecesarios para obtener dinero, reduciría la tensión ecológica y la desigualdad económica. Y al liberarla de la dependencia al mercado, se crearía más tiempo para aquellas actividades vocacionales, personales, sociales y convivenciales que dan sentido a la vida.

La economía neoliberal niega que todo esto sea posible. En efecto, los políticos rutinariamente aseveran que no hay "suficiente dinero" para nuestras necesidades sociales básicas. Pero a pesar de las afirmaciones y restricciones de la ideología neoliberal, los Estados pueden "imprimir dinero" y de hecho lo hacen. En primer lugar, el dinero es producido *ex nihilo* por los bancos centrales para suministrar dinero y respaldar las actividades de creación monetaria del sector bancario. En segundo lugar, el dinero es creado y puesto en circulación cuando el gobierno gasta, de la misma manera que los bancos crean dinero cuando emiten préstamos. Los Estados gastan el dinero y después equilibran su gasto mediante el cobro de impuestos y otros ingresos recibidos. Los Estados, sin embargo, no necesitan "abastecerse" de dinero mediante los impuestos *antes* de gastar: el balance entre el gasto público y el ingreso público sólo se hace claro *después* de que el gasto se ha producido. En este punto, la decisión política es qué hacer con el "déficit", es decir, con el exceso del gasto sobre el ingreso. El dinero extra creado por el gasto estatal puede ser dejado en circulación dentro de la economía, produciendo un "sobregiro" perpetuo del banco central. O bien, el déficit puede ser desplazado hacia el sector financiero a través de la "deuda gubernamental", incrementando así la deuda nacional (como sucede en la mayoría de las economías capitalistas).

Todas las monedas modernas son "dinero fiat", creadas de la nada, y su valor está respaldado por la confianza pública y la autoridad estatal. ¿Por qué, entonces, los Estados y sus ciudadanos están aprisionados por la deuda? ¿Por qué las personas no pueden simplemente crear el dinero que necesitan para liberarse de la deuda? ¿Por qué el dinero no puede ser puesto a circular en el sector público o social, en actividades no orientadas a la obtención de una ganancia? ¿Por qué basar los principios que gobiernan nuestro sistema económico en el carnicero, el panadero, el fabricante de velas y la escondidiza mano del mercado, y no en el médico, el maestro, el trabajador social, el artista y la no tan escondida mano de la economía solidaria?[5] Como estas preguntas dejan claro, el liberarnos de nuestras concepciones erróneas sobre el dinero, abre la puerta a nuevas posibilidades de impulsar la transición social hacia una economía justa y sustentable.

El control de la oferta monetaria y, de manera más general, del sistema monetario, confiere una inmensa cantidad de poder. ¿Podemos confiárselo al Estado? Los neoliberales advierten sobre los peligros de la intervención estatal en un sistema que se basa en el mercado. Los defensores de las economías sociales y locales también mantienen sus reservas hacia el Estado, particularmente

---

5 Para más sobre la economía solidaria, véase Peter Utting, "What is Social and Solidarity Economy and Why Does It Matter?" From Poverty to Power (blog), Abril 29, 2013, https://oxfamblogs.org/fp2p/beyond-the-fringe-realizing-the-potential-of-social-and-solidarity-economy/

hacia sus aparatos burocráticos opacos y distantes. Pero si no se expande el rol del Estado, muchas personas seguirán cayendo en los huecos del mercado y los servicios voluntarios. Ahora bien, dado que muchos Estados han demostrado ser ineficientes, corruptos y autocráticos, un sistema de dinero público sería aceptable sólo si fuera democráticamente más robusto. No podemos asumir que las autoridades públicas utilizarán el dinero sabiamente a menos que estén sujetas a ciertos mandatos democráticos y al escrutinio público efectivo. El control exclusivo de la oferta monetaria no debe simplemente ser puesto en manos del gobierno a cargo del poder o del aparato estatal, sin vigilancia alguna. La administración pública de la creación y la asignación del dinero debe ser transparente y estar sujeta a la rendición de cuentas.

La democratización del dinero

El desplazarnos de la ganancia hacia el aprovisionamiento, pondría la atención de la economía en el lugar pertinente: la satisfacción sostenible de las necesidades. Esta meta sería alcanzada mediante una combinación de un ingreso básico (esto es, una asignación monetaria para cada individuo como derecho) y el presupuesto para el gasto colectivo en infraestructura y servicios públicos. El proceso democrático entrañaría el desarrollo de plataformas de partidos, seguido de una participación en la construcción del presupuesto, según un proceso descrito a continuación.

En los niveles nacionales y regionales, los partidos políticos propondrían una asignación general de fondos entre los sectores social, público y comercial –así como los niveles del ingreso básico– como parte de su plataforma electoral. La asignación real estaría a cargo de los partidos en el poder. El dinero para financiar estas asignaciones, democráticamente determinadas, utilizaría fondos suministrados por el banco central y estaría administrado por estructuras sociales, públicas o cooperativas. En este proceso, las actividades bancarias orientadas a la ganancia privada –administrar los depósitos, llevar a cabo las transacciones y saldar las cuentas– seguirían existiendo, pero los bancos ya no estarían facultados a crear dinero a ni participar en la especulación financiera. Cuando el sector privado requiera préstamos para inversiones sustentables y socialmente justas, esto podrá cumplirse bien mediante la asignación de dinero público a través de un préstamo con los bancos privados, o bien mediante la transferencia de dinero ya existente en manos de inversionistas privados.

Las erogaciones públicas se realizarían mediante el gasto de dinero libre de deuda. Los foros entre ciudadanos y usuarios/productores, identificarían las necesidades específicas del gasto público, ofreciendo información para los presupuestos locales, regionales y nacionales. Dada la complejidad del proceso, estos presupuestos y sus asignaciones correspondientes se establecerían por un periodo de por lo menos cinco años, con un modesto margen para ajustes internos. La adopción de un método participativo y transparente para la toma de decisiones trabajaría activamente contra la dominación de cualquier grupo u organismo particular. El establecimiento de presupuestos de largo plazo asegura que los gobiernos no puedan cambiar los niveles de creación monetaria o gasto establecidos en los periodos previos a las elecciones.

Dado que este sistema resultaría en un incremento masivo del gasto público, sería prudente establecer una introducción gradual. Incluso con ello, el dinero adicional que fluyera hacia el mercado incrementaría la amenaza de la inflación en el corto plazo. Pero la reconceptualización del papel que juega la recaudación de impuestos, nos ofrece una manera de enfrentar el problema de la inflación. Según el punto de vista convencional, el Estado depende del ingreso de los impuestos que se extrae del sector privado, el "creador de riqueza". Y el gasto público es una carga para el laborioso contribuyente –quien por lo general no es representado como alguien que se beneficia de los servicios públicos–. Si el dinero es creado exclusivamente por el sector comercial, la perspectiva convencional es, en gran medida, correcta. El sector público es dependiente del dinero recaudado a través de los impuestos, y en ausencia de endeudamiento, el cobro de impuestos debe preceder al gasto público. Pero si inicialmente el dinero es creado y puesto en circulación por el sector público, no hay necesidad de "recaudar" dinero a través de los impuestos. Más que preceder al gasto público, el cobro de impuestos es posterior a él, retirando de la circulación dinero públicamente creado en una cantidad suficiente para mantener la inflación bajo control. Si el sector público es mucho mayor que el sector privado, es posible que los impuestos tengan que ser más elevados.

Mientras que los niveles de presupuesto e ingreso básico pueden ser determinados a través de un proceso abierto y democrático, la evaluación del impacto del gasto público sobre el sector comercial requeriría de experticia técnica. La situación no es diferente de lo que vemos hoy: los expertos en la política monetaria tratan de anticipar las tendencias y después proponer acciones para lidiar con la presión inflacionaria, usualmente a través del ajuste de las tasas de interés de referencia. Como sucede hoy, la estimación del impacto del gasto público será un proceso de acierto y error, pero en todo caso es un proceso necesario. Un comité de expertos haría una evaluación del monto de dinero público que el sector comercial podría absorber sin que haya una tasa de inflación demasiado alta y, correspondientemente, sin que se requiera un alto nivel general de impuestos. La evaluación de los expertos no tendría ningún papel en la determinación de cuán alto será el gasto público ni cuántos impuestos se deben cobrar. Es allí donde el público intervendría, debatiendo las cuestiones sobre qué monto gastar y para quién, con qué fines, y qué cantidad de impuestos cobrar.

El modelo del dinero público y recaudación aquí descrito, no hace más que reflejar cómo fluía el dinero antes de que emergiera la dominación comercial del sistema monetario. Los gobernantes soberanos emitieron dinero en varias formas para pagar por bienes y servicios y después retiraban el dinero a través de los impuestos. En la actualidad, el pueblo debe ser el soberano. Bajo un sistema de dinero público, la gente haría pagos para ella misma mediante la compra de bienes y servicios para su propio beneficio, para después devolvérselo a ella misma mediante los impuestos. Este proceso podría ser llevado a cabo enteramente sin dinero, pero ello supondría una pesadilla administrativa.[6]

El ejercicio efectivo del derecho del sector público a crear y gastar su dinero requeriría una amplia gama de procesos de decisión democráticos. Las cuestiones relativas al nivel de impuestos, la redistribución del ingreso y la riqueza, el gravamen sobre el uso de los recursos o la tierra, los gastos que deben ser gravados, etc., tendrían que ser resueltas democráticamente. Sin embargo, debido a que esta propuesta incluye un ingreso básico y una extensa red de servicios públicos, sería mucho menor la necesidad de acumu-

---

6 El caso de los círculos de niñeras demuestra la utilidad del dinero. Cada participante lleva a cabo la misma tarea (cuidar niños) y el grupo es pequeño (alrededor de una docena de familias), pero el sistema es mucho más fácil de administrar con símbolos de valor que mediante una red de arreglos personales bilaterales.

lación de riqueza o de programas de inversión tales como las pensiones, que son los propulsores principales del crecimiento. Más aún, dado que se necesitarían menos oportunidades de inversión, el dinero público podría ser creado y utilizado para comprar recursos naturales y servicios que hoy están en manos privadas, poniéndolos bajo control público.

Otro aspecto importante de la participación democrática residiría en las mejoras a la supervisión del gasto público. Todas las organizaciones que recibieran una asignación de dinero directa o indirecta, requerirían de mecanismos claros y democráticos de rendición de cuentas y transparencia. Los ciudadanos interesados, junto con los trabajadores y los grupos de usuarios de estos servicios, podrían monitorear los gastos y las prácticas de las empresas con regularidad. Este monitoreo minimizaría la posibilidad de abusos, como el apalancamiento excesivo del sector financiero y la corrupción del sector público, que son una plaga para el sistema vigente.

Conclusión: dinero libre de deuda para el aprovisionamiento suficiente

Un sistema de dinero público haría posible una economía de un paso, en la cual los individuos no tendrían que aceptar trabajos perniciosos en lo social o lo ecológico para asegurarse un ingreso. La participación en el mercado ya no sería esencial, pues el dinero reflejaría el derecho a un sustento, no sólo el valor de mercado que se le asigna al trabajo. El trabajo pagado seguiría existiendo, pero se concentraría en prioridades democráticamente determinadas. El cuidado recíproco y del planeta, así como la construcción de una sociedad justa, y no la especulación financiera y la extracción de recursos, serían reconocidos como la fuente real de la riqueza. El progreso se mediría mediante nuevas métricas, desplazándonos del Producto Interno Bruto a una noción de Aprovisionamiento Interno Bruto, la cual mediría la "riqueza" general, es decir, el bienestar.

En el contexto de la transición hacia una economía que da prioridad al aprovisionamiento sobre la ganancia, debemos estar atentos a la interacción entre la satisfacción de nuestras necesidades y la protección del medioambiente. Por ejemplo, la reducción sustancial del uso de energía tendría efectos profundos en el trabajo doméstico, pues se volvería mucho más difícil sin los dispositivos que nos permiten ahorrar trabajo pero consumen energía. El control de la natalidad ha permitido reducir la presión ambiental al mantener bajo control el crecimiento de la población. Pero el crecimiento más lento de la población, o incluso su disminución, también han llevado al surgimiento de poblaciones envejecidas y con relativamente menos personas disponibles para desempeñar el trabajo y los cuidados. En el futuro sistema de aprovisionamiento, tendrá que ponerse atención a la necesidad de cuidar a los mayores. Aunque en la actualidad esta responsabilidad tiende a recaer en las mujeres, bajo la forma de trabajo mal pagado o no pagado, se puede convertir en una fuente mayor de trabajo significativo y de riqueza social.

La reorganización de la economía alrededor del dinero públicamente creado no es una utopía. Simplemente requiere el reconocimiento y la reorientación de lo que ha existido en el pasado y a lo que nosotros, de hecho, ya estamos recurriendo. A raíz de la crisis financiera de 2007-8, el poder del dinero público se hizo evidente, cuando los gobiernos lo usaron para rescatar a los bancos y otras grandes empresas, tales como los fabricantes de automóviles y las compañías de seguros. Que se utilice ahora para aprovisionar a la gente.

La verdad sobre los bancos

Michael Kumhof y Zoltán Jakab[1]

Los problemas del sector bancario jugaron un papel protagónico en el origen y la duración de las dos mayores crisis económicas de los últimos 100 años: la Gran Depresión de 1929 y la Gran Recesión de 2008. En ambos casos, se creyó que la insuficiente regulación del sistema bancario había contribuido a la crisis. Por lo tanto, los economistas se abocaron al reto de brindar propuestas para evitar repetir estas experiencias traumáticas.

La respuesta de los macroeconomistas en la década de 1930 fue sorprendentemente distinta del pensamiento actual. Entonces, había dos contendientes principales para una reforma bancaria drástica en Estados Unidos: las propuestas que se convertirían en la Ley Glass-Steagall (que separó a bancos comerciales y bancos de inversión, creó el programa de seguro de depósitos y permitió una mayor cantidad de sucursales a los bancos nacionales); y propuestas para un sistema bancario con 100% de reservas, en que cada dólar depositado en un banco estaría respaldado por un dólar en efectivo en bóvedas bancarias o por reservas en el banco central.

En aquel momento, la mayoría de los principales macroeconomistas de Estados Unidos (incluidos Irving Fisher, de Yale, y los creadores de la denominada Escuela de Economía de Chicago) respaldaron un sistema bancario con 100% de reservas. Uno de los motivos principales por el que apoyaron el sistema del 100% de reservas era que justo antes de la Gran Depresión los macroeconomistas habían finalmente aceptado ciertas verdades fundamentales sobre la naturaleza del sector bancario que en la profesión antes se habían omitido, específicamente el hecho de que los bancos financian préstamos nuevos creando depósitos nuevos (Schumpeter, 1954). En otras palabras, cada vez que se concede un préstamo nuevo a un cliente, este se desembolsa mediante la creación de un

---

1 Michael Kumhof es Asesor Principal de Investigación en el Centro de Investigación del Banco de Inglaterra y Zoltán Jakab es Economista en el Departamento de Estudios del FMI. Publicado originalmente en: *Finanzas & Desarrollo*. Publicación trimestral del Fondo Monetario Internacional. Marzo de 2016. Volumen 53. Número 1. Traducción a cargo de Servicios Lingüísticos del FMI.

depósito nuevo por el mismo monto del préstamo a nombre del mismo cliente. Se pensaba que esta era una vulnerabilidad crítica de los sistemas financieros por dos motivos.

Primero, si los bancos tienen la libertad de crear dinero nuevo cuando conceden un préstamo, esto puede magnificar su capacidad de crear ciclos de auge y caída financiera si se equivocan sobre la capacidad de repago del prestatario. Segundo, vincula de modo permanente la creación de dinero con la creación de deuda, lo que puede tornarse problemático dado que cuando los niveles de deuda son excesivos pueden desencadenarse crisis financieras, hecho que ha sido corroborado empleando técnicas estadísticas modernas (Schularick y Taylor, 2012).

Por lo tanto, las propuestas de un sistema bancario con un 100% de reservas apuntaban a eliminar la capacidad de los bancos de financiar préstamos mediante la creación de dinero, a la vez que se permitía a instituciones de depósito y crédito separadas continuar desempeñando todos los restantes roles tradicionales de los bancos. Las instituciones de depósito competirían por brindar a los clientes acceso a un sistema electrónico de pagos restringido a transacciones en la moneda emitida por el banco central (algunas de las cuales devengarían intereses); las instituciones de crédito competirían por atraer tal moneda y prestarla una vez que hubieran acumulado suficiente cantidad.

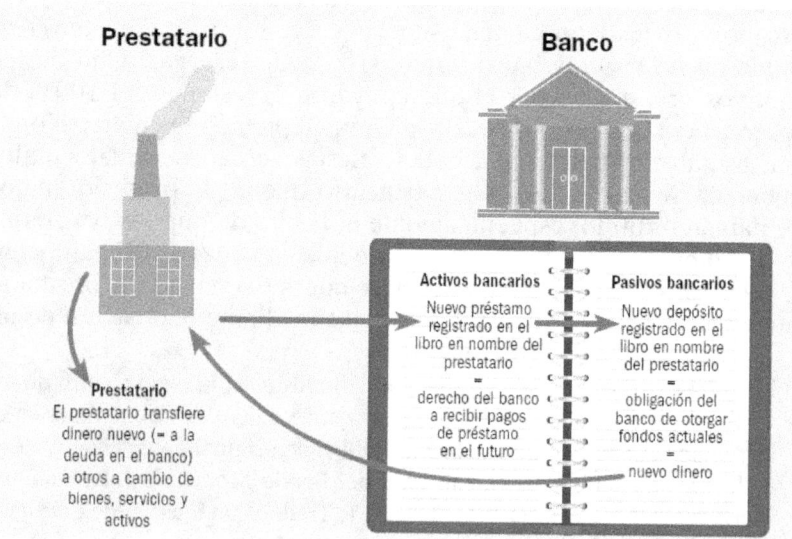

En Benes y Kumhof (2012) encontramos sustento para las supuestas ventajas de la propuesta del 100% de reservas empleando herramientas cuantitativas modernas. Pero este artículo no aboga por un sistema bancario con un 100% de reservas; solo mencionamos su historia como un elemento esencial en el debate sobre la naturaleza de los bancos.

En la década de 1930, las reformas menos radicales de Glass-Steagall ganaron la partida y, con el tiempo, el sistema financiero de Estados Unidos se estabilizó. Pero una consecuencia de esta victoria fue que las lecciones críticas sobre la naturaleza del sistema bancario, aprendidas en el período anterior a la guerra, fueron en gran medida olvidadas llegados los años sesenta. En realidad, en ese entonces los bancos comienzan a desaparecer por completo de la mayoría de los modelos macroeconómicos sobre el funcionamiento de la economía.

Desprevenidos para la Gran Recesión

Esto ayuda a entender por qué, frente a la Gran Recesión en 2008, en un principio la macroeconomía no pudo contribuir mucho al análisis de la interacción de los bancos con la macroeconomía.

Hoy hay una considerable cantidad de investigaciones sobre este tema, pero la literatura aún presenta muchas dificultades.

Encontramos que muchas de estas dificultades se deben a haber olvidado las lecciones de la década de 1930 (Jakab y Kumhof, 2015). En particular, prácticamente toda la nueva investigación económica neoclásica prevaleciente se basa en la engañosa descripción de la banca como "intermediación de fondos prestables" (que data de los años cincuenta y sesenta, y del siglo XIX). Nosotros preferimos, en cambio, la descripción de "financiamiento mediante creación de dinero", congruente con la perspectiva de los economistas asociados con la Escuela de Chicago en los años treinta. Estas dos perspectivas tienen consecuencias totalmente distintas para la respuesta macroeconómica de un país ante shocks financieros y de otra índole. Esto, a su vez, tiene clara relevancia para decisiones clave de hoy.

En las teorías modernas neoclásicas de intermediación de fondos prestables, se considera a los bancos como intermediarios de ahorros reales. En esta narrativa el préstamo comienza cuando los bancos captan depósitos de recursos reales previamente ahorrados (bienes de consumo perecederos, bienes de consumo duraderos, maquinaria y equipo, etc.) de los ahorristas, y concluye con la concesión en préstamo de estos mismos recursos reales a prestatarios. Pero tales instituciones no existen en el mundo real. No hay fondos prestables de recursos reales que los banqueros puedan captar y prestar. Por cierto, los bancos reciben cheques o instrumentos financieros similares, pero debido a que tales instrumentos —para tener valor— deben estar respaldados por fondos en otra parte del sistema financiero, no pueden ser depósitos de fondos nuevos externos al sistema financiero. Los nuevos fondos se producen solo con nuevos préstamos bancarios (o cuando los bancos compran activos financieros o reales adicionales), mediante asientos contables realizados por el banquero en el momento del desembolso. Esto significa que los fondos no existen antes del préstamo y que existen como asientos electrónicos, y no como recursos reales.

Este proceso, el financiamiento, es la actividad central de los bancos e implica los siguientes pasos. Supongamos que un banquero aprueba un préstamo. El desembolso consiste en un asiento bancario de un préstamo nuevo, a nombre del prestatario, como un activo en sus libros, y un depósito nuevo y equivalente, también a nombre del prestatario, como pasivo. Esta es una transacción puramente contable que adquiere importancia económica debido a que los depósitos bancarios son el medio de intercambio generalmente aceptado (dinero) en cualquier economía moderna. Claramente tales transacciones (que uno de nosotros ha observado muchas veces como banquero corporativo) no entrañan ningún tipo de intermediación. Werner (2014), un economista con experiencia en el sector bancario, brinda una descripción más detallada de los pasos necesarios para un desembolso de un préstamo en la vida real.

Aquí empleamos el término "depósito bancario" de modo muy amplio e incluimos todos los pasivos bancarios que no constituyen una participación de capital (es decir, todo: de las cuentas corrientes a los títulos de deuda a largo plazo), dado que estos pasivos pueden considerarse como dinero, si bien tienen distintos grados de liquidez. Aunque el depósito inicial siempre se crea como una cuenta corriente, los tenedores finales del nuevo pasivo bancario exigirán en general una tasa de interés positiva, cuyo nivel dependerá de cuánto valoren la liquidez por encima del retorno financiero.

En este contexto pueden surgir dos ideas erróneas. Primero, el recientemente creado depósito no "desaparece" tan pronto como el prestatario lo emplea para comprar un bien o activo.

Puede salir del banco del prestatario si el vendedor del bien o activo tiene su cuenta en otro banco, pero nunca sale del sistema bancario como un todo a menos que se repague el préstamo subyacente.

Esto subraya la gran importancia de pensar en los bancos como parte de un sistema financiero interconectado, en lugar de considerarlos en forma aislada. Segundo, no hay motivos para suponer que tal préstamo será repagado de inmediato. Por el contrario, los préstamos se conceden precisamente porque los fondos se emplearán en respaldo de actividades económicas adicionales que, a su vez, generan demanda adicional de liquidez y, por lo tanto, de depósitos bancarios. Si los fondos se emplean para respaldar una actividad económica relativamente improductiva, se dará lugar a relativamente más inflación en los precios de bienes o activos y menor producto adicional. Pero este tipo de diferenciación es precisamente lo que nuestro nuevo marco conceptual nos permite cuantificar.

Financiar mediante la creación de dinero

Esta función de los bancos de "financiar mediante la creación de dinero" ha sido descrita una y otra vez en publicaciones de los principales bancos centrales del mundo; véanse los excelentes resúmenes de McLeay, Radia y Thomas (2014a, 2014b). El mayor reto ha sido incorporar este conocimiento en modelos macroeconómicos. Por ello, creamos ejemplos de modelos económicos con bancos que "financian mediante la creación de dinero" y luego contrastamos sus proyecciones con las de modelos idénticos en base a la "intermediación de fondos prestables".

La perspectiva del financiamiento mediante la creación de dinero es muy conocida en la literatura económica pos-Keynesiana, que sin embargo presenta dos diferencias con nuestro enfoque. Primero, no incluye los hogares y empresas optimizadores de la teoría neoclásica moderna de rigor en la corriente principal de la economía, incluso en la mayoría de las instituciones que formulan políticas. Segundo, tiende a modelar crédito y dinero como totalmente determinados por la demanda y otorga a los bancos un papel muy pasivo. El valor agregado de nuestro trabajo es que supone un mundo más realista en que los riesgos crediticios limitan la oferta crediticia de los bancos, y las preferencias relativas de liquidez limitan la demanda no bancaria de dinero.

En simulaciones que comparan estos modelos suponemos que, en un trimestre, aumenta de modo significativo la probabilidad de que los prestatarios no cumplan con sus pagos. Con el supuesto realista de que los bancos fijaron las tasas de interés de los préstamos antes de este shock (y que están comprometidos con estas tasas por cierto tiempo en virtud de los contratos de préstamo existentes), los bancos sufren pérdidas significativas. Responden suscribiendo nuevos contratos de préstamo que consideran el aumento del riesgo y la erosión de sus reservas de capital. Esto los obliga a conceder menos préstamos y cobrar intereses más elevados sobre los préstamos que otorgan. Sin embargo, los bancos de la hipotética "intermediación de fondos prestables" elegirían combinaciones muy distintas de las preferidas por los bancos reales del "financiamiento mediante creación de dinero".

Como agregado, la intermediación de fondos prestables no podría reducir los balances con rapidez en una crisis. Los depósitos agregados de fondos prestables podrían, en el mejor de los casos, disminuir gradualmente a través del tiempo, si los depositantes acumularan menos ahorros de los que acumularían previamente en respuesta a una recesión. En teoría, la única otra opción para disminuir los balances de los bancos sería que los depositantes adquirieran deuda privada o títulos participativos de los bancos durante la crisis. Pero según datos empíricos, durante las crisis, las tenencias de deuda o participación no bancaria por parte del sector no financiero no crecen de modo significativo. Aún más, esto no explica cómo reducir las carteras de préstamos de los bancos (en vez de sus carteras de valores) durante una crisis.

Por lo tanto, los bancos del modelo de intermediación, con un lento cambio en el tamaño de sus balances, continuarían concediendo préstamos a prestatarios más riesgosos. Para compensar tal riesgo, aumentarían drásticamente las tasas de los préstamos para garantizar su rentabilidad.

Por otro lado, los bancos que financian mediante la creación de dinero pueden reducir instantánea y enormemente la cantidad de sus préstamos si piensan que esto mejorará la rentabilidad. Tal flexibilidad es posible dado que los depósitos representan poder adquisitivo monetario que puede —mediante asientos contables— destruirse con la misma rapidez con que fue creado, en vez de representar ahorros reales (que solo pueden disminuir al reducir la producción o aumentar el consumo de recursos). Los bancos en el modelo de creación de dinero pueden exigir el repago inmediato de gran parte de los préstamos existentes en base a depósitos existentes, o negarse a refinanciarlos, causando una gran contracción inmediata y simultánea de préstamos y depósitos bancarios, en tanto que los bancos de intermediación inicialmente casi no experimentarían cambios.

Dado que —en relación con el modelo de intermediación— este recorte en los préstamos reduce los coeficientes de préstamos y activos en garantía existentes de los prestatarios de bancos corporativos, y así el grado de riesgo de sus préstamos pendientes de reembolso, los bancos inicialmente aumentan los diferenciales de tasa de interés sobre estos préstamos en mucho menor medida que en el modelo de intermediación. Gran parte de la respuesta se concentra en racionar la cantidad, en lugar de variar los diferenciales de tasas de interés. Esto también es evidente en el comportamiento del apalancamiento bancario, un coeficiente clave del balance definido como la relación entre activos bancarios y patrimonio neto. En el modelo de intermediación, el apalancamiento bancario aumenta ante el impacto, dado que las pérdidas y, por consiguiente, la disminución en el patrimonio neto exceden mucho la reducción gradual en los préstamos. En el modelo de creación de dinero, el apalancamiento se mantiene constante o cae, porque la rápida disminución de los préstamos es por lo menos tan grande como el cambio en el patrimonio neto. Finalmente, la contracción del PIB en el modelo de creación de dinero es en general mucho mayor que en el modelo de intermediación, principalmente como resultado del severo racionamiento del crédito y la consiguiente contracción de la liquidez en toda la economía.

Es fácil demostrar que estas características de los modelos de creación de dinero son mucho más congruentes con los datos reales. Más importante, en la concesión de préstamos bancarios —tanto respecto de bancos individuales como de sistemas bancarios nacionales— se observan saltos frecuentes, grandes y rápidos. A diferencia de los modelos de intermediación (y en congruencia con los datos), los modelos de creación de dinero prevén que el apalancamiento bancario aumente durante el auge y caiga durante la contracción, así como también un severo racionamiento del crédito durante desaceleraciones.

La razón fundamental de estas diferencias es que, según la narrativa de la intermediación, los depósitos agregados del sistema deben acumularse mediante el ahorro de recursos físicos, lo que —por su propia índole— es gradual y lento. Por otro lado, según la narrativa de creación del dinero, los bancos pueden crear y destruir depósitos de forma instantánea, dado que el proceso entraña transacciones contables en vez de recursos físicos.

Si bien los depósitos son esenciales para la compra y venta de recursos reales fuera del sistema bancario, en sí no son recursos físicos y pueden crearse prácticamente sin costo. Si bien los bancos no tienen límites técnicos para un aumento veloz de la cantidad de sus préstamos, enfrentan otras restricciones. Pero el límite más importante, sobre todo durante los períodos de auge de ciclos financieros (cuando todos los bancos deciden prestar más al mismo tiempo), es su propia evaluación de su rentabilidad y solvencia futuras. Ni la disponibilidad de ahorros de recursos reales ni la disponibilidad de reservas del banco central limitan la concesión de préstamos y creación de depósitos. Los bancos centrales modernos trabajan con metas de tasas de interés y deben proveer tantas reservas como exija el sistema bancario a tales metas. Este hecho contradice la aún popular narrativa del sistema bancario como multiplicador de depósitos, según la cual los bancos conceden préstamos prestando de modo repetido un depósito inicial de reservas del banco central.

En resumen, nuestro trabajo se basa en el hecho fundamental de que los bancos no son intermediarios de fondos reales prestables, como se supone generalmente en la literatura macroeconómica neoclásica prevaleciente. En lugar de ello, son *proveedores de financiamiento* mediante la creación de nuevo poder adquisitivo monetario para sus prestatarios. Entender esta diferencia tiene importantes consecuencias para variadas cuestiones prácticas.

Concluimos el artículo con un ejemplo, aunque hay muchos más.

Consecuencias prácticas

Muchas propuestas alientan la inversión física promoviendo el ahorro, que se cree financia la inversión. El problema con esta idea es que el ahorro no financia la inversión; el financiamiento y la creación de dinero lo hacen. El financiamiento bancario de proyectos de inversión no requiere ahorros previos, sino la creación de nuevo poder adquisitivo de modo que los inversionistas puedan adquirir plantas y equipos nuevos. Una vez que se han efectuado las compras y los vendedores (o aquellos más abajo en la cadena de transacciones) depositan el dinero, estos se convierten en ahorristas en las estadísticas de las cuentas nacionales, pero este ahorro es una consecuencia contable —no una causa económica— de préstamos e inversiones. Afirmar lo contrario es confundir los respectivos roles macroeconómicos de los recursos reales (ahorro) y dinero en base a deuda (financiamiento).

Esta no es una idea nueva; se remonta por lo menos a Keynes (Keynes, 2012). Pero parece haber sido olvidada por muchos economistas y, en consecuencia, se la pasa por alto en muchos debates sobre políticas.

La implicación de esta idea es que la política debe priorizar un sistema financiero eficiente que identifique y financie proyectos merecedores, en lugar de medidas que alienten el ahorro con la esperanza de que este financie las inversiones anheladas.

El enfoque del "financiamiento mediante creación de dinero" muestra claramente que el ahorro será el resultado natural del financiamiento de proyectos de inversión física.

Referencias

Benes, Jaromir, y Michael Kumhof, 2012, "The Chicago Plan Revisited", IMF Working Paper 12/202 (Washington: Fondo Monetario Internacional).

Jakab, Zoltán, y Michael Kumhof, 2015, "Banks Are Not Intermediaries of Loanable Funds–And Why This Matters", Bank of England Working Paper 529 (Londres).

Keynes, John Maynard, 2012, *The Collected Writings of John Maynard Keynes,* Volume 27, reimpresión de la edición de 1980 (Cambridge, Reino Unido: Cambridge University Press).

McLeay, Michael, Amar Radia y Ryland Thomas, 2014a, "Money Creation in the Modern Economy", *Bank of England Quarterly Bulletin Q1*, pp. 14–27.

———, 2014b, "Money in the Modern Economy: An Introduction", *Bank of England Quarterly Bulletin Q1*, pp. 4–13.

Schularick, Moritz, y Alan M. Taylor, 2012, "Credit Booms Gone Bust: Monetary Policy, Leverage Cycles, and Financial Crises, 1870–2008", *American Economic Review*, vol. 102, No. 2, pp. 1029–61.

Schumpeter, Joseph A., 1954, *History of Economic Analysis* (New York: Oxford University Press).

Werner, Richard A., 2014, "Can Banks Individually Create Money Out of Nothing? The Theories and the Empirical Evidence", *International Review of Financial Analysis*, vol. 36, pp. 1–19.

La verdad salió a la luz: el dinero no es más que un pagaré y los bancos nadan en ellos

David Graeber

Presuntamente Henry Ford declaró, en la década de 1930, que era bueno que la mayoría de los estadounidenses no supiera cómo funciona la banca, pues si lo hiciera "habría una revolución antes de mañana por la mañana".

La semana pasada aconteció algo notable. El Banco de Inglaterra reveló el misterio. En un artículo titulado "La creación monetaria en la economía moderna", coautoría de tres economistas de su Directorio de Análisis Monetario, establece de manera clara que casi todos los supuestos sobre el funcionamiento de la banca simplemente están equivocados, y que las posturas populistas, heterodoxas, generalmente asociadas a grupos como Occupy Wall Street, son correctas. Al hacerlo, han demolido contundentemente toda la base teórica de la austeridad.

Para tener una noción de cuán radical es la nueva postura del Banco de Inglaterra, consideremos la perspectiva convencional, que sigue siendo la base de todos los debates respetables de la política pública. La gente pone su dinero en los bancos. Los bancos prestan ese dinero a cierta tasa de interés –bien a los consumidores, bien a emprendedores dispuestos a invertir en una empresa rentable–. Es verdad que el sistema de reserva fraccional permite a los bancos prestar considerablemente más dinero del que mantienen en reserva, y es verdad que, si los ahorros no son suficientes, los bancos privados pueden intentar pedir prestado al banco central.

El banco central puede imprimir tanto dinero como desee. Pero también es cuidadoso en no imprimir demasiado. A menudo se nos dice que precisamente por esto los bancos centrales independientes existen. Si los gobiernos pudieran imprimir dinero por sí mismos, seguramente crearían demasiado, y la inflación resultante desataría el caos en la economía. Instituciones como el Banco de Inglaterra o la Reserva Federal de Estados Unidos, fueron creadas para regular cuidadosamente la oferta de dinero previniendo la inflación. Es por esto que está prohibido financiar directamente al gobierno mediante, por ejemplo, la compra de bonos del tesoro, pero sí es posible financiar la actividad económica, sobre la cual el gobierno simplemente cobra impuestos.

Este marco nos permite seguir hablando del dinero como si se tratara de un recurso limitado como la bauxita o el petróleo, afirmar que "no hay suficiente dinero" para financiar programas sociales, o hablar de la inmoralidad de que la deuda pública o el gasto gubernamental desplacen al sector privado. Lo que el Banco de Inglaterra admitió esta semana es que nada de esto es verdad. Citando el resumen inicial:

> En vez de que los bancos reciban depósitos cuando los hogares ahorran para, posteriormente, prestar ese dinero, los préstamos bancarios crean los depósitos. [...] En tiempos normales, el banco central no fija la cantidad de dinero en circulación, y no es verdad que el dinero del banco central se "multiplique" en más préstamos y depósitos.

(Véase p. 208 de este volumen)

En otras palabras, todo lo que sabemos no sólo está equivocado: está invertido. Cuando los bancos emiten préstamos, crean dinero. Esto es así porque, en realidad, el dinero no es más que una promesa de pago. El papel de los bancos centrales es presidir un orden legal que, de hecho, garantiza a los bancos el derecho exclusivo de crear promesas de pago de un cierto tipo que el gobierno reconoce como moneda de curso legal al estar dispuesto a recibirlos como pago de impuestos. En realidad no existe un límite a la cantidad de dinero que los bancos pueden crear, siempre y cuando haya alguien dispuesto a pedirlo prestado. Los bancos nunca pueden quedarse "sin dinero" para prestar, por la simple razón de que, en general, los deudores no ponen su dinero debajo del colchón; en última instancia, todo préstamo concedido por un banco terminará por volver a un banco. Así que para el sistema bancario como totalidad, todo préstamo se convierte en un depósito. Más aún, cuando los bancos necesitan pedir dinero del banco central, pueden pedir tanto como deseen; todo lo que el banco central hace es establecer una tasa de interés –el costo del dinero–, no su cantidad. Desde el comienzo de la recesión, los bancos centrales de Estados Unidos e Inglaterra han reducido ese costo a casi cero. Y de hecho, con el *Quantitative Easing* han bombeado tanto dinero como han podido a los bancos, sin producir ningún efecto inflacionario.

Esto significa que el límite real del monto de dinero en circulación no es cuánto dinero están dispuestos a prestar los bancos centrales, sino cuánto dinero están dispuestos a pedir los gobiernos, las empresas y los ciudadanos. El gasto gubernamental es el principal determinante de todo esto (y el artículo admite, si es leído cuidadosamente, que a final de cuentas los bancos centrales sí financian al gobierno). Así que no se trata de que el gasto público "desplace" a la inversión privada. Se trata exactamente de lo contrario.

¿Por qué el Banco de Inglaterra repentinamente admite todo esto? Pues bien, la primera razón, evidentemente, es que es verdad. El trabajo del Banco es hacer funcionar el sistema, y últimamente ese sistema no ha estado funcionando particularmente bien. Es posible que el Banco haya decidido que mantener esa versión fantasiosa que ha demostrado ser tan conveniente para los ricos, es simplemente un lujo que no se puede permitir.

Pero políticamente, está tomando un enorme riesgo. Sólo considere lo que puede pasar si quienes tienen una hipoteca se dieran cuenta de que el dinero que el banco les prestó no es, en realidad, el dinero ahorrado durante toda una vida por un prudente pensionado, sino algo que el banco trajo a la existencia con los movimientos de una varita mágica que nosotros, el pueblo, pusimos en sus manos.

Históricamente, el Banco de Inglaterra ha tendido a ser un precursor, estableciendo posturas aparentemente radicales que terminan por convertirse en la nueva ortodoxia. Si eso es lo que está pasando aquí, pronto podríamos encontrarnos en una situación en la que veremos si Henry Ford estaba en lo cierto.

Los vampiros financieros y *The Walking Debt*

Ole Bjerg y Kristian Bondo Hansen

Introducción. Keen y Hudson *de-mostrados*

> El crédito ha sido un creador serial de economías zombi, convirtiendo economías que alguna vez fueron vibrantes en "muertos andantes" por la deuda, una vez que pasan los emocionantes pero insostenibles periodos de bonanza.
>
> Steve Keen 2017: 84.

> Los banqueros y los acreedores disecan la economía anfitriona extrayéndole ingresos para pagar intereses y dividendos.
>
> Michael Hudson 2015: 15.

Las crisis económicas son también crisis de significado. A las crisis las conforman no sólo el colapso de los sistemas de producción y circulación de la riqueza. Los sistemas intelectuales y culturales de significado también colapsan, siendo insuficientes en la explicación de lo que está sucediendo con la economía y en la tarea de dar sentido a las consecuencias que esto deja en la sociedad. Esto significa que las transformaciones societales que desencadena la aparición de una crisis no sólo reforman y revigorizan la economía, sino que construyen nuevos modelos explicativos y nuevas formas de expresión cultural. Los modelos explicativos intelectuales pueden presentarse bajo la forma de teorías económicas. Las expresiones culturales pueden adoptar la forma de metáforas. Este artículo es un experimento que fusiona estas dos formas de dar sentido a los predicamentos del capitalismo postcrisis.

Los personajes principales de este artículo son los economistas Steve Keen y Michael Hudson. Pese a que suele afirmarse que la crisis inmobiliaria de 2007-8 fue un evento imprevisible y sorpresivo incluso para los mayores expertos, Keen y Hudson son miembros de un exclusivo grupo de economistas que "vieron venir" este

episodio (Bezemer 2009: 9). Además de esta capacidad predicti-
va, sus respectivas teorías también ofrecen herramientas analíticas
convincentes para explicar el desarrollo de la crisis en los años
posteriores al colapso inicial en el mercado inmobiliario. Si bien
es cierto que el juicio sobre los pensadores favoritos están sujetos
a las preferencias idiosincráticas del gusto, el temperamento y la
ideología, la premisa de este artículo es, sin embargo, que actualmente Keen y Hudson destacan como los diagnosticadores más
eminentes del estado contemporáneo de la economía.

El análisis de este artículo conecta las teorías económicas de
Keen y Hudson con las imágenes fantasmáticas de sus dos monstruos respectivos: el zombi y el vampiro. De acuerdo con un volumen recientemente compilado sobre el tema, hoy en día "los
vampiros y los zombis parecen ser la mayor tendencia" de entre
todos los monstruos (Fischer-Hornung y Mueller, 2016: 3). Más
específicamente, se han convertido en metáforas comunes de la
manera en que hablamos de, y tratamos de dar sentido a, los actuales fenómenos de la economía política, lo que se constata en el uso
de nociones como "capitalismo zombi" (Harman 2009), "capitalismo vampiro" (Kennedy 2017) y "neoliberalismo zombi" (Peck
2010 y Casey 2011). En efecto, hay un considerable y creciente
corpus de literatura que explora las diferentes dimensiones de las
relaciones entre los monstruos y la economía (e.g. Giroux 2011,
Hall 2011, Papava 2012, Schneider 2012, McNally 2012, Botting
2013, Castillo 2016, Reilly 2016, Schmid 2016, Lauro y Embry
2008, Godfrey, Jack y Jones 2004). Los espectros, vampiros y otras
criaturas monstruosas, han merodeado en la economía política por
siglos (McNally 2012). Sin embargo, en ningún otro lugar estas
criaturas son tan eminentes como en la obra de Marx (McNally
2012, Neocleeus 2003), quien describe al capital como "trabajo
muerto que sólo se reanima, a la manera de un vampiro, al chupar
trabajo vivo, y que vive tanto más cuanto más trabajo vivo chupa."
(Marx 2010: 279-80). Marx no sólo utilizó la metáfora del vampiro
al describir cómo el capital succiona la vida del trabajo. También
se refirió a una criatura monstruosa −en esencia se trata del equivalente de un zombi− cuando explicó el proceso de mercantilización:

> Al transformar el dinero en mercancías que sirven como ma-
> terias formadoras de un nuevo producto o como factores del
> proceso laboral, al incorporar fuerza viva de trabajo a la obje-
> tividad muerta de los mismos, el capitalista transforma valor,

trabajo pretérito, objetivado, muerto, en capital, en valor que se valoriza a sí mismo, en un monstruo animado que comienza a 'trabajar' cual si su cuerpo tuviera vida.

(Marx 2010: 217)

Parece que estas metáforas tienen una cierta afinidad con el capitalismo. Sin embargo, también son utilizadas para capturar la esencia de las condiciones que se encuentran en el otro extremo del espectro ideológico, por ejemplo, el "socialismo zombi" (Chelca y Druta, 2016). Si bien es cierto que la vida económica, y el capitalismo en particular, desde hace mucho tiempo evocan las imágenes de un humano que succiona la sangre, creaturas mitad humanas o no humanas, la elusiva y sin embargo omniabarcante naturaleza de la vida económica contemporánea bajo el capitalismo financiarizado postcrisis, ha hecho que la resurrección de estas metáforas monstruosas sea casi natural. Por ejemplo, la titulización de las deudas, proceso que contribuyó a empujar la economía global hacia el desfiladero en 2008, produjo conceptos como "crédito zombi", un proceso a través del cual los bancos siguieron dando créditos a deudores insolventes (Caballero et at. 2008), el "banco zombi", un emblema de los sistemas financieros medio muertos propios de la postcrisis (Nelms 2012), entre otros horrores (McClanahan 2012).

En su exploración de los bancos zombis, Nelms describe la siguiente aproximación a la inclusión de los monstruos en la historia de la economía:

En un momento en que la totalidad del sistema económico parece tambalearse, el zombi se presenta como el signo de la crisis del capitalismo y la representación de sus causas ostensibles […] El zombi, como cualquier "monstruo" (del latín *monstrare*, que quiere decir mostrar o señalar, la raíz de "demostrar", o de la palabra latina *monstrum, omen*) significa algo, revelando y cargando en su cuerpo la clase de miedos que provoca en los mundos sociales de su origen y su reinvocación subsecuente. ¿Qué "demuestra" el banco zombi acerca de cómo concebimos el capitalismo? (2012: 234)

La siguiente indagación se desarrolla en esta dirección, asumiendo que los zombis y los vampiros no sólo tienen algo que "de*mostrar*" sobre el actual estado de la economía, sino de la teoría económica vigente.

Como lo indican las dos citas que inauguran esta sección, tanto Keen como Hudson ofrecen pistas de esta lectura *monstruológica* (McNally 2012: 2) de su trabajo. El propósito de empujar esta analogía todavía más lejos es doble: por un lado, las figuras de ambos monstruos son utilizadas como herramientas para condensar e ilustrar el argumento básico de ambas teorías. Por otro lado, las imágenes fantasmáticas del zombi y el vampiro también son tomadas como significantes, por derecho propio, de ansiedades, miedos y otros afectos existentes en la sociedad contemporánea. Al trasladar a la teoría económica imágenes que normalmente encontramos en novelas, películas, series de televisión y juegos de computadora (Erwin y Keetley 2018, Luckhurst 2015), esperamos extender el alcance de estas teorías para que no sólo digan algo de la economía, sino también de lo que significa vivir en ella. Aunque tomamos prestadas metáforas de la cultura popular, no pretendemos contribuir a la historia cultural o a la sociología de las ideas acerca de los zombis y vampiros. Tampoco es nuestro objetivo empujar la imaginería de la cultura popular hacia la economía política para iniciar un "giro" en la disciplina. (Este abordaje parece ser adoptado en muchos campos de las ciencias sociales y humanas, girando confusamente sobre su propio eje). En vez de esto, y siendo leales al espíritu marxista, usamos deliberadamente las metáforas del zombi y el vampiro por su capacidad de proveernos de una palanca para nuestra investigación crítica de la economía capitalista postcrisis. Las metáforas nos ayudan en el objetivo de avanzar dos críticas a la economía de las que se habla poco, a la luz del estado actual de la economía postcrisis, es decir, las críticas de Keen y Hudson.

La economía asediada

> Por ser miembros de lo no muerto [...] los zombis dejan de envejecer y sólo pueden morir si destruyes su cabeza o todo su cuerpo.
>
> ("Zombie", Wikia 2016)

> Los vampiros viven para siempre, y muchos vampiros descritos tienen cientos de años o más y están emparejados de por vida.
>
> ("Vampire", Wikia 2016)

Una característica que define a zombis y vampiros es que ambos son creaturas que existen en un estado intermedio entre la vida y la muerte. En sentido estricto, no han muerto, pero tampoco viven propiamente, y por ende son descritos como "muertos vivientes" o "no muertos" [*undead*]. Los zombis y los vampiros encarnan una forma de vida sin vida. Esta característica nos ofrece una primera clave para entender por qué los zombis y los vampiros parecen tener un atractivo especial en nuestra imaginación colectiva post 2008.

Las citas anteriores pertenecen a la *Monster Wiki*, una subsección del sitio generado por usuarios *fandom.wikia*. Este sitio no es necesariamente una fuente autorizada sobre la cuestión, pero nos ofrece una formulación representativa de las ideas prevalentes sobre la naturaleza de estos dos tipos de monstruos. Esto lo convierte en una referencia útil para nuestra exploración de las características de los zombis y los vampiros.

Mientras que la crisis de 2008 significó, en efecto, una ruptura financiera mayor, ella no desembocó en un verdadero colapso de la economía. La crisis fue disparada por la quiebra de algunos bancos en particular, como Bear Stearns y Lehman Brothers, y en los años subsecuentes, muchos otros bancos alrededor del mundo tuvieron que cerrar o fueron incorporados a otros bancos. Lo mismo sucedió en otros sectores no financieros de la economía. Muchos individuos y compañías han tenido que suspender el pago de sus deudas y declararse en quiebra. Pero todos estos fracasos de las compañías financieras, las compañías ordinarias y las personas en lo individual, no generaron un colapso sistémico de la economía.

La causa profunda de la crisis fue que el nivel de deuda de la economía había alcanzado un punto crítico, tras el cual ésta se volvió insostenible. La ausencia de un colapso real, sin embargo, impidió que esta deuda fuera destruida. Esto significa que nuestras economías siguen siendo asoladas por la deuda, la cual se interpone en el camino del progreso y el desarrollo potenciales.

La deuda no es meramente un fenómeno económico, sino existencial. Es una "tecnología" en el sentido heideggeriano, pues da forma a nuestro "ser-en-el-mundo" (Heidegger 1954). Muchos autores han explorado cómo la subjetividad está configurada por el endeudamiento en la era de la financiarización extensiva (véase Leyshon y Thrift 2007, De Ville 2012, Langley y Leyshon 2012, Marron 2012, Marazzi 2015, Tooker y Clarke 2018). La deuda hipotecaria convierte las casas en activos financieros más que en simples espacios para habitar. La deuda estudiantil convierte la educación en una inversión, o tal vez incluso en una apuesta, más que en una simple oportunidad para el desarrollo intelectual. La deuda en salud convierte al cuerpo en un *pasivo financiero* más que en la simple extensión física del alma. Y la deuda soberana convierte al Estado en una corporación que debe maximizar la ganancia para satisfacer a sus acreedores, más que en una comunidad de ciudadanos.

Pese a que el endeudamiento está lejos de ser un fenómeno nuevo (Graeber 2011), la crisis de 2008 tal vez significa un punto de reconocimiento colectivo de que el monto de la deuda ha crecido más allá del nivel en el que podríamos impedir que siga creciendo, mucho menos reembolsarla. Es posible que antes hayamos entendido la deuda como un arreglo temporal. Hoy, sin embargo, nos encontramos en un estado de endeudamiento perpetuo.

Al pago gradual de un préstamo se le conoce como amortización, un derivado del latín *mors*, que significa muerte. Pero tal como los zombis y los vampiros, hoy parece que la deuda se ha vuelto inmortal, o tal vez "libre de amortización". Como sabemos gracias a Heidegger (y Kierkegaard), nuestro ser-en-el-mundo es un ser-para-la-muerte (Heidegger 1927, parágrafo 51). La certeza de nuestra propia mortalidad encuadra la temporalidad de nuestra vida. La "inmortalidad" de la deuda, de manera similar, tiene el efecto de inmovilizar a la gente en su desarrollo temporal. Tal vez esto se ve de manera más clara en las generaciones jóvenes que crecen dentro de las economías de deuda.

Tal vez la deuda estudiantil empuje a los jóvenes a regresar a casa de sus padres después de terminar la universidad, en vez de seguir su camino usual hacia la adultez pagando un lugar propio (véase Lazzarato 2015: 61-90). Más aún, pueden descubrir que se han graduado dentro de una economía en recesión, con poco o ningún prospecto de empleo. E incluso si se las arreglan para comprar una casa, el pago de la hipoteca puede ser tan alto que no puedan permitirse tener hijos. Se dice que los zombis y los vampiros nunca envejecen. La edad mide, simultáneamente, tanto el tiempo desde el nacimiento como la progresión hacia la muerte. Si bien las personas endeudadas a perpetuidad siguen creciendo biológicamente, tal vez descubran que son incapaces de responder a los significantes sociales y culturales del progreso en la vida (tener una casa, tener hijos, ser económicamente independientes, etc.). Se han convertido, así, en sujetos "libres de amortización".

Modelando *The Walking Debt*

> Los zombis son siempre violentos y usualmente están en busca de carne y órganos vivos para comer. Aún no se descubre la razón detrás de esto. [...] Un zombi perseguirá a su presa hasta que la haya devorado o hasta que ésta salga de su rango perceptivo.
>
> ("Zombi", Wikia 2016)

Pese a ser un prolífico escritor y conferencista, tal vez el verdadero medio de expresión de Steve Keen es el modelo. Keen es un constructor de modelos que simulan las dinámicas de la economía. Ver cómo la lógica de su modelo minskyniano rige las dinámicas exponenciales de la deuda que se apoderan de los sectores productivos de la economía, es algo semejante a ver una multitud de zombis proliferar a medida que, gradual pero incesantemente, se apropian de los cuerpos de más y más seres humanos comunes. Esta lógica genera un proceso de incapacitación económica.

La vasta mayoría de los modelos económicos de la corriente dominante, como por ejemplo el DSGE [*Dynamic Stochastic General Equilibrium Model*], están basados en la idea de que el desarrollo económico puede ser explicado y predicho asumiendo una tendencia inherente de la economía hacia el equilibrio (Keen 2017: 6-24). La economía puede sufrir choques en las variables exógenas, como sucede con las decisiones políticas, las innovaciones tecnológicas, los eventos naturales, etc., los cuales sacan a la economía del estado de equilibrio. Pero cuando esto sucede, las fuerzas del mercado se ajustan a estos cambios y empujan la economía hacia un nuevo estado de equilibrio. Por el contrario, los modelos de Keen están basados en una noción de economía siempre asechada por la inestabilidad. Parafraseando a Minsky, Keen afirma: "para responder la pregunta de si otra crisis financiera es posible, *usted necesita un modelo económico que pueda generar una depresión*" (Keen 2017:13).

El alejamiento de Keen respecto de los modelos económicos de la corriente dominante puede resumirse en la siguiente proposición:

La demanda agregada en una economía dirigida por el crédito [...] es igual al ingreso (PIB) *más el cambio en la deuda.* [...] La oferta agregada comprende tanto el producto de nuevos bienes y servicios como *el volumen neto de los activos existentes.*

(Keen 2011: 337-339)

Un supuesto clave de los modelos macroeconómicos dominantes, expresado en la Ley de Say ("la oferta crea su propia demanda") o mediante la Ley de Walras ("la suma de todas las demandas nocionales es cero"), es la identidad entre demanda agregada y oferta agregada, o entre el ingreso y el gasto (Keen 2011, capítulo 10). Cada vez que una persona gasta dinero en consumo o en una inversión en algún lugar de la economía, hay un ingreso correspondiente para otra persona. Y si bien los consumidores individuales temporalmente pueden financiar su gasto excesivo a través del crédito, y los productores individuales pueden convertir en ahorro sus ingresos excedentes, se asume que, en el nivel general, estos fenómenos se cancelan entre sí. El consumo "en exceso" de una persona es compensado por el consumo al que otra persona renuncia. En otras palabras, la deuda del primero es el ahorro del segundo.

Como vimos en la cita anterior, Keen añade algo a cada lado de la ecuación de la demanda agregada y la oferta agregada del modelo dominante. La adición del "cambio en la deuda" en el lado de la demanda representa, en esencia, la incorporación de los bancos al modelo (Keen 2011, capítulo 14). Keen no concibe los bancos como simples intermediarios financieros que transforman los depósitos en préstamos. A su vez, los bancos tienen la capacidad de expandir ambos lados de sus hojas de balance cuando emiten un préstamo. Mientras el préstamo es registrado como un activo, el depósito en la cuenta del deudor (registrado en el lado del pasivo de la hoja de balance del banco) simplemente se abona en ese mismo monto. Dado que generalmente el crédito bancario es aceptado en casi todos los pagos dentro de la economía, el crédito es inmediatamente parte de la oferta monetaria. Más que recircular dinero existente, los bancos tienen la facultad especial de *crear* dinero a partir de la deuda (véase también Werner 2005, Ryan-Collins *et al.* 2011, Jackson y Dyson 2013 así como el debate entre Keen

2015 y Krugman 2015). Esto perturba el balance que los modelos dominantes asumen que existe, pues la creación de nuevo dinero a través del crédito bancario equivale a la creación de un nuevo poder de compra en la economía o, en otras palabras, a una *demanda sin ingreso*.

Para empeorar las cosas, Keen añade el intercambio total de los activos existentes en el lado de la oferta. Esto es, en esencia, incorporar los mercados financieros al modelo. Si el nuevo dinero creado por un banco es gastado en inversión o en bienes y servicios para consumo, podemos esperar que la economía encuentre un nuevo equilibrio entre oferta y demanda a través de un incremento en la producción (escenario keynesiano), un incremento en la inflación (escenario monetarista) y/o un incremento en la productividad (Schumpeter). Aunque Keen no descarta ninguno de estos mecanismos, reconoce que gastar el nuevo dinero creado en el intercambio incrementado de los activos existentes (tales como bienes raíces o acciones en circulación), tiene implicaciones muy diferentes, que harán todo menos llevar a la economía hacia un nuevo punto de equilibrio. Puede decirse que el añadir la *demanda sin ingreso* en el lado izquierdo de la ecuación de la demanda agregada, se complementa con la adición de la *oferta sin producción* en el lado derecho.

Estos añadidos a la ecuación estándar de la demanda y la oferta agregadas, le permiten a Keen modelar los mecanismos –en gran parte derivados de los trabajos de Minsky– por los que la deuda privada tiende a crecer más rápidamente que el PIB (Keen 2011, capítulo 13). La estabilidad y el optimismo en una economía en crecimiento activan una retroalimentación positiva entre el fácil acceso al crédito y el incremento en el precio de los activos. Mientras que una porción del nuevo crédito, en efecto, alimenta la economía bajo la forma de consumo e inversión, un monto creciente del mismo se gasta únicamente en el intercambio de activos existentes. La inflación del precio de los activos resultante, incentiva la creación de crédito a medida que acreedores y deudores pasan del optimismo a la euforia. A continuación, la inflación de los activos crea una verdadera burbuja financiera que sólo podrá sostenerse mientras el crédito siga fluyendo hacia los mercados.

Pero en cuanto la velocidad a la que se crea el crédito comienza a desacelerarse, los precios en los mercados de activos comienzan a caer, pues su valor está basado en proyecciones técnicas que se basan en la inflación más que en los factores fundamentales. Esto genera que todo el proceso se revierta. La euforia se convierte en pánico a medida que los inversionistas liquidan los activos, desencadenando una caída de precios aún mayor. En respuesta, los bancos endurecen los requerimientos para conceder créditos, pues la caída de los precios también afecta a los activos que se ofrecen como garantía. El descenso del nivel del crédito otra vez impacta en los mercados de activos, exacerbando la espiral descendente. Esta deflación financiera se transfiere a la economía productiva, lo que resulta en una recesión, ya que el crédito para las inversiones productivas se detiene y el consumo se ve desalentado por las exigencias de reembolsar las deudas y los intereses.

Lo que está en juego en la crítica de Keen a los modelos neoclásicos dominantes, es la posición del sector financiero (los bancos y los mercados financieros) en la economía. Keen substituye la célebre Hipótesis de los Mercados Eficientes de Fama (Fama 1970), por la Hipótesis de la Inestabilidad Financiera de Minsky (Minsky 1992) e insiste en que debemos distinguir entre el sector financiero y el sector productivo, y que las leyes económicas como las de Say o Walras aplican sólo cuando se hace abstracción del rol de las finanzas en la creación de crédito y el comercio de activos (Keen 2011: 220). El sector financiero, así, trasciende las leyes del sector productivo. Lo que Keen demuestra al modelar las ideas de Minsky es, pues, que "las finanzas desestabilizan la economía, y la economía está permanentemente en desequilibrio". (Keen 2011: 356). Mientras que las finanzas gobernadas por la deuda, pueden efectivamente apropiarse de los cuerpos, lo que Keen muestra es que deja a los endeudados y, así, al sistema económico mismo, cada vez más rígido e incapacitado. Como Peck (2010) señala en su crítica del "neoliberalismo zombi", "la muerte viviente de la revolución del libre mercado sigue caminando por el mundo, si bien es cierto que, con cada resurrección, su marcha fuera de control se vuelve cada vez más errática" (109). La desestabilización que Keen revela, causada por la colonización del sector financiero sobre la economía, queda mejor ejemplificada en el concepto de "crédito zombi" (Caballero et al. 2008). En su estudio, Caballero et al. demuestran que la disposición de los bancos japoneses a mantener a flote mediante el crédito a compañías que de otro modo serían insolventes (convirtiéndolas, esencialmente, en muertos vivientes, i.e. zombis) afectó a las compañías "saludables" y en última instancia prolongó el estancamiento económico del país a principios de la década de los noventa. He allí los efectos incapacitantes de la deuda.

La pulsión de deuda

Como quedó sugerido por la cita que inaugura la sección previa, el zombi está en una búsqueda incesante, insaciable, casi mecánica, de algo más, lo que se encuentra más allá de la comprensión humana ordinaria. La naturaleza del zombi es descrita como sigue:

> Los zombis no tienen la capacidad cerebral de hablar, pero pueden gemir cuando perciben que hay una presa, lo que constituye una forma de comunicación. [...] Debe notarse que esta "comunicación" no es intencional, sino que los zombis, conducidos por el instinto, son atraídos por el sonido, que a su vez puede conducirlos hacia una presa. [...] No pueden aprender, no pueden pensar ni hacer otra cosa con su cerebro que moverse y comer.
>
> ("Zombie", Wikia 2016)

Podemos entender filosóficamente esta naturaleza del zombi invocando la distinción de Žižek entre *deseo* y pulsión (véase también Purcell 2016). El deseo es una parte integrante de la manera en que el sujeto se concibe a sí mismo. Nos identificamos a nosotros mismos a través de los objetos hacia los cuales dirigimos nuestro deseo. La pulsión, sin embargo, tiene la naturaleza de una compulsión sin objeto, que opera más allá del ámbito de la fantasía, el significado y la identificación subjetiva. Más que algo que el sujeto incorpora como parte de su identidad, la pulsión es una fuerza extraña que penetra su personalidad simultáneamente con y contra su voluntad. Un caso extremo de esta penetración del sujeto se encuentra en las diferentes clases de adicciones (Bjerg, 2008,2009, 2011). Así es como Žižek aplica al capitalismo la diferencia entre el deseo y pulsión:

> En el nivel inmediato en el que se dirige a los individuos, el capitalismo interpela a los sujetos como consumidores, como sujetos de deseo, solicitando en ellos siempre nuevos deseos perversos y excesivos (y, para ello, les ofrece productos que los satisfagan). [...]La pulsión es inherente al capitalismo en un nivel más fundamental, sistémico: la pulsión es lo que propulsa toda la maquinaria capitalista, es la compulsión impersonal de

continuar el interminable movimiento circular de autorrepro-
ducción expandida.

(Žižek 2015a: 422)

Si bien esta cita se refiere inmediatamente a la forma clásica de
la acumulación de capital descrita por Marx, parece ser incluso
más apropiada para describir la compulsión a la deuda inscrita en
el capitalismo contemporáneo postcrisis. Hoy en día, convertirse
en el propietario de una casa, graduarse, o incluso hacerse de un
automóvil, usualmente se asocian con la necesidad de endeudarse.
La inclusión en el orden social, así, implica que somos interpelados
como deudores, lo que a su vez crea el deseo de dinero para pagar nuestra deuda. De esto habla Lazzarato cuando se refiere a "la
creación del hombre endeudado" (Lazzarato 2012). Sin embargo,
una vez que desplazamos nuestra perspectiva del nivel micro de la
economía al macro, la distinción entre dinero y deuda se desvanece. El dinero *es* deuda, lo que significa que la fantasía de pagar la
deuda ganando dinero, también se desvanece. Como es demostrado
por Keen, el crecimiento económico estimula la creación de cada
vez más crédito. Pero una vez que el crecimiento del crédito se detiene, constatamos que la causalidad también opera en la dirección
contraria. El crecimiento económico también es estimulado por la
creación de crédito, de manera que cuando la creación de crédito se
estanca o decrece, la economía entra en recesión. La economía, en
suma, está imposibilitada a crecer lo suficiente para salir de la deuda, que es la fantasía que estructura el deseo del sujeto individual
en el nivel microeconómico.

He aquí otra definición de la distinción entre deseo y pulsión:

Cuando nos desplazamos más allá del deseo –es decir, más allá
de la fantasía que soporta al deseo– entramos al extraño dominio de la *pulsión*: el dominio de una palpitación circular cerrada,
que encuentra su satisfacción en la repetición sin fin del mismo
gesto fallido.

(Žižek 1997: 30)

Lo que hace la adición del "cambio en el endeudamiento" y el
"intercambio de activos existentes" en cada lado de la ecuación
convencional de la oferta y la demanda, es exactamente mover la
macroeconomía "más allá del deseo" para ponerla en "el extraño
dominio de la pulsión". La creación de dinero a partir de deuda,

que sirve únicamente para la recirculación acelerada de las propiedades, las acciones y otros activos financieros, constituye una fuerza inherente en la economía, a la que debemos referirnos como pulsión de deuda (Bjerg, 2016: 218-26). Pues bien, queremos sugerir que la imagen del zombi es una expresión de la pulsión de deuda.

Según la cita anterior, el zombi está gobernado por un instinto más que por una intención, y se orienta más por el sonido que por la imagen. La pulsión de deuda no está estructurada por una fantasía de crecimiento productivo, progreso tecnológico, ilustración, bienestar, salud, y ni siquiera por una imagen de la vida buena. Es una inercia circular que se alimenta a sí misma, pues la creación del dinero a partir de la deuda crea una demanda de todavía más dinero para pagar no sólo el principal, sino los intereses. No hace más que "desplazarse y comer".

Un rasgo distintivo de los zombis es que parecen caminar constantemente a un ritmo moderado pero persistente. La relevancia de lo anterior es puesta de manifiesto en el hecho de que una popular serie contemporánea de televisión se titule simplemente *The Walking Dead* [*Los muertos andantes*] (véase, por ejemplo, Erwin y Keetley 2018). Este andar, por medio del cual los zombis se desplazan y multiplican, ofrece una imagen de la manera en que la deuda prolifera y penetra en cada vez más sectores de la economía productiva y más esferas de la vida, sin estar estructurado por ninguna fantasía inteligible.

La extrañeza del zombi se deriva del hecho de que, en efecto, existe en una "zona de indistinción" entre lo humano y lo no humano (Agamben, 1998, Cohen 2009). Mientras que todavía reconocemos sus características humanas, los zombis son absolutamente extraños a nosotros. Comparativamente, los bancos y los mercados financieros son agentes que también operan en una zona de indistinción entre lo económico y lo no económico. Como Keen demuestra, funcionan de tal manera que añaden a la economía una *demanda zombi sin ingreso* y una *oferta zombi sin producción*, lo que simultáneamente parece estar sujeto a, y exento de, las leyes convencionales de la economía. No debemos, sin embargo, limitarnos a la estrecha metáfora del banco zombi (Onaran y Bair 2011, Nelms 2012). La pulsión de la deuda es una fuerza que amenaza con poner a corporaciones, individuos y naciones en estado zombi.

Cuando estalle la nueva burbuja financiera, inflada por las sucesivas rondas de Flexibilización Cuantitativa [*Quantitative Easing*] en Estados Unidos, Reino Unido y Europa, es posible que sus respectivos bancos centrales descubran que ellos mismos son insolventes, si es que los bonos y otros activos comprados con dinero creado por el banco central pierden su valor. Entonces habremos descubierto una nueva criatura: el Banco Central zombi.

El feudalismo resurge de su tumba

> Fue el principio del fin para los vampiros cuando Lehman Brothers, esos parásitos chupasangre, se hundió. Abajo los vampiros. Larga vida (¿o muerte?) al zombi: el monstruo oficial de la recesión.
>
> (Grossman 2009)

> Lo primero que debe saber de Goldman Sachs es que está en todos lados. El banco de inversión más poderoso del mundo es un gran calamar vampiro enredado alrededor de la cara de la humanidad, siempre introduciendo su tentáculo sangriento en todo lo que huela a dinero.
>
> (Taibbi, 2010)

En las postrimerías de la crisis de 2008, había un cierto consenso en que, si bien la turbulencia financiera había dejado daños económicos, había golpeado a toda la sociedad. El momento más significativo de la crisis había sido el colapso del banco de inversión Lehman Brothers, lo que significó una completa pérdida de confianza en el sistema financiero (Swedberg 2013). En ese momento, parecía que a final de cuentas los ultra ricos también eran mortales y no inmunes a las oscilaciones de la economía. Políticamente, la gestión de la crisis fue manejada como la misión de salvar al conjunto de la economía y no simplemente proteger intereses particulares. En la crucial reunión de septiembre de 2008, que terminó con la decisión del gobierno estadounidense de autorizar una serie de paquetes de rescate para salvar a los principales bancos, el entonces presidente de le Reserva Federal, Ben Bernanke, presuntamente dijo: "Si no hacemos esto mañana, para el lunes no tendremos economía". Por un momento existió la sensación de que todos estábamos en el mismo barco financiero.

El zombi se refiere a este tipo de catástrofe. Cuando los zombis atacan, los humanos tienen que unirse sin importar su clase, raza, género, etc. Los zombis no discriminan a sus víctimas. Atacan a todos y amenazan con acabar con toda la civilización humana. Este es el trasfondo contra el que debemos leer la cita anterior, donde Lev Grossman, en su artículo de 2009 para el *Time Magazine*, señala al zombi como "el monstruo oficial de la recesión". Como hemos visto en secciones previas, la pulsión de deuda, de manera semejante, amenaza con acabar con toda la economía productiva.

Mientras que en 2008 la crisis, en efecto, acabó con buen número de instituciones financieras y causó severos estragos en las fortunas de muchos individuos acaudalados, estos daños pronto demostraron ser sólo temporales. Los salarios y ganancias de los principales bancos, fueron de los primeros en el mundo corporativo en recuperarse de la crisis. En un lapso de dos años, los reportes de cómo las personas más ricas del mundo se habían vuelto más ricas se repetían recurrentemente en las noticias. El movimiento Occupy Wall Street y Thomas Piketty ofrecieron, respectivamente, las expresiones populares y académicas de estas tendencias. Bajo esta retrospectiva, el desprecio de Grossman por los vampiros demostró ser cuando menos prematuro y en el peor de los casos engañoso. Es crucial entender que si el dinero es creado a partir de la deuda, el crecimiento de la deuda también significa el crecimiento del dinero. Mientras que dinero y deuda comparten un origen común en las hojas de balance de los bancos comerciales, tienden a gravitar hacia diferentes direcciones dentro de la economía. La noción de zombi se refiere a la proliferación de la deuda en todas las direcciones, mientras que la concentración de dinero queda mejor capturada por la imagen del vampiro chupasangre.

En contraste con la cruda, repulsiva y primitiva naturaleza de los zombis, los vampiros son seres mucho más sofisticados:

> La apariencia de un vampiro es la misma que tenía cuando era humano, sin embargo, tienen características comunes, como los colmillos que descienden a voluntad cuando están por alimentarse, amenazar o atacar.
>
> ("Vampires", Wikia 2016)

Los vampiros operan en el dominio del deseo más que en el de la pulsión. Por un lado, manipulan o apelan a los deseos de sus víctimas. Por otro lado, el vampiro es en sí mismo la expresión de un deseo en relación con la víctima. El zombi devora crudamente la carne de sus víctimas sin mostrar signo de satisfacción o disfrute alguno. El vampiro, sin embargo, despliega una forma de consumo mucho más exquisita. Tiende a seleccionar a sus víctimas cuidadosamente, prefiriendo a veces a mujeres jóvenes y hermosas; sólo bebe su sangre y manifiesta signos evidentes de disfrute mientras lo hace. En el mismo orden de ideas, Žižek sintetiza la diferencia: "Los vampiros ostentan buenas maneras, exquisitas y aristocráticas, y viven entre la gente normal, mientras que los zombis son torpes, inertes y sucios" (Žižek, 2015b: 64).

Mientras que la pulsión de deuda que se expresa a través de la imagen del zombi es una fuerza impersonal y autopropulsora que permea a la sociedad, el vampiro ejerce una forma de explotación parasitaria que puede ser atribuida a personas individuales. Los vampiros tienen una personalidad. El vampiro más famoso es, por supuesto, el conde Drácula. En la descripción literaria clásica de Bram Stoker, de finales del siglo XIX, el conde Drácula no sólo tiene posesiones en Transilvania. A medida que la historia se desarrolla, resulta que el conde tiene numerosas posesiones a lo largo y ancho de Londres. El Drácula de Stoker encarna el capitalismo. En su ensayo "La dialéctica del miedo", Moretti (1982) señala que Drácula es "un empresario racional que invierte su oro para expandir su dominio" (68). En su lectura marxista, Moretti sugiere incluso que "como el capital, Drácula es impulsado hacia un crecimiento continuo, una expansión ilimitada de su dominio: la acumulación es inherente a su naturaleza" (73). (Para otra lectura de los matices capitalistas en el Drácula de Stoker véase McKee 2002). Pese a que las versiones actuales de los vampiros se desvían de la historia clásica, la noción de algo feudal, aristocrático y anacrónico que permanece como no-muerto en los tiempos modernos, parece ser un rasgo inherente a la imagen del vampiro.

Es este el tema que estructura el diagnóstico de Michael Hudson del contemporáneo capitalismo postcrisis. En lugar del razonamiento matemático que encontramos en el trabajo de Steve Keen, el pensamiento de Hudson está configurado por una lectura revisionista de los economistas clásicos como Smith, Ricardo y Mill. Mientras que los economistas neoclásicos tienden a describirse a sí mismos como los continuadores de los economistas clásicos, de la misma manera que los defensores del neoliberalismo se conciben como los herederos del liberalismo clásico, Hudson invierte las cosas, movilizando a los economistas clásicos y el liberalismo contra la economía neoclásica y la política neoliberal:

> Adam Smith, David Ricardo, John Stuart Mill y sus contemporáneos, alertaron que la extracción de la renta amenazaba con socavar el ingreso e incrementar los precios por encima del costo de producción. Su principal objetivo era prevenir que los terratenientes "cosecharan donde no sembraron", como Smith expresa. Orientados hacia este fin, su teoría del valor trabajo aspiraba a impedir que los terratenientes, los dueños de los recursos naturales y los monopolistas, elevaran los precios por encima del costo de producción, oponiéndose a los gobiernos controlados por los rentistas. […] En vez de crear una simbiosis mutuamente benéfica con la economía de la producción y el consumo, el parasitismo financiero desvía el ingreso necesario para invertir y crecer. Los banqueros y los acreedores disecan la economía anfitriona extrayéndole ingresos para pagar los intereses y los dividendos.
>
> (Hudson 2015: 15)

De acuerdo con Hudson, el capitalismo contemporáneo está marcado por el resurgimiento de formas de explotación precapitalistas, a las que se refiere como "neofeudalismo financiero". Mientras que la explotación capitalista estándar del trabajo por el capital, al menos contribuía a la reproducción tanto del trabajo como del capital, la explotación neofeudal del rentista es puramente parasitaria. Dado que la economía clásica se formuló en oposición al feudalismo, la analítica de los economistas clásicos, por ende, resulta apropiada para entender nuestro predicamento económico actual. Resulta que el feudalismo no fue aniquilado apropiadamente con la emergencia del capitalismo. En nuestros días se ha levantado de su tumba.

Creación de riqueza vs. extracción de riqueza

> La política sedante más letal de la ortodoxia económica dominante es el mantra de que "todo ingreso ha sido trabajado". Esta soporífera ilusión desvía nuestra atención de cómo el sector financiero desvía los suministros de la economía para alimentar monopolios y sectores que

> extraen renta y que sobreviven desde los siglos pasados, siendo ahora ampliados por las nuevas formas de la renta monopólica, principalmente en el sector de la administración financiera y del dinero.
>
> (Hudson 2015: 16)

Mientras que la distinción entre un sector productivo y uno financiero de la economía fue fundamental para la economía clásica, esta distinción es ocultada o incluso desaparece en la economía neoclásica (véase también Bjerg 2016, capítulo 5). Esto significa que la economía neoclásica carece de los conceptos analíticos apropiados para distinguir entre tierra y capital o entre renta y ganancia. Hudson se refiere a las finanzas, los seguros y el sector inmobiliario, designado con el acrónimo FIRE (por sus siglas en inglés), y destaca que mientras que las actividades de este sector consisten principalmente en extraer renta de los individuos y otros tipos de negocios, sus ingresos son registrados como parte del PIB junto con las actividades creadoras de riqueza. Esta confusión permitió al Lloyd Blankfein, director de Goldman Sachs, afirmar que "los empleados de Goldman Sachs están entre los más productivos del mundo de acuerdo con sus ingresos personales" (Blankfein, citado en Hudson 2015: 50).

Evidentemente, la distinción (o la falta de ella) entre una economía "honesta", "productiva", "real", opuesta a una economía "parasitaria", "financiera", "especulativa", es altamente ideológica y normativa y, en efecto, a veces puede ser difícil dibujar la línea empíricamente. Esto, sin embargo, se ajusta bien a la imagen del vampiro, quien es capaz de adoptar diferentes apariencias y mezclarse con personas normales. Más que la fuerza bruta e inerte del zombi, los vampiros pueden valerse del engaño, la seducción e incluso la magia para seducir y atrapar a sus víctimas:

> Los vampiros son altamente capaces de manipular la magia. [...] Los vampiros pueden mover objetos con su mente. [...] Los vampiros pueden leer el pensamiento de un ser humano. [...] Los vampiros pueden borrar, restaurar o fabricar los recuerdos de una persona. [...] Los vampiros pueden hipnotizar a los humanos a su voluntad.
>
> ("Vampiros", Wikia 2016)

La pulsión de la deuda analizada por Keen y expresada en la imagen del zombi es una fuerza puramente destructiva, sin propósito aparente. Su proximidad con el concepto de pulsión de muerte sugiere que en última instancia es destructiva. Sin embargo, la explotación parasitaria llevada a cabo por el rentista neofeudal, tal como la encontramos en el análisis de Hudson, es un poco más compleja. Mientras que esta explotación puede también destruir las capacidades de la creación de riqueza en los sectores productivos de la economía, depende simultáneamente de que la riqueza sea creada de modo que tenga algo que extraer. La ambigua relación entre el parásito y el anfitrión también se encuentra en la imagen del vampiro:

> Los vampiros son seres mitológicos que subsisten alimentándose de la esencia vital (generalmente sangre) de las criaturas vivas. (…) Los vampiros deben conservar vivas a sus víctimas o su sangre se vuelve tóxica para ellos.
>
> ("Vampires", Wikia 2016)

La metáfora de Hudson del parásito se refiere no sólo a la extracción de riqueza del sector productivo a manos del FIRE. Hudson argumenta que la función de la economía neoclásica es configurar de cierto modo nuestro pensamiento sobre la economía, de tal manera que desactiva nuestro juicio económico y hace que los negocios parasitarios aparezcan como productivos y benéficos para la sociedad en general. Hudson comparte con Keen su postura en torno a la creación/contratación de crédito y la inflación/deflación de los activos. Pero sus trabajos difieren del de Keen en que su objetivo neurálgico no es señalar las implicaciones macroeconómicas de la inestabilidad y la recesión, sino más bien mostrar cómo ciertos grupos e individuos privilegiados están en la posibilidad de obtener ganancias de la inestabilidad y la recesión.

Es evidente que los especuladores y los agentes hipotecarios ganan dinero cuando el crédito se expande y el precio de los activos se eleva (Hudson 2015: 161-7). Mucho más interesante es la exposición que hace Hudson de la manera intrincada en que el sector FIRE puede explotar oportunidades, abiertas por la crisis, de lograr una acumulación de riqueza todavía mayor. En un análisis de la deuda griega, Hudson muestra que las instituciones supuestamente públicas, como el Banco de Grecia, el gobierno griego y la llamada *troika* conformada por el Fondo Monetario Internacional, el Banco Central y la Comisión Europea, colaboraron para implementar políticas que beneficiarían a los bancos, los fondos de cobertura extranjeros y otros tenedores de bonos, a expensas de los ciudadanos griegos (Hudson 2015, capítulo 21). Debido a la percepción del riesgo de que Grecia entrara en default, los especuladores podían comprar los bonos del gobierno griego a un precio muy bajo. Subsecuentemente, estos riesgos fueron neutralizados mediante una combinación de nuevos préstamos y presión política ejercida por la troika. Mientras los tenedores de bonos se beneficiaban de su elevado rendimiento, los ciudadanos griegos sufrían por las severas medidas de austeridad impuestas para asegurar la continuidad del pago a los acreedores. Para empeorar la situación, la recesión griega y la presión sobre las finanzas públicas, llevó a que los "inversionistas" extranjeros pudieran apoderarse de la infraestructura pública vital como los aeropuertos, las instalaciones portuarias, las empresas de servicios públicos, etc., a precios de remate. Esto los facultó a convertir los bienes públicos en vehículos para la extracción de renta.

El caso de Grecia puede servir como la ilustración de una lógica general, que podemos ver en acción en muchos otros países. Incluso dentro de un país relativamente próspero como Dinamarca, las supuestas restricciones presupuestales fueron utilizadas como una excusa para iniciar un proceso de privatización de la compañía energética nacional DONG, vendiendo 20 por ciento de su propiedad a Goldman Sachs. Dos años después del trato, el banco había obtenido un 100 por ciento de ganancias sobre la inversión, quedando demostradas las condiciones favorables del trato. El ministro de finanzas que lo negoció (perteneciente a la socialdemocracia) se retiró de la política para convertirse en el director global del McKinsey Center for Government. Esta misma compañía consultora recientemente publicó un reporte confidencial que demuestra que si se privatiza el sistema de provisión de agua de Dinamarca, hoy utilizado por gobiernos municipales o usuarios locales, es posible ahorrar 7.1 miles de millones de coronas mediante mejoras en la eficiencia.

En vez de dejar pasar esa historia como algo anecdótico o circunstancial, el trabajo de Hudson nos invita a seguir el dinero y ver cómo la crisis de 2008 abrió oportunidades para burlar los límites entre corporaciones y gobierno, entre la propiedad privada y los servicios públicos, pavimentando el camino hacia formas futuras de extracción de renta y posiciones potencialmente monopólicas por parte de las élites. Cuando funcionarios del gobierno tales como los ministros de finanzas o presidentes de los bancos centrales se acercan demasiado al sector FIRE, es posible que se infecten del vampirismo a través de una combinación de seducción, manipulación y presión forzada. Siguiendo a Hudson, no debemos evitar poner un nombre a los vampiros financieros y sacar sus tácticas engañosas a la luz del día.

Bancos Centrales zombis administrados por vampiros

> He visto cada una de esas películas de zombis y no es posible curarse de eso. Todos lo saben. Tienes que dispararles. Tienes que deshacerte de ellos, cortar sus cabezas, poner la bala de plata a través de su corazón y construir algunos bancos saludables.
>
> (Un exdirector de un fondo de cobertura, citado en Arnold 2009)

Como conclusión de este artículo, debemos preguntarnos si la imaginación colectiva en torno a cómo lidiar con zombis y vampiros, también ofrece ciertas pistas de cómo lidiar con la deuda y la explotación financiera en el capitalismo post 2008. Una característica clave del vampirismo y la condición de zombi es que constituyen una forma de enfermedad sin cura. Si bien esto implica que hay que matarlos, también plantea el particular problema de que ellos ya existen en un estado más allá de la vida ordinaria. En las descripciones culturales de los zombis y vampiros, encontramos diferentes métodos para lidiar con cada uno de ellos. Por supuesto, cada descripción varía según la materia. Para evitar extraviarnos en una exégesis monstruológica, nuevamente nos valemos de Wikia como una referencia autorizada. Comencemos con los zombis:

> Si uno está en posesión de un arma, se aconseja aniquilar la parte más peligrosa de la anatomía del zombi: la cabeza y/o las manos. [...] Después de separar la cabeza del zombi, no será capaz de mover sus piernas, brazos o torso, pero la cabeza seguirá viva, así que hay que actuar con precaución y deshacerse de ella utilizando fuego.
>
> ("Zombies", Wikia 2016)

Los zombis constituyen una clase de "órganos sin cuerpo" (Žižek 2004) y el enfrentarse a ellos es un asunto de inmovilizarlos más que matarlos realmente. La técnica consiste no sólo en decapitar al zombi, sino en asegurarse de que la cabeza sea destruida. Como la cita lo sugiere, esto puede lograrse utilizando fuego, pero también podemos valernos de la vívida imagen, mostrada en videojuegos y películas recientes, del estallamiento en pedazos de la cabeza del zombi con un arma de fuego o un bate de beisbol. En la economía, el concepto de "capital" se deriva del latín *caput*, que significa "cabeza" y se refiere al principal de una suma de dinero prestado, en contraste con la usura que se deriva después. Transponer hacia el dominio económico la idea de la inmovilización de los zombis mediante la aniquilación de sus cabezas, nos lleva a la idea de organizar una huelga de deuda.

En primer lugar, esto puede ayudar a explicar la aparente futilidad de la mayoría de las respuestas políticas a la crisis de 2008. La respuesta inmediata en Estados Unidos, así como en Europa, fue transferir deudas, desde las hojas de balance a los bancos comerciales en problemas, hacia las hojas de balance de los bancos centrales o las instituciones públicas, mientras que al mismo tiempo se proveyó al sistema bancario de liquidez bajo la forma de reservas del banco central. En el contexto estadounidense, este paquete fue llamado TARP [*Troubled Asset Relief Program*]. Una segunda respuesta fue la disminución de las tasas de interés de referencia de los bancos centrales, en un intento por estimular la expansión del crédito. Finalmente, la Reserva Federal de Estados Unidos, el Banco de Inglaterra y más recientemente el Banco Central Europeo, se han embarcado en rondas sucesivas de Flexibilización Cuantitativa, programa a través del cual los bancos centrales utilizan nuevas reservas para comprar diferentes tipos de activos financieros en el mercado. Ninguna de estas políticas, sin embargo, se dirigía hacia el "principal" de las deudas. Dado que estas políticas fracasaron en el objetivo de vigorizar el crecimiento productivo de las economías en cuestión, uno puede sospechar que, de entrada, este era su objetivo: evitar cualquier cancelación considerable de las deudas.

El peligro de luchar contra los zombis es, por supuesto, ser mordido y convertido en uno. Vale la pena preguntarse si no es esto lo que pasó con los bancos centrales que se embarcaron en la Flexibilización Cuantitativa. Ya que los bancos centrales compran no sólo bonos del gobierno sino también otro tipo de valores financieros como bonos corporativos, puede constatarse que el precio de los activos se ha inflado. Esto significa que cuando los bancos centrales terminen con sus programas de compra, es de esperarse que el precio de estos activos disminuya significativamente. Esto, a su vez, significa que el valor de los activos en la hoja de balance de los bancos centrales se depreciará, y que, en última instancia, el banco podría resultar insolvente. En el esfuerzo por rescatar a los bancos zombis, los bancos centrales se han convertido también en zombis. Habida cuenta de que los bancos centrales tienen la capacidad de imprimir dinero, es obvio que siempre podrán pagar a todos los acreedores, de modo que, por definición, los bancos están a salvo de la bancarrota convencional. Pero aún queda la pregunta de qué significa tener una moneda emitida y respaldada por un insolvente banco central zombi. ¿Podríamos imaginar que lo zombi prolifere en todos los sectores de la economía a través de una moneda zombi acosada por la hiperinflación?

Al destacar los diferentes casos de cancelación de deuda a través de la historia, desde el antiguo jubileo hasta la Reforma Monetaria alemana en 1948, Hudson argumenta precisamente que nuestra crisis actual sólo puede ser resuelta a través de una forma sistemática de cancelación de la deuda (Hudson 2012: 466-67). Esta solución también es apoyada por Keen (2011: 466-67). Más que movilizar deudas de una hoja de balance a otra, las deudas deben ser simple y unilateralmente abolidas. Hudson presenta esta idea con una ingeniosa frase: "Las deudas que no se pueden pagar, no serán pagadas" (Hudson 2012: 471). Mientras conservemos las deudas, bajo el supuesto de que eventualmente nuestras economías de algún modo podrán crecer y desembarazarse de ellas, la inversión y el consumo se mantendrán asfixiados en un estado de estagnación que se perpetúa a sí mismo.

Ahora bien, el hecho evidente de que "las deudas que no pueden ser pagadas, no serán pagadas", no necesariamente significa que serán canceladas. Incluso si el consumo, la inversión y el crecimiento macroeconómicos están inhibidos por el peso excesivo de la deuda, todavía existen, como hemos discutido previamente, instituciones, personas y grupos, para quienes el peso de la deuda se presenta como una oportunidad de negocio altamente rentable. La deuda no es meramente un fenómeno económico. Es también un contrato legal con ciertos derechos y obligaciones. "Por lo tanto, la gran pregunta en torno a las políticas", afirma Hudson, "es *cómo* no pagar los diferentes tipos de deuda" (Hudson 2012: 471). Y es crucial estar consciente de quiénes están en la posición de responder a esta pregunta. Esto nos lleva de regreso de los zombis a los vampiros:

> Los vampiros pueden ser asesinados cortándoles la cabeza. [...] Las cruces espantarán a los vampiros y/o los quemarán si llegan a tocarlos. [...] Cuando el corazón del vampiro es removido, muere. [...] Un vampiro puede ser asesinado por los rayos del sol. [...] Destruir el corazón (e.g. con una estaca de madera) es una forma garantizada de matar vampiros.
>
> ("Vampires", Wikia 2016)

Hay un cierto traslape entre los métodos de matar zombis y vampiros. Un denominador común es la inmovilización física, lo que evita que vuelvan a la "vida" otra vez. En el caso de los vampiros, esto puede hacerse atravesando su corazón con una estaca de madera mientras están en sus ataúdes, clavándolos a su tumba. Mientras que el matar zombis se concentra en la eliminación del cerebro, el matar vampiros parece concentrarse en el corazón. Dado que el corazón es identificado a menudo como el origen de nuestros deseos, podemos permitirnos asociar el matar vampiros con la eliminación o al menos la neutralización de un tipo particular de deseo.

Al contrario del zombi, que se alimenta de la carne, el vampiro bebe sangre. En la economía, a menudo encontramos que la sangre es una metáfora de la manera en que el dinero circula dentro del cuerpo de la economía. Los vampiros, sin embargo, interrumpen la circulación natural de la sangre bebiéndola y consumiéndola. Lo que para los seres humanos es el medio natural de circulación, para los vampiros es el objeto del consumo. El combate contra la explotación financiera, así, consiste en la eliminación, o al menos la neutralización, del deseo de dinero, lo cual interrumpiría el flujo circular del dinero dentro de la economía.

Como se sugirió previamente, el zombi representa una fuerza abstracta, despersonalizada, mientras que el vampiro representa la encarnación personal de un deseo particular. Esta dualidad ilustra cómo el análisis, así como la lucha política en el capitalismo post 2008, debe involucrar no sólo explicaciones y soluciones estructurales, sino también concentrarse en las personas individualmente. ¿Cómo esperar que los bancos centrales gestionen nuestras economías de acuerdo con las necesidades y deseos de los Estados-nación y las sociedades, si son administrados por ex o futuros empleados de Goldman Sachs? ¿Cómo esperar que los políticos defiendan el interés de la amplia clase de deudores en contra de la clase elitista de los acreedores, si recibe dinero de los bancos y otras corporaciones financieras?

Referencias

Agamben, Giorgio (1998) *Homo Sacer: Sovereign Power and Bare Life.* Palo Alto: Stanford University Press.

Arnold, Chris (2009) Zombie Banks Feed off Bailout Money. *NPR Morning Edition* 17.

Bezemer, Dirk (2009) No One Saw This Coming. Understanding Financial Crisis Through Accounting Models. MPRA Paper, University of Groningen, Groningen, The Netherlands.

Bjerg, Ole (2008) Drug Addiction and Capitalism-Too Close to the Body. *Body & Society,* 14(2) 2008: 1-22.

Bjerg, Ole (2009) Too Close to the Money–A Theory of Compulsive Gambling. *Theory, Culture & Society*, Vol. 26(4) 2009: 47-66.

Bjerg, Ole (2011) *Poker – The Parody of Capitalism.* University of Michigan Press, Ann Arbor 2011.

Bjerg, Ole (2016) *Parallax of Growth - The Philosophy of Ecology and Economy.* Polity, London 2016.

Botting, Fred (2013) Undead-Ends: Zombie Debt/Zombie Theory. *Postmodern Culture* 23(3). doi:10.1353/pmc.2013.0043.

Caballero, Ricardo J., Hoshi, Takeo y Kashyap, Anil K. (2008) Zombie Lending and Depressed Restructuring in Japan. *American Economic Review*, 98(5), 1943–1977.

Casey, Terrence (2011) Capitalism, Crisis, and a Zombie Named TINA. IT Casey (Red.), *The Legacy of the Crash: How the Financial Crisis Changed America and Britain,* 38–59.

Castillo, David R. (2016) Zombie Masses: Monsters for the Age of Global Capitalism. In *Zombie Talk: Culture, History, Politics*, 39–62. Springer. Disponible en: <http://link.springer.com/chapter/10.1057/9781137567727_3>.

Chelcea, Liviu y Druță, Oana (2016) Zombie socialism and the rise of neoliberalism in post-socialist Central and Eastern Europe. *Eurasian Geography and Economics*, 57(4–5), 521–544.

Cohen, Simchi (2009) Land of the Dead - The Already Dead and the Dying - The Zombie as Homo Sacer: Sovereign Power, Bare Life, and George A. Romero's "Dead" Tetralogy. *Cinema and Globalization*. Disponible en: <http://www.globalcinema.eu/single.php?sl=zombie-as-homo-sacer-romero>.

Deville, Joe (2012) Regenerating Market Attachment. *Journal of Cultural Economy* 5(4): 423-439, doi:10.1080/17530350.2012.703145

Erwin, Elisabeth y Dawn Keetley (Ed.). (2018) *The Politics of Race, Gender and Sexuality in The Walking Dead: Essays on the Television Series and Comics*. Jefferson, NC: McFarland and Company Inc.

Fama, Eugene F. (1970) Efficient Capital Markets: A Review of Theory and Empirical Work*. *The Journal of Finance*, 25(2), 383–417.

Fischer-Hornung, Dorothea y Mueller, Monika. (2016) *Vampires and Zombies: Transcultural Migrations and Transnational Interpretations*. Univ. Press of Mississippi.

Giroux, Henry A. (2011) *Zombie Politics and Culture in the Age of Casino Capitalism*. New York, NY: Peter Lang Publishing Inc.

Godfrey, Richard, Jack, Gavin y Jones, Campell (2004) Sucking, Bleeding, Breaking: On the Dialectics of Vampirism, Capital, and Time. *Culture and Organization*, 10(1), 25–36.

Graeber, David (2011) *Debt: The First 5,000 Years*. Brooklyn, NY: Melville House Publishing.

Grossman, Lev (2009): Zombies Are the New Vampires. *TIME Magazine*. Disponible en: <http://content.time.com/time/magazine/article/0,9171,1890384,00.html?iid=sr-link1>.

Hall, Derek (2011) Varieties of Zombieism: Approaching Comparative Political Economy through 28 Days Later and Wild Zero. *International Studies Perspectives* 12(1):1–17. doi:10.1111/j.1528-3585.2010.00415.x.

Harman, Chris (2009) *Zombie Capitalism*. London: Bookmarks.

Heidegger, Martin (1927) *Being and Time*. London: Wiley-Blackwell.

Heidegger, Martin (1954) The Question Concerning Technology. *Technology and Values: Essential Readings*, 99–113.

Hudson, Michael (2012) *The Bubble and Beyond*. Dresden: ISLET.

Hudson, Michael (2015) *Killing the Host: How Financial Parasites and Debt Bondage Destroy the Global Economy*. Dresden: ISLET.

Jackson, Andrew y Dyson, Ben (2013) *Modernising Money: Why Our Monetary System Is Broken and How It Can Be Fixed*. London: Positive Money.

Keen, Steve (2011) *Debunking Economics: The Naked Emporer Dethroned?* London, New York: Zed Books.

Keen, Steve (2015) Nobody Understands Debt - Including Paul Krugman. *Forbes.* Disponible en: <http://www.forbes.com/sites/stevekeen/2015/02/10/nobody-understands-debt-including-paul-krugman/>.

Keen, Steve (2016) Zombies-To-Be and the Walking Dead of Debt. *Steve Keen's Debtwatch Analysing the Collapse of the Global Debt Bubble.* http://www.debtdeflation.com/blogs/2016/05/09/zombies-to-be-and-the-walking-dead-of-debt/>.

Keen, Steve (2017) *Can We Avoid Another Financial Crisis.* Cambridge, Polity.

Kennedy, Paul (2017) *Vampire Capitalism: Fractured Societies and Alternative Futures.* London: Palgrave Macmillan UK.

Krugman, Paul (2015): There's Something About Money (Implicitly Wonkish). New York Times. *Paul Krugman Blog.* Disponible en: <http://krugman.blogs.nytimes.com/2015/02/10/herretes-something-about-money-implicitly-wonkish/>.

Langley, Paul y Leyshon, Andrew (2012) Guest editors' introduction. *Journal of Cultural Economy* 5(4): 369-373, doi:10.1080/17530350.2012.703146

Lauro, Sarah. J. y Embry, Karen (2008) A Zombie Manifesto: The Nonhuman Condition in the Era of Advanced Capitalism. *Boundary 2, 35*(1), 85–108.

Lazzarato, Maurizio (2012) *The Making of the Indebted Man: Essay on the Neoliberal Condition.* Reprint edition. Los Angeles, CA: MIT Press.

Lazzarato, Maurizio (2015) *Governing by Debt.* Translated by Joshua David Jordan. South Pasadena, CA: Semiotext.

Lefebvre, Martin (2005) Conspicuous Consumption: The Figure of the Serial Killer as Cannibal in the Age of Capitalism. *Theory, Culture & Society* 22 (3): 43–62. https://doi.org/10.1177/0263276405053719.

Leyshon, Andrew, y Thrift, Nigel (2007). The Capitalization of Almost Everything: The Future of Finance and Capitalism. *Theory, Culture & Society* 24 (7–8): 97–115.

Luckhurst, Roger (2015) *Zombies: A Cultural History.* Reaktion Books.

Marazzi, Christian (2015) Money and Financial Capital. *Theory, Culture & Society* 32 (7–8): 39–50. https://doi.org/10.1177/0263276415598213.

Marron, Donncha (2012) Producing Over-Indebtedness. *Journal of Cultural Economy* 5(4): 407-421, doi:10.1080/17530350.2012.703144

Marx, Karl (1906) *Capital: A Critique of Political Economy.* New York, NY: Charles H. Kerr & Company.

McClanahan, Annie (2012) Dead Pledges: Debt, Horror, and the Credit Crisis. *Post45.*

McKee, Patricia (2002) Racialization, Capitalism, and Aesthetics in Stoker's Dracula. *Novel: A Forum on Fiction, 36*(1), 42–60.

McNally, David (2012) *Monsters of the Market: Zombies, Vampires and Global Capitalism*. Reprint edition. Chicago, IL: Haymarket Books.

Minsky, Hyman P. (1992) The Financial Instability Hypothesis. *The Jerome Levy Economics Institute Working Paper*, no. 74. Disponible en: http://papers.ssrn.com/sol3/Papers.cfm?abstract_id=161024.

Moretti, Franco (1982) The Dialectic of Fear. *New Left Review*, (136), 67–85.

Nelms, Taylor C. (2012) The Zombie Bank and the Magic of Finance. *Journal of Cultural Economy* 5(2): 231–46. doi:10.1080/17530350.2012.6 60793.

Neocleous, Mark (2003) The Political Economy of the Dead Marx's Vampires. *History of Political Thought, 24*(4), 668–684.

Onaran, Yalman y Bair, Sheila (2011) *Zombie Banks: How Broken Banks and Debtor Nations Are Crippling the Global Economy*. First edition. Hoboken, NJ: John Wiley & Sons.

Papava, Vladimir (2012) Post-Communist Capitalism and Financial Crisis, or the Mixing of the Necroeconomics and the Zombie-Nomics. *SSRN Scholarly Paper* ID 2181288. Rochester, NY: Social Science Research Network. Disponible en: <http://papers.ssrn.com/abstract=2181288>.

Pasanek, Brad y Polillo, Simone (2011) GUEST EDITORS' INTRODUCTION. *Journal of Cultural Economy* 4(3): 231-238. doi: 10.1080/17530350.2011.586845.

Peck, Jamie (2010) Zombie neoliberalism and the ambidextrous state. *Theoretical Criminology, 14*(1), 104–110.

Purchell, William J. (2016) The Death Drive, Zombies, and Zombie Capitalism. *International Journal of Zizek Studies, 10*(3), 1–14.

Reilly, David A. (2016) The Coming Apocalypses of Zombies and Globalization. In *Zombie Talk: Culture, History, Politics*, 63–91. Springer. Disponible en: <http://link.springer.com/chapter/10.1057/9781137567727_4>.

Ryan-Collins, Josh, Greenham, Tony, Werner, Richard y Jackson, Andrew (2011) *Where Does Money Come From? - A Guide to the UK Monetary and Banking System*. London: New Economics Foundation.

Schmid, David (2016) The Limits of Zombies: Monsters for a Neoliberal Age. In *Zombie Talk: Culture, History, Politics*, 92–107. Springer. Disponible en: <http://link.springer.com/chapter/10.1057/9781137567727_5>.

Schneider, Rebecca (2012) It Seems as If... I Am Dead: Zombie Capitalism and Theatrical Labor. *TDR/The Drama Review* 56 (4): 150–162.

Swedberg, Richard (2013) The financial crisis in the US 2008–2009: Losing and restoring confidence. *Socio-Economic Review, 11*(3), 501–523.

Taibbi, Matt (2010) The Great American Bubble Machine. *Rolling Stone.* Disponible en: <http://www.rollingstone.com/politics/news/the-great-american-bubble-machine-20100405>.

The Walking Dead. (2010) Drama, Horror, Sci-Fi.

Tooker, Lauren, y Clarke, Chris (2018) Experiments in Relational Finance: Harnessing the Social in Everyday Debt and Credit. *Theory, Culture & Society* 35 (3): 57–76. https://doi.org/10.1177/0263276417746465.

Watson, Bruce (2009) Zombies versus Vampires: Battle of the Recession Monsters. *DailyFinance.com.* Disponible en: <http://www.aol.com/article/2009/10/30/zombies-versus-vampires-battle-of-the-recession-monsters/19147298/>.

Werner, Richard (2005) *New Paradigm in Macroeconomics: Solving the Riddle of Japanese Macroeconomic Performance.* Basingstoke: Palgrave Macmillan.

Wikia. (2016) Wikia.com. *Fandom - Powered by Wikia.* Disponible en: <http://fandom.wikia.com/about>.

Žižek, Slavoj (1997) *The Plague of Fantasies.* London: Verso.

Žižek, Slavoj (2000) *The Fragile Absolute Or, Why Is the Christian Legacy Worth Fighting For?* London: Verso.

Žižek, Slavoj (2004) *Organs without Bodies: Deleuze and Consequences.* Routledge.

Žižek, Slavoj (2015a) *Menos que nada. Hegel y la sombra del materialism dialéctico.* Madrid: Akal.

Žižek, Slavoj (2015b) *Trouble in Paradise: From the End of History to the End of Capitalism.* London: Penguin.

El dinero dominante

Joseph Huber

Primera parte
El dinero dominante y la mareas cambiantes en la oferta monetaria

Moneda dominante y dinero dominante

El abordaje del dinero dominante que este artículo presenta está inspirado, en cierta medida, en las teorías sobre la moneda internacionalmente dominante tal como han sido desarrolladas en los años recientes por Gopinath y sus colegas, Eichengreen y, antes de ellos, Hudson.[1] Estas teorías versan sobre el papel dominante del dólar estadounidense en el vigente sistema internacional de monedas. El dinero dominante, en contraste, se concentra en el auge y la caída de los diferentes medios de pago.

Los usos de los términos moneda y dinero se traslapan parcialmente. En ciertos casos, los términos moneda y dinero en efectivo se utilizan de manera intercambiable. En este artículo, la "moneda" [currency] se referirá a una unidad de cuenta oficial, mientras que "dinero" [money] se referirá a los medios de pago denominados en una moneda en particular. Es imposible evitar completamente los traslapes ocasionales en el uso de estos términos.

En Gopinath et al., el paradigma de la *moneda* dominante afirma que los precios de exportación e importación generalmente son establecidos en la moneda dominante y tienden a ser invariables, independientemente de los tipos de cambio bilaterales.[2] Al respecto, el paradigma de la moneda dominante se centra en la asignación de precios denominados en la moneda dominante.[3] Dicho de manera más general, la moneda dominante es aquella en la que se cotiza la mayoría de los precios internacionales y se factura la mayoría de

---

1 Gopinath, Boz, Casas et al. 2016, Gopinath/Stein 2018, Eichengreen 2011 39–68, Hudson 2003 [1972], 2012 367–383.

2 Gopinath et al. 2016, Gopinath/Stein 2018. Sobre la fijación del precio de la moneda dominante, cf. Carney 2019. .

3 Carney 2019

las transacciones (85 por ciento en dólares estadounidenses, pese a que Estados Unidos sólo realiza el 15 por ciento del comercio internacional). Igualmente, la mayoría de los contratos financieros internacionales está denominada en la moneda dominante. En el presente, dos tercios de las deudas internacionales del sector no bancario están denominados en dólares estadounidenses (en euros lo está una quinta parte).[4] Más aún, la Reserva Federal Estadounidense y el sector bancario estadounidense controlan el sistema internacional de pagos basado en el dólar.

La moneda dominante también sirve como la moneda de reserva preferida. Actualmente, el dólar estadounidense representa el 64 por ciento de la moneda de reserva internacional. El euro representa el 20 por ciento, y el yen y la libra 4 por ciento cada una. El yuan chino representa en la actualidad el 1.2 por ciento, aunque parece que será significativamente más importante en las décadas por venir.[5] Cada país puede anclar su moneda a la moneda dominante, pues ello contribuye a evitar el riesgo implicado en el comercio exterior. De esta manera, suspende su soberanía monetaria, que desde la perspectiva de una moneda pequeña o débil es, a fin de cuentas, relativa.

Ahora bien, el *dinero* dominante no puede definirse mediante una simple analogía. Por ejemplo, la función de *reserva de valor* del dinero, frecuentemente citada, parece ser análoga a la función de reserva que desempeñan las monedas principales. Pero en los hechos, hoy la función de reserva de valor del *dinero* se ha reducido a la de mantener liquidez suficiente para realizar los gastos necesarios en el corto plazo. Conservar liquidez sería, en el largo plazo, atesorar dinero. Esto aún puede generar problemas incluso bajo las condiciones modernas en que el dinero fíat puede ser creado libremente, pero de hecho, el problema del atesoramiento, propio de la edad media e incluso la temprana modernidad, apenas existe hoy, al menos bajo los periodos de normalidad económica. El enfoque sobre el atesoramiento que sucedió a Keynes –la preferencia por la liquidez– no se refiere a una escasez general de dinero, sino

---

4 De acuerdo con los datos del Basel Bank for International Settlements. En 2008, la porción de la deuda internacional denominada en dólares estadounidenses fue del 50 por ciento. (Eichengreen 2011 2, 68, 123).

5 IMF Data, Currency Composition of Official Foreign Exchange Reserves, http://data.imf.org

a la disposición fluctuante de los actores a gastar, prestar e invertir. Hoy, los activos que funcionan como reserva de valor normalmente toman la forma de un *capital* invertido en el corto y el largo plazo.

El dinero dominante dentro de un área monetaria es aquel que define a un sistema durante un cierto periodo histórico, determinando cómo funcionan el sistema monetario y la política monetaria, y conservando el liderazgo en la creación monetaria y la determinación de su stock. Dado que el dinero necesita una palanca cuantitativa para ejercer su dominio, el dinero dominante representa la mayor parte de la reserva de dinero. Hoy en día, esto vale para el dinero de los depósitos bancarios –para abreviar, dinero bancario–. Generalmente, el dinero bancario líquido es conocido como "depósito a la vista", "bajo demanda" o de corto plazo. Dependiendo del país, el dinero bancario representa entre el 80 y el 95 por ciento del dinero en circulación pública (M1).

El dominio monetario también puede observarse empíricamente en que representa la mayor porción de los pagos, tanto en el número como en el volumen de las transacciones. Desde este ángulo, el panorama es más variado, pero básicamente sigue siendo el mismo. Por ejemplo, muchas transacciones cotidianas de los hogares pueden realizarse todavía en pequeñas cantidades de cambio, mientras que las transacciones al por mayor y, en general, casi todos los pagos realizados por las empresas y los hogares desde hace tiempo se realizan sin dinero en efectivo, es decir, mediante dinero bancario. En cuanto a las transacciones financieras, la participación de los fondos mutuos [*Money Mutual Funds*] ha ganado una importancia significativa desde los años ochenta y noventa, mientras que su papel en los pagos de bienes y servicios ha seguido siendo marginal.

Taxonomía y jerarquía del dinero

Un tipo particular de dinero constituye un circuito monetario específico. El dinero en un circuito puede, básicamente, ser intercambiado por otro tipo de dinero, con excepción de las reservas del banco central y el dinero bancario, que no pueden ser intercambiados entre sí. Esto es así porque el sistema vigente descansa sobre una estructura de dos niveles de bancos y bancos centrales. Los bancos proveen el dinero bancario al sector no bancario (el público usuario del dinero), mientras que los bancos centrales proveen las reservas (dinero del banco central registrado en una cuenta a nombre de un banco comercial) para los bancos. La estructura de dos niveles, así, supone un circuito dividido, que consiste en el circuito público del dinero bancario que circula entre los agentes no bancarios, vinculado a (pero separado de) el circuito interbancario de las reservas del banco central. Si un cliente A tiene su cuenta en el banco X, y hace un pago electrónico al cliente B, del banco Y, el banco X transfiere ese monto de reservas al banco Y, mientras que esa misma cantidad de dinero bancario es suprimida por el banco X en la cuenta de A, y es re-creada por el banco Y como un registro contable en la cuenta de B.[6]

El dinero en efectivo –que comprende monedas de la tesorería y billetes del banco central– tradicionalmente representa un circuito por sí mismo. En su origen, sin embargo, el dinero actual es dinero bancario o bien reservas del banco central, nunca dinero en efectivo. Más que ser la base constitutiva del dinero bancario, desde hace mucho tiempo el dinero en efectivo se obtiene intercambiándolo por dinero bancario, pues el efectivo es retirado de una cuenta en una transacción bancaria y reconvertido en dinero bancario en otro punto del tiempo. Sin embargo, como el efectivo representa la base monetaria por su origen histórico e institucional, los bancos todavía necesitan financiar el efectivo al 100 por ciento, mientras que la creación de dinero bancario necesita sólo de una pequeña base de las reservas del banco central.

Es preciso estar al tanto de los diferentes niveles de "dineridad" [*moneyness*], como se muestra en la revisión taxonómica de los diferentes tipos de dinero mostrados en la Tabla 1.[7] El dinero emitido por la tesorería o el banco central es la base monetaria. Sobre ella se asienta el segundo nivel, constituido por el dinero bancario. En las décadas recientes, han emergido formas adicionales de dinero, basadas en gran medida en el dinero bancario y constituyendo monedas de tercer nivel tales como las acciones de los fondos mutuos

---

6 Para una explicación de cómo funciona el sistema monetario vigente, véase Ryan-Collins et al. 2012 28–88, Huber 2017 97–97, McLeay/Radia/Thomas 2014, Deutsche Bundesbank 2017.

7 Para una taxonomía similar y más detallada del "dinero electrónico 100% respaldado" y las stablecoins, véase Hess 2019. Para una taxonomía de las criptomonedas, véase Bech/Garratt 2017 57–62 y Adrian/Mancini-Griffoli 2019 2–5.

Tabla 1. Taxonomía y jerarquía del dinero

Nivel sistémico y estatus	Tipo de dinero	p/f	Emisor
Dinero base o "base monetaria"	Monedas metálicas	p	Tesoro
	Papel moneda	p	Banco Central
	Reservas[a]	p	Banco Central
= moneda de curso legal = dinero soberano	Moneda digital emitida por un banco central (CBDC)[a] directa, custodiada y en forma móvil	f	Banco Central
Dinero de segundo nivel. Basado en las reservas del banco central	Dinero bancario, sobre una base fraccional de reservas del banco central [b]	p	Banco Central
	Moneda digital emitida por un banco central (CBDC)[a] en forma indirecta y sintética	f	Proveedores de servicios de pago, emisores de stablecoins
Monedas de tercer nivel. Basadas principalmente en dinero bancario de segundo nivel.	Acciones en Fondos Mutuos[c]	p	Fondos del mercado de dinero
	Dinero electrónico en cuentas, cubiertas por dinero bancario en relación 1:1[d]	p/f	Instituciones de dinero electrónico
	Stablecoins ofrecidas en ICOs(e)	p/f	Emisores de stablecoins
	Concepto Libra[f]	f	Organizaciones de Libra
	Monedas complementarias respaldadas 1:1[g]	p	Comunidades locales
Competidores en el nivel base	Criptomonedas semejantes al Bitcoin[h]	p	Emisores de criptomonedas no respaldadas
	Monedas complementarias sin cobertura monetaria	p	Comunidades locales, comunidades con un propósito específico

p = existente en el presente   f = posibilidad futura

(MMFs, por sus siglas en inglés), las divisas electrónicas y *stable-coins* criptográficas, así como monedas complementarias. Las criptomonedas privadas no respaldadas, así como las monedas digitales emitidas por el banco central [*Central-Bank Digital Currencies* o CBDC] representan un tipo de dinero adicional.

La taxonomía descansa en dos dimensiones principales. Una es la forma técnica del dinero, es decir, monedas metálicas, billetes, dinero digital depositado (dinero en cuenta), dinero en teléfonos móviles y signos criptográficos. La otra dimensión atañe al emisor del dinero, es decir, tesorerías (monedas metálicas), bancos centrales (billetes y reservas), bancos (dinero bancario) e instituciones financieras no bancarias y otras agencias privadas y comunidades locales (monedas de tercer nivel y otros competidores).

Los distintos tipos de dinero se emiten de formas diferentes. Las monedas metálicas son vendidas a cambio de un movimiento en la cuenta en la hoja de balance del banco central, lo cual representa el señoreaje auténtico. El dinero del banco central y el dinero bancario se emiten hoy a partir de la emisión de deuda, así como en la forma de compras de valores financieros por parte de los bancos y el banco central. Según las reglas vigentes, la moneda digital del banco central (CBDC) deberá ser emitida en una relación 1:1 a cambio de dinero del banco central ya existente, mientras que las monedas de tercer nivel se intercambian, en proporción 1:1, por dinero bancario de segundo nivel.

Las explicaciones de las columnas de la A a la H de la Tabla 1 es la siguiente:

(A) Las reservas (y próximamente, las cuentas basadas en la CBDC) son del mismo tipo que el dinero del banco central, aunque cumplen dos funciones diferentes dentro del sistema vigente. Las "reservas" funcionan como depósitos de dinero en el banco central y sirven únicamente para pagos interbancarios. La otra función, a la que se refieren las cuentas denominadas en CBDC, proveerá el mismo tipo de dinero del banco central incluso a las instituciones no bancarias. Hablar de "reservas" más allá del sistema de reservas fraccional ya no tendrá sentido.

(B) La parte del dinero bancario líquida o activa (en M1) representa las obligaciones de corto plazo de los bancos hacia sus clientes no bancarios. La parte inactiva del dinero bancario –es decir, temporalmente desactivada– incluye los ahorros y los depósitos a plazos (en M2 o M3, dependiendo del área monetaria). En la medida que los depósitos que constituyen M2/M3 pueden ser liquidados en cualquier momento, no están registrados apropiadamente.

(C) Los Fondos Mutuos son inversiones conjuntas que ponen el dinero bancario de los inversionistas en Bonos del Tesoro de corto plazo y otros títulos bursátiles seguros. Las acciones pueden ser utilizadas de manera semejante a un depósito como medios de pago, particularmente dentro de las transacciones financieras.[8] Esto duplica el monto invertido, pues las acciones de un Fondo Mutuo pueden ser utilizadas por los inversionistas como un sustituto de dinero, lo cual se añade al dinero bancario depositado, el cual es utilizado por el fondo. Las acciones de los fondos mutuos también son conocidos como "dinero en la sombra" [*shadow money*].[9] Sin embargo, los diversos autores no sólo consideran a las acciones de los fondos mutuos como dinero en la sombra, sino también los acuerdos de recompra y los títulos respaldados por activos [*asset-backed securities*]. Estos vehículos de securitización, sin embargo, no son utilizados como dinero, pero contribuyen a suministrar liquidez, movilizando capital antes de que alcance el momento de maduración y, así, acelerando la circulación del dinero.

(D) El dinero electrónico es un medio de pago emitido por una institución autorizada, en una proporción 1:1 con el dinero bancario (generalmente) y utilizado en pagos para terceros. Dependiendo de la regulación del dinero electrónico, el monto entregado en dinero debe ser conservado en su totalidad, o parcialmente invertido en bonos que rindan interés. En el segundo caso, de manera similar a los fondos mutuos, la oferta monetaria se amplía, pues tanto el dinero electrónico como la parte del dinero bancario 1 a 1, son puestos en circulación.

Existe un ejemplo de dinero electrónico basado en registros contables llamado M-Pesa (que significa "efectivo móvil"), puesto en marcha en 2007 en Kenya y algunos otros países. Miles de agantes de M-Pesa, la mayoría de ellos pequeños comerciantes, convierten (y reconvierten) el dinero pagado por sus clientes en unidades de cuenta de su compañía de telefonía móvil. El dinero pagado es conservado por las compañías en cuentas bancarias (es

---

8 Baba/McCauley/Ramaswamy 2009, Hilton 2004, Mai 2015.

9 Véase Murrau 2017, McMillan 2014 65–80.

decir, como dinero bancario). Las unidades de cuenta son unidades de tiempo aire con un valor equivalente al monto de dinero. El saldo de tiempo aire disponible es transferible en tiempo real y directamente del cliente al beneficiario (P2P, en inglés *peer to peer*) a través de una aplicación. El servicio es relativamente caro.[10] Tigo Cash es un sistema similar que se ofrece en ciertos países de América Latina y África, pero que transfiere unidades monetarias en vez de tiempo aire.[11]

(E) *Stablecoins ICO*. ICO se refiere a una Oferta de Moneda Inicial (en inglés *Initial Coin Offering*), una analogía con las Ofertas Públicas Iniciales de las acciones bursátiles comunes. Esto significa que las unidades de una criptomoneda son comerciadas en proporción 1 a 1 por dinero bancario, generalmente en dólares estadounidenses. De acuerdo con esto, la tasa de cambio de la *stablecoin* correspondiente está anclada al dólar. De allí que se presenten como "monedas estables", en contraste con la alta volatilidad de las criptomonedas no respaldadas como el Bitcoin. Las stablecoins 1 a 1 representan dinero electrónico bajo la forma de un signo criptográfico.[12] Las stablecoins actuales incluyen Tether, USD Coin y JP Morgan Coin.

(F) La iniciativa de Facebook, Libra, pretende ser una stablecoin, en relación 1 a 1 con dinero y activos financieros denominados en una canasta de monedas principales. Se anunció que el 50 por ciento de la canasta de monedas de Libra estaría denominada en dólares estadounidenses, y el resto se dividiría entre el euro, el yen, la libra y el dólar singapurense. Incluso si se basara en monedas nacionales, una moneda supranacional como la Libra pronto se volvería relevante a nivel sistémico, incluso más que la canasta de monedas, debido, precisamente, a su carácter supranacional, pues puede alcanzar una clientela potencial de mil millones de personas alrededor del mundo, tal vez más. Esto puede contribuir a mantener el estatus del dólar estadounidense como la moneda dominante, pero –de manera semejante a lo que sucedió con el dinero bancario– puede poner al Tesoro estadounidense y a la Reserva Federal

---

10 Groppa/Curi 2019 5–6, 16.

11 money.tigo.com.py,ayuda.tigo.com.py/hc/es/categories/201585128-Bi lletera-Electrónica.

12 Véase Hess 2019.

en un rol subordinado, sin más elección que re-accionar a los hechos proactivamente causados por la Libra.

(G) Una moneda complementaria generalmente es emitida sin fines de lucro, bajo la forma de un simple registro en papel, por una comunidad o un municipio como dinero local o dinero destinado a un propósito especial, en relación 1 a 1 con el dinero bancario nacional. Las monedas complementarias no están reguladas y, por ende, pueden circular libremente dentro de un espacio determinado.

(H) El Bitcoin o las criptomonedas semejantes al Bitcoin carecen de una base monetaria o un respaldo. Se presentan como dinero por derecho propio. En el caso del Bitcoin, un algoritmo "minero" produce la oferta de la criptomoneda, la cual se aproxima a una cantidad límite, semejante al patrón oro (sistema en el cual la cantidad máxima de oro disponible es fija). Algunos sucesores del Bitcoin han sorteado esa limitación.

La cuestión de la "dineridad" de las criptomonedas no está todavía resuelta. Es difícil negar que las stablecoins que cumplan con la regulación monetaria serán dinero (asumiendo que puedan alcanzar un cierto grado de circulación como medios de pago). Esto también aplicaría a la introducción de la Libra.[13] El Bitcoin, en contraste, pese a que cierto número de compañías internacionales ya lo aceptan como medio de pago, sigue siendo tratado como un instrumento de inversión especulativa, no como dinero ni como moneda. En lo general, esto vale para todos los criptosignos no respaldados en relación 1 a 1 por una reserva.

(G/H) Emitidas sin una base monetaria ni respaldo alguno, las monedas complementarias y las criptomonedas entran en competencia inmediata con las monedas nacionales oficiales. Hasta el momento, los bancos centrales y los gobiernos no han visto esto como una amenaza a su soberanía monetaria, pues hay muchas monedas en competencia y que por ahora representan montos monetarios relativamente pequeños. En diciembre de 2019, las 2,400 criptomonedas más grandes tuvieron una capitalización de mercado de alrededor de USD 200 mil millones.[14] Esto puede parecer como

---

13 https://de.slideshare.net/HermannDjoumessi/libra-whitepaper-english.

14 https://coinmarketcap.com/all/views/all

mucho dinero, pero es apenas un pequeño porcentaje del efectivo y el dinero bancario existentes, cuyo monto asciende a varios billones de dólares alrededor del mundo. Las cantidades de las monedas complementarias son insignificantes.

Los cambios en la marea de la composición de la oferta monetaria. Flujo y reflujo[15]

La composición de la oferta monetaria ha sufrido cambios a través de las épocas. El auge y la caída de un tipo particular de dinero pueden representarse como los ascensos y descensos de las mareas. El último de esos cambios se muestra en la Figura 1, que representa el crecimiento del dinero bancario, principalmente en el curso del siglo XX, desde alrededor de un tercio de M1 hasta alrededor del 90 o el 95 por ciento. El alza se produjo en dos etapas. La primera fue la del imperialismo y el libre comercio internacional del siglo XIX, que terminó en la Primera Guerra Mundial y la Gran Depresión de los años treinta. El segundo paso comenzó con la recuperación tras la Segunda Guerra Mundial, entrando a una nueva era de crecimiento económico y de liberalización gradual del comercio y las finanzas internacionales. El final de esta etapa, la globalización, alcanzó su pico entre 2010 y 2015.[16]

La figura 1 muestra la trayectoria que siguió Suiza, pero más allá de ciertos elementos no sincronizados entre las naciones, este desarrollo tuvo una trayectoria semejante en todos los antiguos países industrializados. La figura 2 muestra la misma gráfica pero invertida en el eje vertical, destacando el declive del dinero del banco central bajo la forma de dinero en efectivo.

Estados Unidos parece ser una excepción, pues el dinero en efectivo representa alrededor de la mitad de M1 en la actualidad, casi tanto como el dinero bancario. Pero las apariencias pueden ser

---

15 Las fuentes de la historia del dinero que sustentan este capítulo incluyen Aliber y Kindleberger 2015 [1978], Davies 2013 [1994], Ferguson 2008, Galbraith 1995 [1975], Graeber 2012, Hixson 1993, Huerta de Soto 2009, Kindleberger/Laffargue (Eds) 1982, North 1994, O'Brien 1994, 2007, Siekmann 2016, Simmel 1989 [1900], Skidelsky 2018, Zarlenga 2002.

16 De acuerdo con el KOF Globalisation Index, de ETH Zurich.

Figura 1. El ascenso del dinero bancario

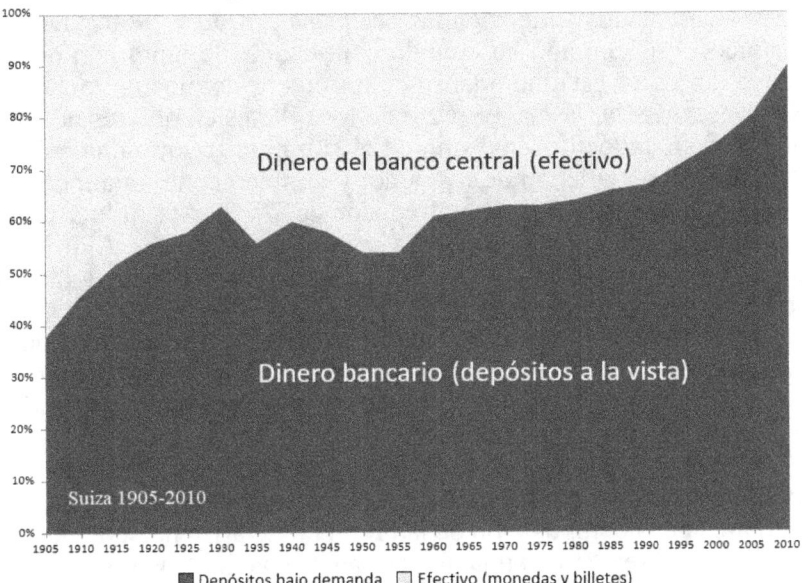

Dinero del banco central (efectivo)

Dinero bancario (depósitos a la vista)

Suiza 1905-2010

■ Depósitos bajo demanda ☐ Efectivo (monedas y billetes)

Figura 2. El declive del dinero del banco central

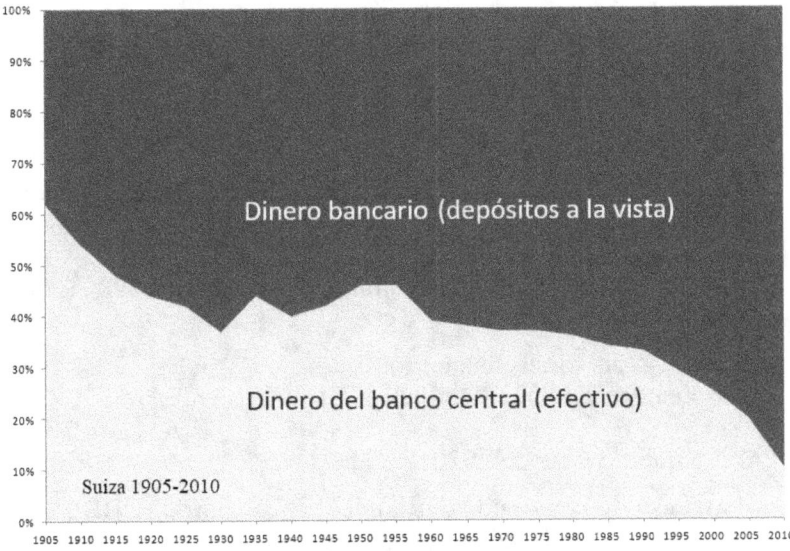

Dinero bancario (depósitos a la vista)

Dinero del banco central (efectivo)

Suiza 1905-2010

■ Depósitos bajo demanda ☐ Efectivo (monedas y billetes)

Fuente: Swiss National Bank, Historical Time Series, No.1, Feb 2007, 1.3, 2.3

engañosas. El dinero en efectivo ascendía a sólo el 20 por ciento de M1 en Estados Unidos en las décadas de 1950 y 1960.[17] Desde entonces, esta porción ha crecido continuamente junto con el ascenso del dólar estadounidense como dinero dominante mundial. En consecuencia, la mayor parte de los billetes en dólares no está dentro de Estados Unidos, sino en el extranjero, como una moneda paralela, un colchón de respaldo, y también como una moneda mundial clandestina. Desde alrededor de 2010, esta última parte ha sido acaparada por el Bitcoin y otras criptomonedas. Al mismo tiempo, las fronteras entre M1 y M2 (ahorros y depósitos a plazo) se han desvanecido debido a la fácil disponibilidad de los balances de M2, lo que los vuelve altamente preferibles. Además, el dinero bancario (los depósitos bajo demanda) ha sido parcialmente reemplazado y en general sobrepasado por las acciones de los fondos mutuos, llegando a alcanzar hasta 2.4 veces M1.

Antes del actual ascenso del dinero bancario y el descenso del efectivo y las reservas del banco central, hubo otros dos cambios de marea en la composición de la oferta monetaria en la era moderna; y hoy presenciamos una nueva transformación en curso:

De la década de 1660 hasta mediados del siglo XIX:

↗ marea creciente de papel moneda no regulado,
↘ declive incipiente de la importancia sistémica de las monedas metálicas soberanas.

Desde mediados del siglo XIX y hasta la década de 1910:

↗ marea creciente de las notas de curso legal del banco central,
↘ marea menguante de los pagarés de los bancos privados.

Desde finales del siglo XIX a comienzos de los años 2000 (como se muestra en las Figuras 1 y 2):

↗ ascenso del dinero bancario,
↘ marea descendente del dinero del banco central.

Próximamente y desde 2020:

↗ ascenso de la moneda digital del banco central (CBDC)
↘ comienzo del descenso del dinero bancario.

---

17 Porción de la moneda en M1: fred.stlouisfed.org/graph/?g=34Kf.

"Marea" es una abstracción ilustrativa. Se trata de una simplificación, habida cuenta de que las trayectorias de los desarrollos reales nunca son rectas ni carecen de desviaciones y retrocesos, como la idea abstracta sugiere.

De manera similar, los cambios en las mareas de la oferta monetaria no siempre representaron un declive absoluto en la cantidad del tipo particular de dinero, como fue el caso de las tablas de registro medievales y las notas bancarias no reguladas en la modernidad temprana. A diferencia de ellas, los stocks de monedas, papeles moneda y reservas, siguieron creciendo hasta el pasado reciente, en correspondencia con el crecimiento continuo de la población y la economía. Sin embargo, la *porción* de un tipo particular de dinero en la composición de la oferta monetaria (e.g. billetes del banco central, dinero bancario), como porcentaje del total, se incrementó durante un periodo histórico particular, y tras alcanzar su punto más alto, decreció en una era posterior, (e.g. monedas acuñadas, billetes y reservas del banco central).

En Galbraith, hay una discusión sobre la disciplina versus la flexibilidad del dinero, con el péndulo de la opinión y las políticas oscilando de un polo a otro.[18] De manera similar, Skidelsky compara las teorías del dinero sólido y el "suave", y discute varios desplazamientos históricos de uno a otro.[19] Ciertamente, tales cambios se refieren a una cuestión fundamental de la política monetaria en los tiempos modernos. La cuestión de la escasez y la sobreabundancia de la oferta monetaria juegan un papel importante en los cambios de la marea monetaria discutidos en este artículo. Estos cambios, sin embargo, no dependen de *actitudes* de la ciencia económica y la política monetaria, sino del ascenso de nuevos tipos de dinero y sus subsecuentes declives o incluso caídas.

La discusión sobre los cambios en las mareas monetarias permite asumir que se produce un desplazamiento significativo en la composición de la oferta monetaria:

(1) si el dinero dominante en curso enfrenta problemas que no pueden ser resueltos dentro del marco monetario de la época y/o

(2) si emerge un nuevo tipo de dinero que ofrece por lo menos una solución parcial a los problemas o presenta ventajas, particularmente un menor costo de abastecimiento y manejo en

---

18 Galbraith 1995 [1975] capítulos 7, 8, 19.

19 Skidelsky 2018, 39.

combinación con una mayor facilidad de uso y transferencia (la velocidad de circulación y una eficiencia general). Por el momento, uno puede decir que las formas de dinero en cuestión fueron menos convenientes, circularon a una menor frecuencia y fue más costoso suministrarlas y administrarlas que las nuevas formas de dinero en competencia.

De 1660 a mediados del siglo XIX: la marea ascendente del papel moneda no regulado, y el incipiente declive de la importancia del sistema soberano de acuñación de moneda

Las monedas premodernas fueron monedas acuñadas (dejando de lado la historia medieval de las tablas de registro). El defecto habitual de las monedas acuñadas residía en la escasez de plata y oro. La escasez de moneda no era realmente reducida por la entrada de oro y plata de América Latina, conocida en España como la inflación de la plata. Ésta comenzó en los años de 1560 y duró más de cien años. Los precios se elevaron en España y otras regiones afectadas –si bien moderadamente en comparación con las oleadas de inflación del siglo XX– porque los insumos económicos reales no pudieron mantener el ritmo de la oferta monetaria.

La escasez general de monedas se exacerbó por la práctica del atesoramiento de las monedas de metal precioso, a veces de manera secreta para esconder el dinero de los recolectores de impuestos. Más aún, la escasez y el atesoramiento de monedas suscitaban fases recurrentes de degradación de la moneda. Una práctica común consistía en depreciar la moneda una y otra vez para volver a acuñarla y emitirla al mismo valor nominal pero con una menor cantidad de plata. Esto también llegaba a suceder de manera no declarada y fraudulenta. La última época de degradación intensificada de la moneda fue durante la Guerra de los Treinta Años (1618-48). La degradación de la moneda, a su vez, generaba incertidumbre sobre su aceptación, lo que desembocó en que la paridad entre las monedas se volvió inestable.

Este es el trasfondo en el que se desarrolló el primer tipo de dinero moderno, que se produjo entre la década de 1660 y el siglo XIX. Esta época atestiguó la marea ascendente del papel moneda. El oro y la plata siguieron siendo predominantes en el nivel general, pero con el tiempo experimentaron una pérdida relativa de importancia. El papel moneda ofreció una respuesta a la escasez natural del oro y la plata, el atesoramiento de monedas y su frecuente degradación.

El papel moneda fácilmente puede ser marcado o impreso en cualquier cantidad. El papel moneda no puede ser escaso.

Los billetes pueden estar cubiertos parcialmente por plata y lingotes, pero no tienen un valor "intrínseco" como mercancías. No obstante, en la medida que son aceptadas en lugar de las monedas, confieren poder de compra. El papel dinero abrió la puerta a la modernidad monetaria al sustituir el dinero mercancía tradicional, por un ítem puramente simbólico o informativo. Esto no contradice el punto de vista de Keynes, según el cual las monedas metálicas siempre fueron signos de valor. Con el papel moneda, sin embargo, el dinero moderno comenzó a escapar de su habitual sustrato en una mercancía.

El papel moneda era mucho más barato de producir y más sencillo de manejar que el costoso proceso de minar, fundir, acuñar y trasladar monedas y lingotes. En concordancia, era mayor el correspondiente señoreaje de los emisores de este papel moneda. Y los pagos de montos mayores llevados a cabo mediante notas bancarias trasladadas en una cartera, eran más convenientes que los pagos realizados en monedas trasladadas en bolsas y cofres.

Sin embargo, el papel moneda hizo posible la creación de billetes falsificados, emulando la práctica fraudulenta de degradar las monedas metálicas. La falsificación de papel moneda incluso se convirtió en una forma de guerra por otros medios, en este caso mediante un atentado contra la moneda del enemigo. Por ejemplo, la falsificación inglesa ayudó a socavar al *dólar continental* de la Guerra de Independencia estadounidense, así como los *assignats* de la Revolución Francesa. Los nazis trataron de hacer algo semejante en 1943/44, cuando forzaron a prisioneros de los campos de concentración altamente calificados a falsificar billetes de libras británicas.

El efecto de esta práctica, sin embargo, se volvió menos importante, ya que las mayores transacciones monetarias se realizan sin dinero en efectivo.

La emisión de billetes fue autorizada por el tesoro o el parlamento respectivo. Los bancos emisores de billetes eran empresas privadas, si bien eran autorizadas por la Corona o por un principado local. Entre los casos típicos se encuentran el Banco de Estocolmo (1656-61), el Banco de Inglaterra (1694) y el Banco General de Francia (1715) con sede en París, dirigido por John Law. El Amsterdam Wisselbank (1609) y el Hamburger Bank (1619) modelados a partir de los bancos italianos de la modernidad temprana, no emitían notas bancarias, pero permitían realizar giros bancarios a los comerciantes.

En el curso del siglo XVIII, los principados alemanes comenzaron a emitir bonos del tesoro no respaldados –un puro dinero fíat–. Recibieron diferentes nombres, como por ejemplo los *Cassen-Billets* del Reino de Sajonia, y eran utilizados como pagarés bancarios. Fueron emitidos bajo la forma de un gasto gubernamental para trabajos públicos, el ejército y servidores civiles, y podían ser utilizados para pagar impuestos, lo que contribuyó a hacerlos ampliamente aceptables.

En Estados Unidos, al mismo tiempo, y también como respuesta a la falta de monedas metálicas, los gobernadores de lo que más tarde serían los Estados federales, emitieron billetes coloniales no respaldados, también conocidos como *script* colonial, para todos los contribuyentes. Se trataba de un dinero sin intereses y no convertible. En la mayoría de los casos, esta práctica no generó inflación, y en algunos casos generó una inflación menor. Por el contrario, estos billetes desencadenaron una oleada de prosperidad. Esta práctica fue restringida por el Acta de la Moneda Británica entre 1751 y 1773. El resentimiento estadounidense ante esta restricción económicamente perniciosa puede ser visto como una razón detrás de la Guerra de Independencia.

El papel moneda de la época se presentaba en una combinación de billetes emitidos estatalmente, pagarés privados de bancos privilegiados por el Estado y pagarés bancarios ordinarios. Esta combinación dependía del país y de la época. Pero lo que tuvieron en común fue la falta de regulación en general. Ni siquiera los billetes emitidos por el Tesoro eran "moneda de curso legal", una noción que no existiría sino hasta el siglo XIX. Con excepción de las licencias para la emisión de billetes, no existía una idea coherente del régimen monetario de notas bancarias, aunque todos sabían que la emisión excesiva debía ser evitada. Parece que los gobernadores estadounidenses de la época lograron establecer cierto equilibrio entre lo demasiado y lo demasiado poco. No puede decirse lo mismo de la emisión de billetes del Banque Générale de John Law y su compañero de viaje, el Duque de Orleans, ni de los *assignats* de la Revolución Francesa.

Ciertamente, el papel moneda permitió incrementar ampliamente la base monetaria para apoyar el crecimiento de la manufactura de bienes y el comercio de la era mercantil. Sin embargo, la multitud de tipos de papel moneda emitidos por bancos individuales y principados, a veces de alcance apenas local y de confiabilidad dispar, entrañaba que su aceptación fuera variada y en general limitada. Un problema similar presentaba la cuestión de su convertibilidad en dinero metálico, una promesa que no siempre se podía sostener. La falta de aceptación universal fue, desde el comienzo, el talón de Aquiles de este sistema no regulado de papel moneda. A lo largo del siglo XVIII y bien entrado el siglo XIX, la dudosa aceptabilidad del papel moneda obstaculizó el desarrollo de mercados nacionales bien integrados y del comercio internacional.

Más aún, y desde su nacimiento, la facilidad de la emisión de papel moneda tentaba a banqueros y tesorerías a hacerlo en exceso, valiéndose de las reservas fraccionales de monedas y lingotes. A su vez, esto desembocó en que los tipos de cambio y el poder de compra fueran inestables, así como en crisis bancarias y ciclos económicos, que hasta entonces habían sido desconocidos.

De mediados del siglo XIX a la década de 1910: la marea ascendente de los billetes del banco central y la desaparición de los pagarés bancarios no regulados

La segunda transformación en la marea monetaria se produjo a partir de 1833 (en Inglaterra) y durante las décadas siguientes hasta alrededor de 1910 (con la Primera Guerra Mundial). Esta era fue la marea ascendente de los billetes de los bancos centrales nacionales y la marea descendente (hasta desaparecer) de los billetes no regulados, en particular de los pagarés privados. Éstos fueron eliminados gradualmente, mientras que los billetes del banco central se fueron introduciendo progresivamente, estableciendo el monopolio de los billetes de curso legal tal y como lo conocemos en la actualidad. La transición desde el papel moneda no reglamentado hacia los billetes de curso legal fue un proceso gradual que duró decenios, pero al final los billetes privados habían desaparecido y los billetes del tesoro del Estado central sólo representaban una fracción menor. Por el contrario, los billetes del banco central se convirtieron en el tipo de dinero dominante en este período. El monopolio de los billetes del banco central resolvió los problemas que habían tenido los billetes no regulados de origen diverso. Los billetes del Banco Central demostraron ser un medio de pago *universal* útil, aceptado por todos y en todas partes en pago de cualquier cosa. Los billetes de los bancos nacionales se convirtieron en el medio elegido para construir economías integradas a nivel nacional.

Sin embargo, había un truco: el patrón oro. Alrededor de 1810 el patrón oro se convirtió en un fundamento del nuevo régimen de papel moneda por insistencia de los partidarios británicos del dinero metálico, quienes acusaron al Banco de Inglaterra de emitir dinero en exceso. El patrón oro aspiraba a limitar la creación de papel moneda del banco central anclándolo al stock existente de oro y, así, reproduciendo artificialmente la escasez natural de las monedas de metal. En aquel tiempo, se pensaba que esto proveería de estabilidad al sistema, y esta creencia se mantuvo todavía hasta 1944, cuando se estableció el patrón dólar-oro del Bretton Woods en vez de reconocer al patrón oro, con Keynes, como la "reliquia bárbara" que es.

En los hechos reales, el patrón oro demostró ser un impedimento retrógrado para satisfacer las necesidades de la época (el crecimiento de la población, la urbanización, la industrialización, el comercio nacional e internacional). El patrón oro fue, básicamente, un obstáculo deflacionario que causaba cuellos de botella innecesarios en la asignación de fondos y la distribución del ingreso, contribuyendo a la pauperización y el antagonismo social entre las clases.

La llamada Escuela de la Moneda [*Currency School*], entre 1830 y 1840 jugó un papel decisivo en el establecimiento del monopolio del dinero del banco central. Ella se enfrentaba a la Escuela Bancaria [*Banking School*] favorable al dinero privado. Las bases legales del dinero del banco central fueron creadas por la Bank of England Act de 1833 y la Bank Charter Act de 1844. Las notas del banco central, junto con el patrón oro, se convirtieron en el punto de referencia para la mayoría de los Estados europeos a partir de una cumbre celebrada en Paris en 1867. Las notas emitidas por el banco central eran papel moneda, pero monetariamente, representaban un tipo de dinero distinto: moneda de curso legal, dinero soberano, emitido por un banco nacional central sobre la base de su mandato legal.

En Estados Unidos las cosas se desarrollaron de otro modo. Después de dos intentos interrumpidos de establecer un banco central privado autorizado, el Tesoro estadounidense, bajo la presidencia de Lincoln, comenzó a emitir moneda de curso legal no respaldada en 1862 para pagar los gastos de la Guerra Civil, los todavía famosos *greenbacks*, una copia de los billetes emitidos por los Confederados, los *graybacks*. La emisión de notas del Tesoro estadounidense sólo se ha interrumpido entre mediados de la década de 1960 y mediados de los noventa, pero todavía son moneda de curso legal, junto con los billetes de la Reserva Federal, que se emiten desde 1914. La Reserva Federal se creó a iniciativa de un grupo conocido en su tiempo como *banqueros internacionales* de Nueva York, y es todavía una corporación. Con el tiempo, sin embargo, sus funciones más importantes –su personal directivo, política monetaria y el ejercicio del señoreaje– fueron reguladas por el sector público y actualmente se llevan a cabo con la participación del Tesoro. Así pues, el resultado final de estos procesos en Europa y Estados Unidos apuntó en la misma dirección, a pesar de las importantes diferencias legales e institucionales.

De comienzos del siglo XX a la fecha: la marea ascendente del dinero bancario y la marea descendente del dinero del banco central.

La tercera marea monetaria se produjo entre las primeras décadas del 1900 y dura hasta nuestros días. Actualmente estamos asistiendo al final de esta era, que estuvo determinada por el ascenso del dinero bancario y el ocaso del dinero del banco central, como manifiestan las figuras 1 y 2.

La razón de estos cambios no se encuentra en el monopolio de la emisión de dinero. El problema fue el patrón oro, que generaba una escasez artificial de dinero mientras las poblaciones, la industria y el comercio crecían rápidamente. Como resultado, el patrón oro repetidamente tuvo que ser relajado y en ocasiones suspendido. Una porción de los bonos del tesoro nacional era contabilizada como parte del "oro" cubierto por el stock de notas del banco central.

De manera más importante, como una alternativa al dinero en efectivo y para sortear las restricciones del patrón oro, se amplió la práctica de cancelar entre sí diversos pagos y deudas. Esta práctica se remonta al comercio de larga distancia, por tierra y mar, durante la alta Edad Media y la modernidad temprana. A medida que esta práctica tuvo una base mayor, fortaleció el rol de los giros bancarios que las reformas bancarias del siglo XIX habían dejado sin regular, y estableció los saldos interbancarios sin necesidad de efectivo como una forma de hacer pagos, convirtiendo los depósitos bancarios en dinero distinto al efectivo, es decir, el dinero bancario que conocemos actualmente. Este dinero despegó en las décadas cercanas al 1900, expandiéndose más vigorosamente como una "economía de chequera". La teoría del dinero como crédito bancario data de aproximadamente el 1890. Estados Unidos y Reino Unido estaban adelantados en este desarrollo, pero todos los países industriales los alcanzarían pronto.

Los pagos sin efectivo se vieron respaldados por las continuas innovaciones en las telecomunicaciones y el procesamiento de datos a través de los siglos XIX y XX (los servicios postales, el telégrafo, el teléfono, las máquinas de cálculo y tabulación, el teletipo, la computarización y el internet). El pago sin efectivo es más conveniente y barato que el pago en efectivo, particularmente en la banca mayorista, que realiza muchos pagos o de gran escala. Es más sencillo suministrar los saldos del dinero depositado que entregar los billetes físicamente. Los usuarios del dinero encontraban ventajas en términos de su propia conveniencia. El dinero bancario, además, es más fácil de almacenar y manejar que los billetes y las monedas. Los saldos en las cuentas no pueden ser falsificados del mismo modo que los billetes y monedas. En términos de eficiencia técnica y monetaria, un sistema basado en dinero en efectivo no puede competir con un sistema de pagos sin efectivo basado en la tecnología. De esta manera, se abrió el camino para el ascenso del dinero bancario y su dominio definitivo al término de la Segunda Guerra Mundial.

El ascenso del dinero bancario y el ocaso del dinero del banco central son los dos lados del mismo proceso. El declive del dinero del banco central es incluso más pronunciado que la trayectoria que sugiere la Figura 2. La mayor parte del dinero en efectivo, como se explicó antes, no es activo domésticamente sino en el exterior y en la economía subterránea (particularmente los dólares estadounidenses y en menor medida el euro).[20]

Más aún, este cuadro no muestra el declive paralelo del dinero en efectivo en las bóvedas de los bancos y en la cantidad de reservas que los bancos necesitan para expandir el dinero bancario y mantenerlo en circulación. Las reservas de monedas siempre han representado una fracción de las notas bancarias privadas, de la misma manera que las reservas en el banco central han sido siempre una fracción del total del dinero bancario en depósitos. El carácter fraccional de las reservas actualmente ha alcanzado un ni-

---

20 Esselink y Hernández 2017, Krüger y Seitz 2014.

vel extremadamente bajo. Por ejemplo, los bancos en la zona Euro necesitan mantener un nivel de dinero del banco central de entre el 2.5 y el 3 por ciento del stock de dinero, que se compone de un 1.4 por ciento de dinero en efectivo resguardado, un 1 por ciento de reservas ociosas en el banco central, y entre el 0.1 y el 0.6 por ciento de reservas en exceso, es decir, reservas interbancarias activas para realizar pagos, dependiendo del tamaño del banco.[21] En Estados Unidos, hace cien años, el monto de las reservas fraccionales en exceso, era de entre el 10 y el 15 por ciento del stock de dinero bancario.[22] En la actualidad, el porcentaje fraccional se ha reducido a alrededor del 0.1 por ciento para los mayores bancos, y entre el 2 y el 3 por ciento para los bancos pequeños.

Las reservas mínimas no existen más en el Reino Unido ni en algunos otros países. En Estados Unidos todavía existe el requerimiento de reservas del 10 por ciento menos la cantidad de efectivo. Sin embargo, muchos bancos no se encuentran limitados por el requerimiento de reservas. Ciertas posiciones, como los depósitos de largo plazo, por lo general se exentan al requerimiento. A los bancos se les permite "permutar" depósitos hacia cuentas que no están sujetas al requerimiento de reservas. Como resultado, el requerimiento de reservas actual en los Estados Unidos "ha estado perdiendo relevancia rápidamente" y ahora es cercano al valor del efectivo custodiado en las bóvedas.[23]

Teniendo en cuenta que dentro del sistema de pagos RTGS [*Real-Time Gross Settlement*], cualquier transferencia de dinero bancario se salda por completo a través de reservas, ¿cómo es posible que la base de reservas requeridas sea tan pequeña? Esto es posible por varios factores. De los tres más importantes, el primero es el hecho de que los flujos de reservas que salen de un banco se convierten en el ingreso de reservas para otro banco, de manera que estos flujos interbancarios continuamente se cancelan entre sí. Esto se consolida a medida que hay menos bancos y son más grandes. En segundo lugar, los pagos de los clientes se distribuyen en el tiempo y entre diversos agentes, transfiriendo en cada momento sólo una porción del total del stock de dinero. Una tercera condición es la

---

21 Macfarlane/Ryan-Collins/Bjerg/Nielsen/McCann 2017, Huber 2017 72–74.

22 Fisher 2007 [1935] 52.

23 Bennett y Perestiani 2002 53, 65.

no separabilidad entre el dinero del cliente y el dinero de su banco. Todas las transacciones se administran a través de una y la misma cuenta en el banco central. Los medios propios de un banco (efectivo y reservas) no pueden ser atribuidos al dinero de sus clientes en particular, y las obligaciones de un banco hacia sus clientes (los depósitos) en gran medida no están respaldadas. En pocas palabras: el dinero de los clientes es rehén de las hojas de balance de los bancos.

En aparente contradicción con el declive de las reservas requeridas y necesarias, desde 2007-8 se ha alcanzado un nivel de reservas excepcionalmente alto, así como unas tasas de interés persistentemente bajas. Esta inundación de reservas constituye una anomalía más que una nueva normalidad, resultado de las políticas asumidas por los bancos centrales ante la crisis, conocidas como *Quantitative Easing* [Flexibilización Cuantitativa]. El propósito del *Quantitative Easing* es la estabilización de los mercados financieros y de bonos. El objetivo de proveer liquidez a los bancos es otra razón, pero esto fue así sólo al principio, cuando el mercado de dinero interbancario dejó de funcionar temporalmente. Posteriormente, se asumió que el vasto monto de reservas podía ser interpretado como un estímulo económico. Esto es engañoso, porque las reservas no pueden salir del circuito interbancario. El *Quantitative Easing,* pues, no es más que *Quantitative Easing* para las finanzas. Si los bancos realmente quieren extender más crédito de acuerdo con la demanda de la economía real, pueden hacerlo sin la necesidad de estar en posesión de esa gran cantidad de reservas.

Sin embargo, en un intento previsiblemente fútil de estimular el gasto, algunos bancos centrales de países de Europa, incluyendo el Banco Central Europeo (BCE), han recurrido a la contraproducente política de imponer tasas de interés negativas a las reservas que los bancos mantienen. (La Reserva Federal y el Banco de Inglaterra no lo hicieron por una buena razón). Las reservas, así, se han convertido en la "papa caliente" de la que los bancos quieren deshacerse sin que sea fácil hacerlo. Hasta el momento, el BCE no ha reabsorbido las reservas mediante la reventa de los bonos. Para los bancos, la alternativa de poner más reservas en inversiones extranjeras impone una exposición adicional al riesgo del tipo de cambio. Aparentemente, el *Quantitative Easing* para las finanzas, así como los tipos de interés bajos o incluso negativos –algo sin precedentes– son una expresión del callejón sin salida de la política monetaria en el momento más álgido del régimen del dinero bancario, abrumado por crisis y problemas.

El ascenso del dinero bancario –que emergió y se aceleró por la necesidad de evadir el patrón oro– se acompañó, correspondientemente, por el abandono gradual del patrón oro en el periodo de entreguerras. El subsecuente patrón oro-dólar que se acordó en Bretton Woods en 1944, pronto tuvo que ser flexibilizado otra vez y finalmente fue abandonado en 1971, dando paso a lo que se convertiría en el vigente "patrón bono del Tesoro estadounidense".[24] Esto levantó los límites de las cantidades monetarias e hizo posible un crecimiento económico hasta entonces desconocido y a una riqueza comparativamente extendida en los países industrializados. El inconveniente fue –de manera semejante a lo ocurrido con el papel moneda no regulado del siglo XVIII, pero en mayor escala– que el dinero bancario también desencadenó una dinámica de creación monetaria en exceso y, con ella, un crecimiento ininterrumpido de deuda y crédito, fuera de toda proporción incluso respecto de la producción económica nominal, lo que llevó al aumento de la inflación de bienes y de activos financieros, a la inestabilidad financiera y a la vulnerabilidad a las crisis.

Los bancos, bajo este régimen, son los líderes proactivos del proceso de creación monetaria. Los bancos centrales, por su parte, re-accionan y re-financian fraccionalmente, si bien a una tasa de interés diferente que, sin embargo, no es decisiva, pues afecta únicamente a una pequeña fracción del dinero bancario.

En estas condiciones, el sector bancario determina en su mayor parte la totalidad de la oferta monetaria, tanto cuando es muy alta como cuando es muy baja. Con el paso del tiempo, las cantidades restantes de efectivo y reservas se han convertido en un subconjunto de las cantidades creadas activamente por el dinero bancario. El carácter fraccional de las reservas que se *necesitan operativamente*, junto con el liderazgo activo de los bancos en la creación monetaria explican por qué el dinero bancario pudo volverse tan dominante a pesar de ser dinero de segundo nivel, y a pesar de que depende de ser refinanciado (fraccionalmente) por el dinero del banco central, la base del sistema.

A medida que el dinero en efectivo, más tarde o temprano, deja de utilizarse, y que las reservas necesarias para la operación de los bancos se reducen a una pequeña fracción del dinero banca-

---

24 Hudson 2003 [1972], 377.

rio, la palanca de control que el banco central manipula a través de la tasa de interés, se vuelve preocupantemente insuficiente. Al mismo tiempo, debido a la sobreoferta de dinero y capital, lo que incluye un nivel de endeudamiento que bloquea a la economía, las tasas de interés son antinaturalmente bajas, hasta el punto en que la tasa de interés de referencia no ejerce una influencia significativa sobre la economía.[25] La efectividad de los instrumentos convencionales de la política monetaria se ha debilitado, lo que desemboca en una pérdida del control monetario de largo alcance. El *Quantitative Easing* dirigido únicamente al sector financiero –por cierto, un ejercicio de política cuantitativa– ha sido efectivo, pero sobre todo para posponer el problema, no para resolverlo, expandiendo el sector de las finanzas que no contribuye al Producto Interno Bruto (particularmente el comercio en el sector inmobiliario, el mercado de materias primas, acciones y derivados) e incrementando la desigualdad.

La tasa de referencia del Banco Central no puede "transmitirse" si el dinero del banco central es, para fines operativos, marginal tanto en la circulación interbancaria como en la pública. Las tasas del banco central no se transmiten mecánica ni mágicamente a las tasas de interés de los bancos y el mercado de capitales. La tasa de referencia del Banco Central necesita una palanca cuantitativa. Un banco central sin una cantidad importante de dinero del banco central activo en la circulación pública *y* la bancaria es redundante –un poco como la historia del rey Lackland–.

Indiferentes tanto a la pérdida general del control monetario, como a la proclividad a las crisis del régimen de dinero bancario, muchos expertos y practicantes del sector se aferran a la creencia en la autorregulación de los mercados. Esto les ayuda a reducir la complejidad del mundo real. Sin embargo, en asuntos monetarios y financieros hay un mecanismo recurrente que genera fallas en el mercado. La creencia en la eficiencia de los mercados en parte tiene razón, pero no dice toda la verdad sobre los mercados. Esta creencia puede ser engañosa, por ejemplo, en lo concerniente a aquellos bienes que confieren prestigio, al consumo conspicuo y, particularmente, al mercado financiero. Supuestamente los mercados se aproximan a un punto de equilibrio gracias a los mecanismos de retroalimentación negativa –a mayores precios, menor la disposición a comprar–. Sin embargo, si los compradores asumen

---

25 Summers/Stansbury 2019, Turner 2019, Bordio/Hofmann 2017.

que el incremento en los precios continuará, entonces la existencia de ofertas cada vez mayores generará en los compradores la voluntad de pagar, impulsando así una retroalimentación positiva cuyo final es indeterminado.

No hay duda de que en los mercados financieros los mecanismos de retroalimentación negativa también juegan un papel importante. Pero son frecuentemente sobrepasados por las dinámicas de retroalimentación positiva, desembocando en fallas del mercado financiero. Tales dinámicas de retroalimentación positiva son centrales tanto para la "exuberancia irracional" tal como la analiza Shiller, como para la hipótesis de la inestabilidad de Minsky.[26] Esto explica por qué, bajo condiciones en que la creación de dinero, deuda y crédito es básicamente ilimitada, no puede esperarse que los mercados financieros se autolimiten, y que deba haber una autoridad monetaria que ejerza el control sobre la creación de dinero fíat y el gasto de las monedas sustitutas.

2020 y lo que viene: la marea ascendente de la moneda digital soberana (CBDC) y la incipiente marea descendente del dinero bancario

El dinero bancario ha alcanzado el predominio monetario pero, nuevamente, como ha sucedido con las mareas monetarias previas, el régimen del dinero bancario será incapaz de resolver los problemas que crea, incluyendo la incapacidad de la política monetaria del banco central para controlarlo mientras la composición subyacente de la oferta monetaria y la dinámica de las reservas no cambie. Considerando los problemas anteriores, el régimen de dinero bancario se está aproximando a un estado de ingobernabilidad –una situación que no podrá durar mucho tiempo–. Una nueva marea monetaria se asoma. Es probable que ascienda durante la década de los 2020 y dé origen al dinero digital soberano (CBDC), tal como es discutido en la segunda parte de este artículo.

---

26 Shiller 2015 pp. 175, pp. 226. Minsky 1982, 1986 pp. 206.

Segunda parte

El ascenso de la moneda digital soberana.
El cambio por venir en la composición de la oferta monetaria

La era del dinero digital

En términos técnicos, la nueva época se centrará en la digitalización del dinero. Dinero digital es cualquier unidad monetaria transferible bajo la forma numérica de los dígitos binarios procesados electrónicamente. Hasta hace algunos años, el dinero digital se refería únicamente a las criptomonedas. Su aparición generó mucha promoción en torno a cualquier cosa "digital". Mientras tanto, el término se refiere también al dinero en cuentas del banco central y al dinero bancario, así como al dinero móvil –sin importar las diferencias entre el procesamiento de las cuentas convencionales, las unidades de dinero móvil o los signos criptográficos administrados mediante registros distribuidos y archivados en la tecnología *blockchain*.

En gran medida, el dinero digitalizado ya ha reemplazado al dinero escritural precedente. Las corporaciones bancarias operan hoy a través de una enorme infraestructura de tecnología de la información. La digitalización también anuncia el final del dinero en efectivo. Es posible que el efectivo no desaparezca por completo en los próximos veinte años, pero tarde o temprano se habrá ido o será descontinuado por decreto, cuando mantener la infraestructura de producción de billetes y monedas para cada vez menos y menores transacciones, represente una pérdida.

Los proveedores de dinero electrónico y las criptomonedas prometen ser más rápidos y más baratos que las transacciones que utilizan el sistema bancario vigente. Por otra parte, en lo concerniente a la velocidad de los pagos, los bancos y los proveedores de servicios de pago no se han perdido de los nuevos desarrollos. Las transferencias de depósitos en tiempo real dentro de un área monetaria ya están disponibles (incluyendo el sistema *Target Instant Payment Settlement* en y entre los países de la zona euro). Puede esperarse lo mismo para otras transferencias internacionales en un futuro no muy lejano. Ripple y otras criptomonedas que actualmente se usan como vehículo para las transferencias internacionales, pueden perder la ventaja competitiva que tienen en este campo.

La criptomoneda Libra recientemente propuesta, ofrece una capacidad de procesamiento de 1,000 tps (transferencias-acciones por segundo). Tales indicadores, sin embargo, tienden a variar considerablemente. El desempeño reportado de Bitcoin es actualmente de entre 4 y 7 tps y el máximo teórico es de 277 tps. Se presume que las nuevas redes de tecnología blockchain alcanzarán tasas de transferencia mucho más altas. PayPal realiza un promedio estadístico de entre 190 y 200 tps. Visa y Mastercard administran muchas más –se reportan entre 1,700 y 2,000 tps y teóricamente pueden alcanzar decenas de miles–. La emergente moneda digital centralizada de China promete ofrecer 220,000 tps.[27] La velocidad tiene una importancia monetaria inmediata, pues una circulación más rápida del dinero tiene el mismo efecto que una adición al stock de dinero cuando la velocidad permanece constante.

Por otro lado, hay preocupaciones crecientes sobre la seguridad técnica del dinero digitalizado. La tecnología informática de la banca y las plataformas de comercio han demostrado ser vulnerables al ataque de los hackers. Importantes montos de dinero, con valor de miles de millones de dólares, han sido robados de esta manera. Como reacción a ello, se han implementado –cada vez más y de manera más engorrosa– precauciones de seguridad, menoscabando la sencillez y conveniencia que se espera que tengan la banca en línea y el dinero digital.

Una característica innovadora del criptodinero que las formas previas de dinero no tuvieron, es la posibilidad de vincular los "contratos inteligentes" a las transacciones digitales o la identidad digital de los agentes. Los contratos inteligentes pueden ser programados para que se ejecuten por sí mismos, especificando las condiciones bajo las que una transferencia monetaria puede y debe ocurrir o no hacerlo.[28]

El ascenso de la moneda digital soberana (CBDC)

Un prerrequisito básico para que los bancos centrales puedan reconquistar el control monetario es la reexpansión de la base de di-

---

27 Mathew 2018, Tapscott/Tapscott 2016, Groß/Herz/Schiller 2019 628, Heasman 2019.

28 OMFIF/IBM 2019 7, pp.26.

nero soberano a través del lanzamiento de la CBDC.[29] El dinero en efectivo tradicional necesita un sucesor moderno, y el sucesor evidente del dinero en efectivo es la moneda digital (MD) emitida por una autoridad monetaria estatal. Las instituciones financieras internacionales y los bancos centrales pioneros en esta materia (entre ellos el Banco de Inglaterra, el Riksbank sueco y el Bank of International Settlements) realizaron algunos trabajos sobre la CBDC desde alrededor de 2015 y 2016.[30]

Dependiendo del estatuto legal del banco central, la CBDC es, o se acerca, a una moneda digital soberana, diferente de las monedas digitales privadas. Una encuesta realizada entre 23 bancos centrales para examinar las monedas digitales, encontró que las ventajas esperadas más importantes de una moneda digital son la eficiencia en los pagos nacionales e internacionales, seguida de cerca por el mejoramiento en la implementación de la política monetaria y una mayor estabilidad financiera.[31] Otra encuesta encontró que más de dos tercios de los bancos centrales esperan que las monedas digitales fortalezcan la confianza en el sistema monetario y en las autoridades monetarias.[32]

Dichas expectativas no carecen de fundamento. A mayor circulación de la moneda digital, más contribuirá a restaurar el control monetario, cosa que no puede afirmarse de ninguna otra postura monetaria existente. La moneda digital, en efecto, llega con retraso y traerá consigo el cambio necesario en la composición de la oferta monetaria, reexpandiendo el peso de la base de dinero central, fortaleciendo las palancas para la transmisión de la tasa de interés de referencia y, así, reconquistando gradualmente el control sobre la creación monetaria y el continuo reajuste del stock de dinero.

Como ventaja adicional, la moneda digital es una base monetaria segura y protegida, no un sustituto de dinero de segundo o tercer nivel. En una crisis, la moneda digital no necesita ser salvada. Ciertamente, la moneda digital puede revaluarse o devaluarse en

---

29 El término CBDC fue introducido por M. Kumhof. Véase, por ejemplo, Barrdear/Kumhof 2016.

30 Cf. Barrdear/Kumhof 2016, Bech/Garratt 2017, BIS 2018, Bordo/Levin 2017, IMF 2018, Kumhof/ Noone

31 2018, Meaning/Dyson/Barker/Clayton 2018, Sveriges Riksbank 2017, 2018, 2018b.

32 OMFIF/IBM 2019 6, 13.

términos del tipo de cambio o de su poder de compra, como sucede con el dinero bancario en una crisis financiera cuando los bancos no son rescatados. Además, deja de existir el llamado "riesgo de contraparte" [*counterparty risk*] en los pagos. Es esperable que el costo de administrar una moneda digital sea inferior al costo de administrar reservas *y* dinero bancario al mismo tiempo. También se espera que para los bancos el costo de financiarse con una moneda digital sea el mismo que el costo de financiarse con dinero en efectivo. No menos importante, una base amplia de moneda digital aumenta el señoreaje, con beneficio para el sector público.

La sustitución del dinero en efectivo por moneda digital, así como la sustitución gradual del dinero bancario, puede compararse con la reforma del papel moneda del siglo XIX, cuando los billetes de curso legal nacionales sustituyeron a los pagarés privados y a los billetes de los estados regionales. La introducción de la moneda digital del banco central es la continuación del monopolio tradicional sobre las monedas del tesoro y los billetes del banco central, pero bajo la forma extendida de un monopolio sobre la moneda de curso legal digital denominada en la unidad monetaria oficial. Esto no excluye la existencia de dinero privado conforme a reglas bien definidas.

En efecto, esta transformación del dinero bancario en dinero del banco central, podría realizarse mediante una transición que convierta dinero bancario en dinero del banco central soberano de un día para otro y, de allí en adelante, elimine gradualmente los títulos y obligaciones del viejo dinero bancario a través de un proceso de varios años, dependiendo de los tiempos de maduración de los créditos bancarios al sector no bancario.[33] En 2012, el congresista estadounidense de Ohio, Dennis Kucinich, propuso una reforma sobre este tópico (llamada *NEED Act*, desarrollada por el American Monetary Institute). En junio de 2018, en Suiza, se celebró un referéndum nacional para extender el monopolio del Banco Nacional al dinero registrado en cuentas u otros tipos de dinero digital. Ninguna iniciativa alcanzó la mayoría.[34] Los debates internacionales,

---

33 Cf. Huber/Robertson 2000, AMI 2010, Positive Money 2011, Dyson/ Graham/Ryan-Collins/Werner 2011, Dyson/Jackson 2013 part II, Dawney 2017, Huber 2017 143–179.

34 Sobre la *NEED Act*, véase: https://www.monetary.org/images/pdfs/HR-2990.pdf, AMI 2010. Sobre el referéndum suizo, véase: https://www.voll-

particularmente antes del referéndum de Suiza, pusieron de manifiesto la presencia de intereses creados así como la persistencia de ciertos prejuicios paradigmáticos que impiden una transformación de este tipo en el corto plazo.

En vez de ello, lo que ahora se ha impuesto definitivamente en la agenda, es la posibilidad de introducir una moneda digital soberana que coexista con el dinero bancario del segundo nivel y con los sustitutos de dinero del tercer nivel. El llamado a escena definitivo para la moneda digital soberana, como fue planteado por B. Coeuré, ejecutivo del Banco Central Europeo, fueron el proyecto Libra de 2019 y el anuncio hecho por el Banco Popular de China de que se prepara para lanzar un renminbi digital de uso público.

Siete opciones para la introducción de la moneda digital del banco central

Actualmente existen siete posibles aproximaciones a la implementación de la moneda digital, es decir, siete tipos posibles de moneda digital:

1. Acceso directo a una cuenta individual en el banco central.

2. Acceso custodiado a una cuenta en el banco central.

3. Moneda digital como dinero móvil.

4. Criptomoneda emitida por el banco central.

5. Moneda digital sintética como una stablecoin anclada al dinero del banco central.

6. Moneda digital indirecta emitida como dinero electrónico en relación 1 a 1 con el dinero del banco central.

7. Moneda digital indirecta como reserva del 100 por ciento del dinero bancario.

Estas categorías resultan de considerar: (1) si se trata de una solución centrada en las cuentas bancarias, de dinero móvil de un banco central, o de una criptomoneda, (2) si el acceso a la moneda digital es directo o indirecto, y (3) en caso de que sea indirecto, si el banco o el sistema de persona a persona [*peer-to-peer*] correspondientes, actúan como custodios de los clientes o como intermediarios que

---

geld-initiative.ch/english, Dawney 2017.

cambian el efectivo y las reservas a su dinero electrónico en proporción 1 a 1, prometiendo reconvertir el dinero bajo demanda.[35]

Acceso directo a una cuenta individual en el banco central

Las transacciones entre cuentas del banco central de una cierta
clientela de familias acaudaladas y grandes compañías no fueron
inusuales hasta alrededor de 1940 a 1960, cuando fueron canceladas. En contraste, las transacciones entre cuentas del Banco Central para organismos públicos se han mantenido. Desde la crisis de
2007/8 una y otra vez ha surgido la demanda de una "cuenta en el
banco central para todos", y hasta el momento ha sido rechazada
en cada ocasión por los bancos centrales.[36] La moneda digital para
el uso de agentes no bancarios sería únicamente para transacciones
dentro de cuentas. En el presente, las cuentas de los bancos comerciales en el banco central, en contraste, sirven tanto para llevar a
cabo transacciones como para refinanciar operaciones con el banco
central.

Una cuenta en el banco central para cada quién requeriría de la
expansión de la infraestructura de pagos del banco central. Alternativamente, se podría erigir una infraestructura de pagos adicional,
afiliada a las transacciones con moneda digital del público. No es
claro si el pretextar que esto implicaría un enorme esfuerzo institucional es un argumento serio o una excusa. La ampliación de la
infraestructura del banco central estuvo entre las opciones iniciales
para la creación de la corona electrónica sueca [*e-krona*]. Puede
suceder, sin embargo, que las soluciones basadas en las cuentas
bancarias –incluyendo la que se describe a continuación– pronto
sean reemplazadas, o incluso superadas de golpe, por dinero móvil
o criptomonedas emitidas por el banco central.

Acceso custodiado a una cuenta en el banco central

La moneda digital del futuro también puede ser custodiada por
proveedores de servicios de pago (PSP) del sector no bancario en
favor de sus clientes. Los clientes no tendrían acceso directo a la
hoja de balance del banco central, pero los PSP actuarían como

---

35 El sistema presentado aquí se basa en las distinciones introducidas por
   Hess 2019 y Kahn/Rivadeneyra/ Wong 2019 14–17.

36 Schemmann 2012.

fiduciarios utilizando una cuenta en el banco central general para las transacciones de sus clientes. (Básicamente, los bancos también podrían actuar como custodios de la moneda digital). Esta opción estuvo entre las ideas originales de los proponentes de la reforma del dinero soberano. El sistema de pagos aún sería suministrado por los bancos centrales, mientras que los PSP, tales como bancos y organismos estatales, serían los usuarios del sistema.

La fundación holandesa *Ons Geld* ha desarrollado un plan para crear un sistema de depósitos públicos, utilizando una cuenta del Tesoro para transacciones, administrada por el Banco Central.[37] Ciertamente, esto es posible. Sin embargo, se debe ser cuidadoso para asegurar que el arreglo institucional excluya todo tipo de conflictos de intereses. La instancia que ofrezca el servicio de pagos y la instancia de recaudación fiscal no deben estar bajo el mismo techo.

Lietuvos Bankas, el banco central de Lituania, ofrece a los PSP no bancarios, acceso a su sistema de pagos CENTROlink. Los PSP pueden tener reservas en representación de sus clientes, a condición de que separen su propia cuenta en el banco central de las cuentas gestionadas para sus clientes. Se ha reportado que esta opción de custodia de la moneda digital ha despertado interés tanto en el interior como entre clientes de otros países de la zona euro.[38]

La moneda digital como dinero móvil

En los países latinoamericanos se ha desarrollado un abordaje especial a la moneda digital: el dinero móvil, es decir, una moneda digital emitida por el banco central diseñada para ser utilizada por toda la población con ayuda de una aplicación para los teléfonos inteligentes. Como sucede en muchas economías emergentes, amplias franjas de la población carecen de acceso a un banco, pero sí utilizan un teléfono móvil. Se espera, así, que la telefonía móvil abra la puerta a la inclusión financiera y la digitalización gene-

---

37 Wortmann 2019.

38 Juškaitė/Šiaudinis/Reichenbachas 2019, 8. Los autores se refieren a esta posibilidad de moneda digital custodiada que existe en Lituania, como "sintética", siguiendo una terminología diferente que no ayuda a clarificar las diferencias entre la moneda digital en custodia, la moneda digital indirecta, el dinero bancario indirecto de reserva completa y la moneda digital sintética.

ral. El dinero móvil se acerca a la idea del "dinero digital", pues las transferencias se realizan en tiempo real y directamente de una "cartera móvil" a otra, sin ningún intermediario entre ellos. El dinero móvil no es ni un dinero convencional registrado en cuentas bancarias (como por ejemplo la cuenta en un banco central) ni un símbolo criptográfico. Las carteras móviles, las unidades monetarias y las transferencias están encriptadas, pero utilizan la tecnología de la telefonía celular, no una tecnología DLT [*Distributed Ledger Technology*] ni el blockchain. El dinero móvil, pues, representa una tercera variante técnica de la moneda digital, que se suma al dinero en cuenta y a las criptodivisas.

Entre los países pioneros en esta ruta se encuentran Ecuador y Uruguay. En Ecuador, el dinero móvil emitido por el banco central es llamado *dinero electrónico* (denominado en dólares estadounidenses, adoptado como la moneda doméstica desde el año 2000). En 2015, *In-Switch*, una compañía que ofrece servicios financieros por telefonía celular, inauguró un sistema de dinero móvil en favor del banco central nacional. Este sistema también incluyó a las tres compañías de telefonía móvil del país, así como un cierto número de bancos y otras compañías que actuaban como agencias monetarias y operadores de carteras móviles personalizadas.[39] Estas agencias también transforman el dinero en efectivo en dinero móvil, y viceversa. Las transferencias de *dinero electrónico* también pueden circular de forma intercambiable en transferencias de dinero bancario y transferencias internacionales.

Uruguay hizo una prueba con moneda digital móvil, a la que llamó *e-peso*, en 2017 y 2018.[40] Miles de compañías y personas se involucraron. Los usuarios tenían una aplicación móvil para el e-peso. El servicio de telefonía móvil del PSP administraba a los usuarios, las carteras y las transferencias. Otra agencia hacía la conversión de dinero electrónico a e-pesos, o lo inverso. La prueba se consideró como un éxito, lista para ser implementada en escala nacional.

---

39 Groppa/Curi 2019 6-8, 16, www.inswitch.com/nationwide-mobile-mo ney-system.

40 Licandro 2018, Bergara/Ponce 2018, IMF Country Report No. 19/64, sobre Uruguay, Feb 2019, p.16, https://www.gsma.com/mobilefordevelopment/mobile-money/tch.com/imf-report-defines-uruguayan-central-banks-epeso-as-successful.

Sistemas de dinero móvil semejantes existen actualmente en países de América Latina y el Caribe, en África subsahariana y el sureste asiático.[41] En muchos casos, sin embargo, no es posible determinar, a partir de las fuentes disponibles, si estos sistemas funcionan sobre la base de una moneda digital emitida por el banco central, o si están basadas en dinero en efectivo convertido a dinero bancario (como M-Pesa), siendo entonces un dinero electrónico móvil de tercer nivel.

Criptomoneda emitida por el banco central

Esta alternativa se refiere a la creación, por el banco central, de un signo criptográfico denominado en la moneda oficial, monetariamente comparable con la emisión convencional de billetes, pero cuya naturaleza técnica es distinta. La novedosa idea de la *Fedcoin* ha estado rondando desde alrededor de 2014 y 2015. El Banco de Inglaterra comisionó un estudio que, sin embargo, no fue continuado.[42] En Lituania, el Banco Central ha hecho un experimento con la moneda *LBCoin*, una moneda de colección respaldada por la tecnología blockchain, que se pondrá en circulación en 2020.[43] En Ucrania se puso en marcha otra alternativa (*E-hryvnia*), entre 2016 y 2018.[44] Los dos mayores bancos centrales de occidente, la Reserva Federal y el Banco Central Europeo, han sido reticentes al desarrollo de una moneda digital como las criptomonedas. Sin embargo, la nueva presidenta del Banco Central Europeo, Christine Lagarde, ha demostrado reiteradamente tener una mente abierta al respecto, y el gobernador del Banco de Francia, François Villeroy de Galhau, ha iniciado un programa piloto con una criptomoneda del banco central.

En general, el progreso en las criptomonedas del banco central se ha acelerado considerablemente desde 2018, aparentemente liderado por China, quien se prepara para el lanzamiento del "renminbi digital". No se trata únicamente de un nuevo tipo de dinero soberano, sino también de introducir una identidad digital

---

41   GSMA 2018, www.gsma.com/mobilefordevelopment/mobile-money. https://www.inswitch.com/about-inswitch/

42   Danezis/Meiklejohn 2016.

43   Juškaitė/Šiaudinis/Reichenbachas 2019 15.

44   Juškaitė/Šiaudinis/Reichenbachas 2019 16.

para cada ciudadano a escala nacional. En marzo de 2019, el banco central de las Bahamas lanzó el *Project Sand Dollar*, un programa piloto (llamado *sandbox*) que utiliza una criptodivisa del banco central acoplado a un sistema nacional de identidad.[45] Los billetes del banco central convencionales tienen números de serie, pero generalmente nadie sabe a quién pertenece un billete en específico. En contraste, los signos móviles y los criptográficos, así como sus respectivos poseedores, potencialmente pueden ser identificados siempre. Esto plantea la cuestión de las políticas de privacidad que habrá que implementar.

Moneda digital sintética. Una stablecoin anclada al dinero del banco central

Ésta es una forma indirecta de moneda sintética, un símbolo criptográfico de segundo nivel, una stablecoin, anclada al dinero del banco central.[46] Algunos autores se refieren a la CBDC como un término que comprende todo tipo de unidades digitales semejantes al dinero electrónico, independientemente de su emisor y su soporte técnico (registro en cuenta, dinero móvil o signo criptográfico). Según esto, la "moneda digital sintética" no es sino una stablecoin con valor 1 a 1, cubierta por dinero del banco central.

En el nivel internacional, la idea de la stablecoin apunta hacia una criptomoneda supranacional bajo control de los bancos centrales nacionales cuyo dinero participe en el esquema. En este sentido, M. Carney, gobernador del Banco de Inglaterra hasta marzo de 2020, propuso una "moneda sintética hegemónica", basada en una "red de monedas digitales de Bancos Centrales".[47] Aparentemente, esto es una respuesta al proyecto, lanzado por Facebook, de una stablecoin supranacional (Libra), y constituye un nuevo intento de convertir los Derechos Especiales de Giro del Fondo Monetario Internacional, que actualmente no son más que unidades de cuenta, en un medio de pago real.

---

45 OMFIF/IBM 2019 18.

46 Cf. Adrian/Mancini-Griffoli 2019 12–15, 2019b, 2019c.

47 Carney 2019 15.

Moneda digital indirecta emitida como dinero electrónico en relación 1 a 1 con el dinero del banco central

Otro tipo de moneda digital indirecta es el dinero electrónico emitido por una institución no bancaria (en Estados Unidos, una institución autorizada) y cubierta en relación 1 a 1 por dinero del banco central o, hasta cierto nivel, por bonos soberanos y otros activos altamente seguros. Este abordaje presupone garantizar a dichas instituciones el acceso al banco central. De no ser así, el proveedor del sistema de pago necesitaría de un intermediario (un banco, por lo general) que tenga acceso y colabore con ellas. Esto, en efecto, puede ser una carga para la viabilidad financiera del modelo.

Un ejemplo de la moneda digital indirecta lo ofrecen compañías de internet chinas y los servicios de pago que ofrece AliPay (de Alibaba) y WeChat (Tencent). Hasta el momento, sus instrumentos de pago han estado basados en dinero bancario. El Banco Popular de China ahora les pide que reemplacen el dinero bancario con reservas del banco central, convirtiendo así el dinero electrónico de Alibaba y Tencent, en la moneda digital. De esta manera, los proveedores de servicios de pago chinos están convirtiéndose, de proveedores de dinero electrónico de tercer nivel, a proveedores de segundo nivel de la moneda digital indirecta respaldada por las reservas del banco central.[48]

Moneda digital indirecta como moneda respaldada al 100 por ciento por reservas

La versión de la moneda digital indirecta se apoya en el principio, que data de 1930, del dinero respaldado al 100 por ciento, conocido como Reserva Bancaria del 100 por ciento, o Reserva Bancaria Completa. Bajo este abordaje, los clientes aún tienen cuentas bancarias convencionales, pero esta vez los balances están completamente respaldados por dinero del banco central y no por una base fraccional de reservas. Si la reserva completa se compone, en parte, de bonos gubernamentales u otro tipo de títulos altamente

---

48 Mu Changchun, director general del PBoC's Institute of Digital Currency, dijo es un discurso reciente sobre Alipay (de Alibaba), y We Chat (de Tencent): "Sólo cambiamos sus instrumentos de pago, de depósitos en los bancos comerciales, a dinero del banco central [...]. No estamos cambiando su uso".

seguros, el abordaje es llamado "banca limitada". Las propuestas de la reserva completa y la banca limitada, también conocidas bajo el título de "cuentas seguras", han experimentado un resurgimiento desde 2007-08.

Entre las versiones de moneda digital discutidas por los investigadores del Banco de Inglaterra, la "CBDC indirecta" pertenece a esta categoría.[49]

La banca limitada (TNB, por sus siglas en inglés) en Estados Unidos quiere ofrecer a sus clientes cuentas cubiertas por reservas al 100 por ciento. Pero la Reserva Federal se ha rehusado a abrir cuentas en el banco central para TNB. Cuando esto se mostró inviable, la Reserva Federal se rehusó a pagar a TNB los intereses habituales a los depósitos que paga a otros bancos (que entonces eran del 2.45 por ciento). Esta historia ha de continuar.[50]

La propuesta de mantener al 100 por ciento la reserva bancaria, realmente no está orientada hacia el futuro, pues reproduce el vigente sistema de doble circuito, si bien propone un nivel de reservas mayor al actual.

La viabilidad de estas aproximaciones a la moneda digital sintética e indirecta, depende de los intereses a los depósitos que pague el banco central (lo que en principio es debatible; y no es correcto asumir que siempre existirán), de que haya comisiones comparativamente más altas para los usuarios (lo que sólo en casos especiales resulta competitivo), o de que se admita invertir parte del dinero pagado en activos financieros lo suficientemente rentables. Esta última opinión echa por tierra la promesa de seguridad de la moneda digital sintética indirecta.

Es muy probable que esta lista de las variantes de la moneda digital deba ser revisada pronto, pues las cosas están cambiando rápidamente. La información que ofrecen las distintas fuentes no siempre son claras en lo relativo al estatus monetario de los medios de pago explorados o propuestos. En lo que respecta a esta lista, en lo esencial, las siete posibilidades no son excluyentes entre sí, pero es seguro que no todas serán implementadas en un país. Más aún, no es claro si habrá una transición de, digamos, los enfoques basados en el dinero en cuenta hacia los símbolos criptográficos, o si las soluciones basadas en el dinero en cuenta serán superadas

---

49 Kumhof/Noone 2018 18–20.|
50 Levine 2019.

rápidamente por la moneda digital móvil y las criptodivisas de los bancos centrales. Sólo el tiempo lo dirá.

Con las siete opciones, el banco central conserva el control completo sobre el stock de la moneda digital, y adquirirá un control cada vez más amplio a medida que crezca la porción de moneda digital en el total de la base monetaria. Una cuestión de igual importancia sistémica es determinar si un tipo particular de moneda digital permite transferencias directas [*peer-to-peer*] de una cuenta a otra del mismo tipo, o directamente de una cartera móvil o de criptodivisas a otra cartera, de manera semejante al dinero tradicional, que es transferido directamente de mano en mano sin la necesidad de que intervenga ningún otro medio de pago. Los proveedores de los servicios de pago y otras instituciones financieras participan como operadores, no como intermediarios que transfieren dinero bancario utilizando las reservas interbancarias. Por supuesto, la utilización de diferentes tipos de moneda digital, y su coexistencia con el dinero bancario y el dinero en efectivo durante un periodo indefinido, implica que los PSP y otras agencias implicadas también actúan como intercambiadores de dinero, convirtiendo un tipo de dinero en otro y logrando operar en todos los niveles del sistema de pagos.

El criterio de los sistemas *peer-to-peer* aplica a las propuestas de acceso directo y custodiado a la moneda digital, a la moneda digital móvil y a los símbolos criptográficos emitidos por el banco central. En otros casos (como las criptomonedas digitales sintéticas y la moneda digital indirecta como el dinero electrónico 1 a 1), las stablecoins o el dinero electrónico se transfieren también directamente, *pero son utilizados en lugar del* dinero del banco central. Con una reserva bancaria del 100 por ciento, los pagos *peer-to-peer* directos siguen siendo únicamente entre bancos, mientras que los clientes todavía obtienen una promesa de dinero bancario convencional, semejante a una promesa de dinero en efectivo.

Todos estos abordajes –salvo el acceso individual a las cuentas del banco central– tienen la ventaja para el banco central de que no necesitan implicarse demasiado en los detalles operativos de las transacciones, dejando esta tarea a los proveedores de servicios de pago (lo que posiblemente incluya a bancos, si es que ellos desean ofrecer tales servicios). Valiéndose del conocimiento de los servicios de pago privados, la posibilidad de la moneda custodiada, sintética e indirecta, es comparativamente más fácil de implementar en un periodo de tiempo relativamente corto. Sin embargo, el problema potencial (que incluye también al dinero bancario respaldado al 100 por ciento) reside en que, con el tiempo, la cobertura del 100 por ciento o en relación 1 a 1, puede ser otra vez relajada, lo que representaría un regreso a las prácticas de la reserva fraccional.

En general, propuestas como el acceso directo y custodiado a las cuentas bancarias en el banco central, la moneda digital móvil y la divisa criptográfica del banco central, son preferibles a la moneda digital sintética e indirecta. El dinero bancario respaldado al 100 por ciento es la menos atractiva de las opciones debido a que conserva el régimen del doble circuito del dinero bancario (lo que a su vez engendra problemas técnicos relativos al mantenimiento de la cobertura completa para cada momento).

La mayoría de los bancos centrales prefiere un tipo de moneda digital universalmente accesible y utilizable (como el efectivo), y anclada a un valor en vez estar basada en una cuenta bancaria, es decir, un tipo de token móvil o criptográfico. La mayoría de los banqueros centrales también cree que la infraestructura de pagos –en cierta manera análoga al vigente Sistema RTGS– debe ser administrada o controlada de cerca por el banco central respectivo, mientras que los pagos deben ser administrados por los bancos y los proveedores de servicios.[51]

¿Por qué en el largo plazo el dinero bancario no tiene futuro?

Al contrario de las apariencias hoy vigentes, el pronóstico en el largo plazo para el dinero bancario no es prometedor. Puede asumirse que el ascenso venidero de la moneda digital representa el comienzo de la marea menguante del dinero bancario. En un sistema monetario cada vez más dependiente de la moneda digital soberana, serán cada vez más prescindibles el dinero bancario y los bancos como intermediarios confiables, como creadores y destructores de dinero bancario y como intermediarios de los pagos realizados en dinero bancario.

Las leyes vigentes europeas no facultan a los bancos a actuar como proveedores de servicios de pago o como instituciones de dinero electrónico. Por su parte, las instituciones proveedoras de servicios de pago y dinero electrónico, son una alternativa menos regulada a los servicios y el dinero costoso de los bancos. Incluso

---

51 OMFIF/IBM 2019 7, 24, 27, pp.32.

si los bancos administraran un PSP o un instituto de dinero electrónico como una unidad separada pero bajo la misma firma, en analogía con los fondos mutuos o los fondos de inversión, o si los bancos desearan actuar como custodios de la moneda digital del banco central para sus clientes, en todos estos casos los bancos comerciales dejarían de funcionar como creadores de su propio dinero.

El dinero bancario se desarrolló a través de la vulnerable práctica de la reserva fraccional bancaria, utilizando cuentas corrientes para cancelar pagos y obligaciones –en vez de saldarlas inmediatamente– dejando a los clientes y los bancos con créditos no respaldados y de confiabilidad incierta. El dinero bancario se desarrolló a partir de estas condiciones y desaparecerá junto con ellas –un hecho que, sin embargo, no debe malinterpretarse–. El ascenso de la moneda digital soberana entraña el fin del dinero bancario en el largo plazo, pero no es el fin de la actividad bancaria. Los bancos y las instituciones financieras no bancarias cumplen funciones numerosas, útiles y en parte indispensables en rubros como la administración, el pago y el préstamo de dinero, la banca de inversión y la gestión de la riqueza. Estas funciones, que hoy se basan en el dinero bancario, pueden ser satisfechas utilizando la moneda digital.

¿Por qué no una moneda móvil o un *criptotoken* emitidos por los bancos comerciales?

¿Es posible que los bancos emitan su propia moneda móvil o criptomoneda? En relación con el dinero móvil, y en países donde toda la población tiene una cuenta bancaria, un banco no esperará tener desventajas si reemplazara o complementara el dinero bancario con dinero móvil basado en el dinero bancario. Las unidades de dinero móvil seguirían siendo un pasivo en la hoja de balance del banco emisor, en vez de transferir esa obligación a otros bancos, como es el caso de las transferencias interbancarias pagadas en reservas. Asegurar la aceptabilidad y la operatividad de las monedas móviles de los diferentes bancos sería tan problemático como lo fue el manejo de los pagarés privados de los siglos XVIII y XIX. Un banco también puede considerar la emisión de un dinero de tercer nivel o una stablecoin en relación 1 a 1 con el dinero bancario. ¿Cuál sería el objetivo de intercambiar dinero bancario por un equivalente tal, si ambos tipos de dinero representan un pasivo para el banco respectivo?

Esto es incluso más válido si consideramos que los bancos no pueden asumir que su dinero móvil, dinero electrónico o stablecoin, gozará del mismo apoyo privilegiado del gobierno que el dinero bancario recibe actualmente. Sin el privilegio del dinero bancario, los bancos ya no serían diferentes de las instituciones emisoras de dinero electrónico y otras instituciones financieras en general.

Con una moneda digital sintética emitida por un banco y en relación 1 a 1 con el dinero central, la situación es sólo un poco diferente. La moneda digital sintética supone el financiamiento completo con dinero del banco central, a diferencia de la financiación fraccional del dinero bancario. Esto contribuiría a poner fin al vigente modelo de negocios del dinero bancario sostenido en una pequeña fracción de reservas. En todo caso, los bancos enfrentan un dilema. Al ofrecer nuevos tipos de dinero, compiten contra su propio dinero bancario. Esto sólo tendrá sentido si un día los bancos llegan a la conclusión de que es mejor renunciar al dinero bancario que desaparecer junto con él.

Alternativamente, los grandes bancos, o los consorcios de grandes bancos, pueden considerar la emisión de una criptomoneda propia no respaldada –asumiendo que los bancos centrales y los gobiernos lo toleren–. Tal moneda se limitaría, casi con toda seguridad, a grupos muy específicos de usuarios, y aquí también se plantearía la cuestión de la interoperabilidad. Sin embargo, para el público en general, una criptodivisa emitida por un banco no tiene más posibilidades de extenderse como medio de pago universal que las criptodivisas privadas ya existentes.

Desde el punto de vista macroeconómico y político, la sustitución del dinero bancario por monedas criptográficas, dinero electrónico y dinero móvil denominado en una moneda privada, o peor aún, en la moneda oficial, no es una respuesta a los problemas de la dinámica de los excesos monetarios y financieros que tienen su origen en la creación monetaria, hoy fuera de control. Por el contrario, las monedas privadas no respaldadas prolongan y exacerban estos problemas. El alboroto sobre las criptodivisas privadas no respaldadas puede continuar durante muchos años mientras las autoridades sigan dejando que las cosas sigan su curso. Pero las crisis se repetirán, dejando claro que tales "monedas", si bien pueden constituir otra forma de fiebre apostadora, no son realmente útiles como medio de pago cuya aceptación y valor son razonablemente estables.

En general, las monedas privadas tienen dificultades para volverse ampliamente aceptables si no gozan del respaldo de los bancos centrales y el gobierno. Las monedas privadas, en ausencia de tal garantía estatal, no son capaces de convertirse en medios de pago realmente universales, y es improbable que sobrevivan a las crisis que inevitablemente enfrentarán. Esto puede ser visto en numerosos ejemplos de la época del papel moneda no regulado, que acabó con la introducción de billetes nacionalmente estandarizados como moneda de curso legal. Esta vez, la situación será remediada, correspondientemente, por la moneda digital soberana estandarizada.

La tragicomedia del dinero bancario: el dinero privado se vuelve para-soberano

La disputa entre el dinero soberano y el dinero privado es una lucha en curso, entretejida con los cambios en las mareas monetarias que este artículo describió –el dinero soberano lucha por mantener su posición al mando, mientras los emisores de dinero privado tratan de destronarlo y arrogar para sí mismos los poderes monetarios–.[52] Los dos casos históricamente significativos que nos incumben son los pagarés privados y el dinero depositado en bancos privados. En la actualidad, nuevamente, las criptomonedas privadas representan un desafío potencial para las monedas nacionales.

De acuerdo con lo que se sabe, las unidades de cuenta monetarias fueron desarrolladas por los aparatos administrativos de los gobernantes en la remota antigüedad en Mesopotamia y Egipto. Posteriormente –dado que el dinero bajo la forma de monedas fue introducido hace casi 2,700 años por el rey Croesus, de Lidia– las monedas fueron estampadas con el sello del gobernante, y el dinero siguió existiendo como un elemento de lo que más tarde se convertiría en la ley pública o estatal, distinta de la ley privada o civil. La creación monetaria, o la facultad y el poder de emitir un dinero propio, se convirtió en la prerrogativa de los antiguos señores feudales y los Estados-nación modernos. Hubo una excepción tras la caída del Imperio Romano de Occidente, cuando la *monetarii* privada capturó la prerrogativa monetaria soberana, hasta que Pipino III y su hijo Carlomagno restauraron la soberanía monetaria en la

---

52 Véase también Galbraith 1995 [1975], Goodhart 1998, Goodhart/Jensen 2015. Graeber 2012 46–71.

segunda mitad del siglo VIII. La razón detrás de esto no era sólo la avidez de poder y de riqueza de los gobernantes, sino que había necesidades funcionales en la administración y el financiamiento de las estructuras del Estado.

Las prerrogativas monetarias soberanas comprenden tres elementos:

1. Establecer la moneda como unidad de cuenta dentro de una zona monetaria.
2. Emitir dinero, o distintos tipos de dinero, denominados en esa moneda.
3. Beneficiarse del señoreaje, es decir, de la ganancia de la creación monetaria.

Las prerrogativas monetarias están en línea con otras prerrogativas constitucionalmente importantes, como la creación de la ley, la jurisdicción, la administración territorial, la recaudación de impuestos y el uso de la fuerza. Ningún Estado administrado correctamente dejaría deliberadamente estas prerrogativas en manos de poderes extranjeros o privados.

Algunos intereses particulares, sin embargo, desean desvanecer el hecho de que el dinero es una criatura de la ley y el Estado, y (re) declaran al dinero como una criatura de la ley civil y los contratos privados. La prerrogativa monetaria soberana es aparentemente demasiado tentadora en términos de ganancia, poder y gloria, como para no querer acapararlo tanto como sea posible. En las modernas sociedades monetarizadas y financiarizadas, el estar en control del dinero –su creación, su primer uso y su posterior distribución– entraña un poder superior, inferior sólo al poder de mando legal y la autoridad de emitir leyes.

Como resultado del ascenso del dinero bancario hasta el sitio dominante en el curso del siglo XX, de los tres componentes de la soberanía monetaria, sólo uno, la definición de la unidad de cuenta oficial, sigue intacto, mientras que la mayor parte del poder de creación monetaria y de los beneficios del señoreaje (bajo la forma de la evitación de los costos de financiamiento) han sido cedidos al sector bancario. Los bancos centrales, que en su origen fueron los bancos del Estado, se han convertido en *bancos de los bancos*. Los bancos que tienen un peso sistémico ostentan, en los hechos, un respaldo garantizado de los bancos centrales, que amplían sus funciones para convertirse en refinanciadores de último recurso. Los bancos centrales cumplen este papel "cueste lo que cueste" –como el expresidente del Banco Central Europeo, Mario Draghi, expresó en una frase proverbial–, tal como se constata, por ejemplo, en el volumen gigantesco del programa de *Quantitative Easing* para los bancos y las finanzas.

Los gobiernos de turno han adoptado el rol de ser garantes de último recurso del dinero bancario. Desde la década de 1930, el dinero bancario cuenta con un seguro legal garantizado por los propios bancos (en una escala más bien menor) y los gobiernos (en una escala más amplia). Los gobiernos se declaran listos para salvar a los bancos cuando sea necesario, como sucede, por ejemplo, mediante recapitalizaciones a bancos en riesgo de quebrar. Mientras tanto, incluso los depósitos de los clientes están sujetos a un rescate (la conversión forzada de los depósitos de los clientes en capital del banco) para mantener a flote a los bancos insolventes.

El dinero bancario habría perecido como medio de pago a más tardar en 1930, con la Gran Depresión, de no haber sido respaldado en gran escala por los bancos centrales nacionales, la colaboración de las tesorerías y las garantías gubernamentales. Para decirlo con más precisión, el dinero bancario de hecho *feneció* como un medio de pago puramente privado en aquella época, pues los bancos centrales y gobiernos comenzaron a hacerse responsables de la existencia comercial del sector bancario en general, y de lo que hoy llamamos bancos de importancia sistémica en particular. El dinero bancario y las reservas del banco central, y por ende los bancos y los bancos centrales, están cada vez más entretejidos y son más interdependientes, constituyendo un auténtico régimen de dinero bancario privado respaldado por los bancos centrales y garantizado por el gobierno, un sistema en el que el Estado sigue el liderazgo de las corporaciones bancarias y financieras, y en el que el dinero bancario genuinamente privado ha alcanzado un estatuto "para-soberano".

Entre las razones detrás de este desarrollo, está la experiencia recurrente de severas crisis financieras y bancarias, que generan preocupaciones sobre la oferta nacional de dinero –que en los hechos es la oferta de dinero bancario– y sobre cómo mantener el dinero bancario en circulación para que la economía siga en marcha. Más que pensar sobre la manera en que funciona el sistema monetario y bancario vigente, los políticos y los banqueros centrales han elegido, una y otra vez, salvar el privilegio del dinero bancario privado, cayendo ante la ilusión de ser capaces de volver seguros a los bancos a través de una mayor y más estricta regulación bu-

rocrática. Entre los ejemplos recientes de ello se encuentra la Ley
Dodd-Frank, del año 2010, cuya extensión es de casi un millar de
páginas e incluye, entre otras muchas cosas, desde la delimitación
de las compañías hasta asuntos como los testamentos en vida. Otro
ejemplo son las reglas de los Tratados de Basilea sobre la liquidez
y solvencia de los bancos. Dichas medidas permanecen "dentro de
la caja", y ayudarán tan poco hoy como lo hicieron en el pasado.
El riesgo de liquidez es la característica constitutiva de la banca de
reserva fraccional. Más allá del riesgo de liquidez, la posibilidad
de la insolvencia de los bancos y de las crisis bancarias no puede
ser desaparecida mediante la regulación, dado que los desajustes
en las hojas de balance no pueden ser evitados sin importar cuán
cuidadosos hayan sido los cálculos, ya que éstos son causados por
conductas indebidas en otras áreas del banco o por eventos no anti-
cipados. En lugar de intentar que los bancos estén hechos a prueba
de riesgos, lo cual es una "misión imposible", la estrategia adecuada es asegurarse de que exista un dinero seguro y dejar que los bancos sean las empresas financieras que dicen ser, salvo en el aspecto
de tener el poder de crear dinero bancario.

Estamos ante una tragicomedia. La comedia es el dinero bancario privado que posa como soberano. La tragedia es la extendida
creencia de que la creación de dinero bancario de segundo nivel
está bajo el control y el liderazgo del banco central, lo que lleva a
imaginar que nuestro sistema es un régimen de dinero soberano,
en vez del régimen de dinero bancario para-soberano que tenemos
en realidad. Esta clase de complacientes equívocos, nuevamente
emergió a la superficie en ocasión del anuncio de la creación de la
stablecoin Libra, planeada para 2020. Políticos de todas las ban-
deras, de pronto redescubrieron la soberanía monetaria como algo
que debe ser defendido de los retadores del sector privado, sin per-
catarse de que, de hecho, la mayor parte de la soberanía monetaria
nacional ya ha sido cedida al sector bancario y al dinero bancario
para-soberano –un hecho que lleva a la risa y a las lágrimas al mismo tiempo.

Pavimentando el camino hacia la moneda digital soberana

Dos problemas: uno ficticio, uno real

La introducción de la moneda digital del banco central, aunque
exista en paralelo al dinero bancario, está abriendo el camino para

el próximo cambio en la marea monetaria. La perspectiva política hoy dominante, sin embargo, mantiene su indecisión y ambivalencia en términos de la soberanía monetaria. Esto traerá ataques en contra de la moneda digital, desvíos, incluso estancamientos, que hasta cierto punto prolongarán los problemas monetarios y financieros por más tiempo. El establecimiento de una ruta a largo plazo hacia la recomposición de la oferta monetaria, de tal manera que la moneda digital soberana sea dominante, no es algo que se tenga por seguro. Por ejemplo, no debemos esperar que las compañías y las personas prefieran la moneda digital sobre el dinero bancario bajo condiciones de normalidad si existe una gran sensación de incertidumbre, si los bancos pagan intereses a algunos depósitos en dinero bancario, si nadie es pagado en moneda digital y si se mantienen intactas las garantías estatales de gran escala para el dinero bancario.

En la actual discusión sobre la moneda digital suelen salir a relucir dos problemas o preocupaciones. Una es el miedo a la desintermediación bancaria, la otra es el miedo a una corrida bancaria. El temor en torno a la desintermediación se basa en el supuesto de que los depósitos de los clientes son fondos prestables, y que los bancos son intermediarios financieros que reciben el dinero bancario de los clientes para utilizarlo en el financiamiento de sus propios préstamos e inversiones. Si se introduce una moneda digital –de acuerdo con este razonamiento– esto reducirá la porción del dinero bancario en la oferta monetaria, lo que a su vez puede resultar en una reducción o incluso una carestía de depósitos de bajo costo para financiar las actividades bancarias.

En cierta medida, esta clase de problemas existió en el pasado, cuando el dinero en efectivo todavía dominaba la oferta monetaria y no representaba un subconjunto de la creación de dinero bancario. Pero esos días se fueron hace tiempo. En la actualidad, los bancos no son intermediarios financieros, y la desintermediación es un problema ficticio. Los intermediarios financieros son instituciones no-bancarias, tales como los fondos mutuos, fondos de pensiones, fondos de inversión, vehículos de securitización, etc., la mayor parte de las cuales opera sobre la base del dinero bancario y otros sustitutos de dinero. Los modelos de los libros de texto que hablan del multiplicador del dinero o del crédito, basados en la supuesta intermediación financiera de los bancos, no corresponde con mundo real, si bien es cierto que hay un multiplicador de crédito en las finanzas no bancarias sobre la base del dinero bancario. Las instituciones financieras no bancarias a menudo pertenecen a una corporación bancaria, pero como entidades separadas, lo cual no convierte a un banco en un intermediario financiero, ni a una institución financiera en un banco.

Creer que los depósitos de los agentes no bancarios son una fuente de financiamiento para los bancos, es uno de los numerosos "viejos hábitos" de la teoría monetaria y bancaria que se resisten a morir. Los depósitos de los clientes –es decir, el dinero bancario– no pueden ser utilizados por un banco como si fueran un fondo prestable.[53] Para hacer un pago, sin importar que sea a favor de sus clientes o para su propio beneficio, los bancos necesitan reservas del banco central y cierta cantidad de efectivo en sus bóvedas. El dinero bancario, sin embargo, no puede ser cambiado por reservas, ni las reservas pueden ser transferidas a los clientes. Los ahorros guardados en los depósitos a plazo fijo, son dinero bancario desactivado, fuera de circulación durante el tiempo que estén depositados allí.

Correspondientemente, el dinero bancario de los clientes no puede financiar el crédito bancario, sino que el crédito crea dinero bancario, el único que puede ser utilizado por los agentes no bancarios. El dinero bancario no es "tomado" de ningún sitio, sino que es registrado en la cuenta de un cliente –una creación "de la nada", como se dice usualmente– en el momento que se emite un crédito bancario a favor del cliente. Las reservas del banco central, necesarias para el refinanciamiento fraccional del dinero bancario, son prestadas por los bancos en el mercado de dinero interbancario o bien por el banco central. Más aún, un banco A puede lograr una entrada única y unilateral de reservas, si consigue que los clientes de otros bancos transfieran su dinero hacia el banco A. Esto resulta en una única transferencia de reservas de los otros bancos hacia el banco A.

El problema real, si hay alguno, es que convertir dinero bancario en moneda digital implica el refinanciamiento completo de la moneda digital, como sucede hoy con el dinero en efectivo. Incluso si el refinanciamiento completo de la moneda digital se extendiera a todos los bancos, éstos enfrentarían un costo de refinanciamiento más alto, análogo al costo actual de financiar la adquisición de

---

53 Jacab/Kumhof 2018, Huber 2017 59–67, Werner 2016, Ryan-Collins et
al. 2012, 12–25.

efectivo (mientras que el costo de gestionar la moneda digital es más barato que el de manejar el efectivo). Con la moneda digital, por otro lado, los bancos pueden actuar como intermediarios, pidiendo prestado dinero en moneda digital de sus clientes en términos favorables (lo que es imposible con el dinero bancario, pero que antes fue posible con el efectivo).

La segunda preocupación que la moneda digital genera es el temor a una corrida bancaria desastrosa. Este miedo es compartido por 82 por ciento de los banqueros centrales.[54] Debe notarse, sin embargo, que el problema del pánico bancario, si bien es real, es un problema del dinero bancario, no de la moneda digital. Los bancos siempre han operado sobre una base parcial de reservas, antes de dinero en efectivo, hoy de reservas del banco central. La amenaza de una potencial corrida bancaria es estructuralmente inherente a esta realidad, y continuará existiendo mientras los bancos pidan a unos para prestar a otros, y con mayor razón mientras puedan crear dinero bancario.

Con la introducción de la moneda digital, en paralelo al dinero bancario, las corridas bancarias no serán una amenaza mayor de la que han sido a través de los siglos. Por el contrario, el problema disminuirá a medida que la moneda digital segura y protegida reemplace al dinero bancario. Ahora bien, el riesgo de crédito y el riesgo de inversión no desaparecerán. Igualmente, las monedas nacionales pueden apreciarse o devaluarse, y aún podrán producirse fugas de capital de un área monetaria nacional mal manejada. En este marco, sin embargo, la moneda digital seguirá siendo lo que es: moneda de curso legal en el primer nivel de la jerarquía monetaria, un medio de pago seguro que no puede desaparecer como el dinero bancario –el cual puede revelarse como una promesa vacía en una hoja de balance–.

Dentro del régimen de dinero bancario vigente, el problema de las corridas bancarias es minimizado, mientras que en los debates de la moneda digital es exagerado infundadamente. Una corrida bancaria es una amenaza sólo si hay una crisis bancaria. Bajo las condiciones de normalidad económica, el costo menor y la conveniencia del dinero bancario tienen un peso mayor que la seguridad que ofrece el dinero en efectivo. Con la moneda digital esto no cambiará dramáticamente; en particular si, como se señaló, los

---

54 OMFIF/IBM 2019, 28, 30.

bancos pagan intereses a los depósitos y los bancos centrales y el gobierno mantienen su respaldo y las garantías al dinero bancario.

Una reacción excesiva y mal entendida a los recelos exagerados ante las corridas bancarias, consiste en el racionamiento de la moneda digital, por ejemplo, estableciendo un techo en el monto de dinero digital disponible al público, o un límite permitido a los pagos en moneda digital, como sucede actualmente con el efectivo. En un pánico bancario, la disponibilidad limitada de moneda digital será tan contraproducente como lo es la disponibilidad limitada de efectivo en una situación semejante actual, pues de hecho, es la conciencia de la disponibilidad limitada del dinero lo que suscita el pánico bancario. Más aún, cualquier tipo de racionamiento artificial de la moneda digital amenazaría la paridad 1 a 1 entre moneda digital y dinero bancario.[55]

La respuesta a la cuestión de las corridas bancarias es simple: como un principio del diseño de la moneda digital, un banco central debe ofrecer una garantía de conversión para cambiar el dinero bancario a moneda digital. Dicho con más precisión, la garantía ofrecerá suficiente moneda digital para facilitar el cambio de dinero bancario a moneda digital de acuerdo con la demanda del mercado.

El apoyo del banco central, que ha sido considerado apropiado para el dinero bancario desde 2007-08, con el propósito de prevenir un escenario peor, difícilmente se puede negar cuando, en una posible crisis bancaria futura, el dinero del banco central es demandado no sólo por los bancos, sino también por el público bajo la forma de moneda digital. Lo que no es posible con el papel moneda (suministrar grandes cantidades de un día para otro, literalmente) puede hacerse fácilmente con la moneda digital. La garantía de conversión al dinero del banco central requeriría mucho menos que la inundación de reservas creada para los bancos por la vía de programas como el *Quantitative Easing* de la última década. En vez de incitar a un pánico bancario catastrófico, la garantía de conversión del banco central contribuirá a prevenirla, pues la garantía, así como la certeza de la capacidad del banco central para cumplirla, reduciría la urgencia de la conversión, disminuyendo así un temor que, de otro modo, podría incrementarse. *Ceterum censeo*: el problema del pánico bancario es un problema del dinero bancario, no de la moneda digital. De hecho, la moneda digital es el remedio al problema.

---

55 Bjerg 2017, 2018.

Principios del diseño de la moneda digital

Una vez introducida, la moneda digital encontrará un buen número de competidores y otras formas de dinero. La cuestión de si y cómo la moneda digital será exitosa en este ambiente, depende en gran medida de los principios de diseño conforme a los cuales sea implementada. Los principios relevantes no pueden ser discutidos aquí en detalle.[56] Sin embargo, es preciso al menos mencionar los principios que pueden conducir a la diseminación de la moneda digital soberana:

- No debe haber restricciones de grupo en el acceso a la moneda digital. Como sucesora del dinero en efectivo, la moneda digital necesita ser un medio de pago universal utilizado por todos los grupos y para todas las transacciones.

- En lo concerniente a la moneda digital registrada en cuentas, debe ser integrada, con las reservas interbancarias, en un solo circuito, incluyendo bancos y no bancos por igual. Las reservas y la moneda digital en cuenta representan el mismo tipo de dinero del banco central. La política monetaria, en vez de verse "diluida", sería mucho más efectiva.

- Convertibilidad completa entre dinero bancario y moneda digital, en ambas direcciones...

- ...incluyendo la garantía de conversión del banco central. Esto se concreta en la prohibición de racionar el suministro de moneda digital.

- Disminución paulatina de la garantía estatal sobre el dinero bancario hasta que se haya reducido por completo.

- Incremento gradual de la moneda digital por los organismos públicos.

- En lo concerniente a los canales de emisión de moneda digital, es necesario que la compra de bonos en el mercado abierto y el crédito del banco central a los bancos, no sean los únicos canales de emisión. La modificación de la contabilidad del

---

56 Para una discusión de los principios de diseño de la moneda digital, véase, Meaning et al. 2018, Sveriges Riksbank 2017, 2018, 2018b, Ingves 2018, Kumhof/Noone 2018, IMF 2018, Bjerg 2017, 2018, Huber 2019, Bindseil 2019.

banco central haría posible desembolsar la moneda digital bajo la forma de un dividendo ciudadano o, alternativamente, como un genuino señoreaje para el Tesoro –el monto del cual estará determinado por el banco central únicamente de acuerdo con criterios monetarios.[57]

- El atesoramiento de moneda digital y otras formas de dinero central, no tendrían por qué generar intereses. (Sólo el crédito rinde interés, no así el dinero). Sin embargo, si los bancos ofrecen intereses a los depósitos en dinero interbancario líquido, entonces, para evitar fluctuaciones indeseables dentro o fuera de la moneda digital y el dinero bancario, el banco central puede considerar pagar una tasa de interés igual o similar a los detentores de la moneda digital.

Un principio adicional es la prohibición de los llamados intereses negativos. Esto no forma parte sistemática del diseño de la moneda digital, pero pertenece a este contexto porque algunos economistas defienden la moneda digital para acabar con el efectivo y, para ello, pretenden imponer intereses negativos en todos los ámbitos. Estrictamente hablando, los intereses negativos no son un interés ni pueden ser entendidos como una cuota. Más bien, si el banco central cobra los intereses negativos a los bancos, esto representa un impuesto oculto al dinero en una zona legal gris, que se deberá pagar al Tesoro como parte de la ganancia del banco central. Si los intereses negativos son cobrados por los bancos a sus clientes y no son transferidos inmediatamente al Tesoro, esto representa un impuesto privado ilegal sobre el dinero en beneficio de los bancos. El efecto es contraproducente.[58] En vez de estimular el gasto adicional –como (cuestionablemente) se espera que suceda– los intereses negativos son un incentivo para incrementar el ahorro.

Finalmente, ¿qué hay de los substitutos monetarios de tercer nivel? Las acciones de los fondos mutuos, las monedas complementarias 1 a 1, las monedas electrónicas y las stablecoins (además de las monedas digitales sintéticas de segundo nivel), deberán aplicar las siguientes reglas (algunas de las cuales ya existen):

- Los emisores deben mantener en todo momento una cobertura del 100 por ciento en el dinero subyacente o bien, en una

---

57 Mayer 2019.
58 Cf. Huber 2019b.

porción menor, activos muy seguros comprados con dinero de pago.

- El dinero de pago y los activos adquiridos deben estar denominados en la moneda doméstica.

- Los emisores de dinero de tercer nivel deben adoptar un régimen monetario pasivo. Cualquier política activa, como por ejemplo la compra de activos con su propio dinero de tercer nivel, debe ser prohibida.

- Todas las monedas y formas de dinero privadas deben estar denominadas en su propia unidad monetaria, no en la unidad de cuenta oficial, incluso si está anclada a ella y cubierta en proporción 1 a 1.

A pesar de las fricciones previsibles relacionadas con la coexistencia de la moneda digital y el dinero bancario, introducir la moneda digital es un paso en la dirección correcta, es decir, hacia el incipiente cambio de marea del dinero bancario al dinero digital del banco central. En comparación, los problemas inherentes al dominio casi completo del dinero bancario y otros substitutos monetarios, hoy vigente, siguen siendo mucho más graves. Es tiempo, pues, de reclamar las prerrogativas monetarias soberanas.

Lista de abreviaturas y definiciones

CBDC. Moneda digital del banco central [*Central-bank digital currency*]

Cripto (cripto-token, criptomoneda). Nuevo tipo de dinero o moneda digital, que utiliza tecnologías criptográficas para operar en registros descentralizados, en el que cada entrada es guardada en bloques. Los sucesivos bloques forman la cadena de bloques o *blockchain*.

Efectivo. Por dinero en efectivo se entiende únicamente las monedas metálicas emitidas por el tesoro y los billetes emitidos por el banco central.

Flexibilización Cuantitativa [*Quantitative Easing*]. Programa por el cual los bancos centrales compran bonos soberanos y otros títulos a través del sector bancario a cambio de reservas.

IT. Tecnología de la información y la telecomunicación.

MFI. Institución monetaria financiera, i.e., generalmente un banco comercial o de inversión.

Moneda digital. En este artículo nos referimos a la moneda digital soberana emitida por el banco central, en contraste con las monedas digitales privadas.

P2P. Una transferencia directa o un tipo de dinero que va del cliente al comprador sin ningún otro tipo de dinero involucrado.

PSP. Proveedor de Servicios de Pago.

RTGS. Sistema de saldos en tiempo real [*Real-Time Gross Settlement system*]. Un sistema de pagos del banco central para el pago interbancario de reservas, con saldos inmediatos y sobregiros por un día.

Referencias

Aliber, Robert Z. / Kindleberger, Charles P. 2015 [1978]. *Manias, Panics, and Crashes. A History of Financial Crises*, New York: Basic Books. 7th edition.

Adrian, Tobias / Mancini-Griffoli, Tommaso. 2019. The Rise of Digital Money, IMF Fintech Note 19/01.

Adrian, Tobias / Mancini-Griffoli, Tommaso. 2019b. Digital Currencies: The Rise of Stablecoins, IMF Blog, Sep 19, 2019.

Adrian, Tobias / Mancini-Griffoli, Tommaso. 2019c. From Stablecoins to Central Bank Digital Currencies, IMF Blog, Sep 26, 2019.

AMI (American Monetary Institute). 2010. Presenting the American Monetary Act, Valatie, NY: American Monetary Institute, http://monetary.org/wp-content/uploads/2011/09/32-page-brochure.pdf.

Baba, Naohiko / McCauley, Robert N. / Ramaswamy, Srichander. 2009. US dollar money market funds and non-US banks, *BIS Quarterly Review*, March 2009, 65-81.

Barrdear, John / Kumhof, Michael. 2016. The macroeconomics of central bank issued digital currencies, Bank of England, Staff Research Paper No. 605, July 2016.

Bech, Morten / Garratt, Rodney. 2017. Central bank cryptocurrencies, Basel Bank for International Settlements, *BIS Quarterly Review*, September 2017, 55–70.

Bennett, Paul / Peristiani, Stavros. 2002. Are U.S. Reserve Requirements still Binding? Federal Reserve Bank of New York, Economic Policy Review, Vol.8, No.1, May 2002, 53–68.

Bergara, Mario / Ponce, Jorge. 2018. Central Bank Digital Currency: The Uruguayan E-Peso Case, in: Gnan, Ernest / Masciandro, Donato (eds.). 2018. *Do we need central bank digital currency?* Vienna: SUERF. Conference proceedings, 82–90.

Bindseil, Ulrich. 2019. Central bank digital currency - financial system implications and control, Working Paper, ECB Directorate General Operations, 30 July 2019. https:// ssrn.com/abstract=3385283.

BIS. 2018. Central bank digital currencies, prep. by the BIS Committee on Payments and Market Infrastructures, Basel: Bank for International Settlements, March 2018.

BIS. 2019. Proceeding with caution. A survey on central bank DC, Bank for International Settlements Papers, no. 101, Jan 2019.

Bjerg, Ole. 2017. Designing New Money – The Policy Trilemma of Central Bank Digital Currency, Copenhagen Business School Working Paper, June 2017.

Bjerg, Ole. 2018. Breaking the Gilt Standard. The problem of parity in Kumhof and Noone's design principles for Central Bank Digital Currencies, Copenhagen Business School Working Paper, August 2018.

Boar, Codruta / Holden, Henry / Wadsworth, Amber. 2020. Impending arrival – a sequel to the survey on central bank digital currency, BIS Papers no. 107, Basel: Bank for International Settlements, January 2020.

Bordo, Michael D. / Levin, Andrew T. 2017. Central bank digital currency and the future of monetary policy, NBER Working Paper Series, no. 23711, Aug 2017.

Borio, Claudio / Hofmann, Boris. 2017. Is monetary policy less effective when interest rates are persistently low? BIS Working Paper, No. 628, April 2017, Basel: Bank for International Settlements.

Carney, Mark. 2019. The Growing Challenges for Monetary Policy in the current International Monetary and Financial System, Speech at the Jackson Hole Symposium 2019, publ. by the Bank of England, August 2019.

Danezis, George / Meiklejohn, Sarah. 2016. Centrally Banked Cryptocurrencies, http:// www0.cs.ucl.ac. uk/staff/G.Danezis/papers/ndss16currencies. pdf.

Davies, Glyn. 2013 [1994]. *A History of Money*, Cardiff: University of Wales Press.

Deutsche Bundesbank. 2017. The role of banks, non-banks and the central bank in the money creation process, *Bundesbank Monthly Report*, Vol. 69, No. 4, April 2017, 13–30.

Dyson, Ben / Graham, Tony / Ryan-Collins, Josh / Werner, Richard A. 2011: Towards a Twenty-First Century Banking and Monetary System. Submission to the Independent Commission on Banking, disponible en: http://www.neweconomics.org/publications/entry/towards-a-21st-century-banking-and-monetary-system

Eichengreen, Barry. 2011. *Exorbitant Privilege. The Rise and Fall of the Dollar and the Future of the International Monetary System*, New York: Oxford University Press.

Esselink, Henk / Hernández, Lola. 2017. The use of cash by households in the euro area, European Central Bank Occasional Paper Series, No. 201, Nov 2017, Frankfurt.

Ferguson, Niall. 2008. *The Ascent of Money. A Financial History of the World*, London/New York: Allen Lane.

Fisher, Irving. 2007 [1935]. *100%-money*, New Haven: Yale University; reprinted in William J. Barber et al. (eds.) 1996: T*he Works of Irving Fisher*, London: Pickering & Chatto.

Galbraith, John Kenneth. 1995 [1975]. *Money. Whence it Came, Where it Went*, New York: Houghton Mifflin. 1st ed. 1975.

Goodhart, Charles A. E. 1998. The two concepts of money – implications for the analysis of optimal currency areas, *European Journal of Political Economy*, 14 (1998) 407–432.

Goodhart, Charles A.E. / Jensen, Meinhard. 2015. Currency School versus Banking School: an ongoing confrontation, *Economic Thought*, 4 (2) 20–31.

Gopinath, Gita / Boz, Emine / Casas, Camila / Díez, Federico J. / Gourinchas, Pierre-Olivier / Plagborg-Möller, Mikkel. 2016. Dominant Currency Paradigm, NBER Working Paper, No. 22943, Dec 2016.

Gopinath, Gita / Stein, Jeremy C. 2018. Banking, Trade, and the Making of a Dominant Currency, NBER Working Paper, No. 24485, April 2018.

Graeber, David. 2012. *Debt. The First 5,000 Years*, New York: Melville House Publishing.

Groppa, Octavio / Curi, Fernando. 2019. Mobile Money Regulation: Kenya, Ecuador and Brazil Compared, Working Paper, Buenos Aires: Universidad Católica Argentina.

Groß, Jonas / Herz, Bernhard / Schiller, Jonathan. 2019. Libra — Konzept und wirtschafts-politische Implikationen, Wirtschaftsdienst, Sep 2019, Vol.99, Heft 9, 625–631.

GSMA. 2018. State of the Industry Report on Mobile Money, https://www.gsma.com/mobile-fordevelopment/wp-content/uploads/2019/02/2018-State-of-the-Industry-Report-on-Mobile-Money.pdf

Heasman, Will. 2019. The worrying truth behind China's digital currency, *Decrypt*, Dec 6, 2019.

Hess, Simon. 2019. 100% E-Money and its Implications for Central Bank Digital Currency, SSRN electronic journal, June 26, 2019.

Hilton, Adrian. 2004. Sterling money market funds, *Bank of England Quarterly Bulletin*, Summer 2004, 176-182.

Hixson, William F. 1993. *Triumph of the Bankers. Money and Banking in the Eighteenth and Nineteenth Centuries*, Westport, Conn./London: Praeger.

Huber, Joseph / Robertson, James 2000: *Creating New Money*, London: New Economics Foundation.

Huber, Joseph. 2017. *Sovereign Money. Beyond Reserve Banking*, London: Palgrave Macmillan.

Huber, Joseph. 2017b. The case for a central-bank currency register. Accounting for sovereign money on banks' and central banks' balance sheets, Working Paper, Nov 2017, disponible en sovereignmoney. site/how-to-account-for-sovereign-money.

Huber, Joseph. 2019. Digital currency. Design principles to support a shift from bankmoney to central bank digital currency, *Real-world economics review*, issue no. 88, July 2019, 76–90.

Huber, Joseph. 2019b. Negative interest – hoping in vain for a miracle tool, working paper disponible en sovereignmoney.site/negative-interest.

Hudson, Michael. 2003 [1972]. *Super Imperialism. The Origin and Fundamentals of U.S. World Dominance*, new edition, London: Pluto Press.

Hudson, Michael. 2012. *The Bubble and Beyond*, Dresden: ISLET Verlag.

Huerta de Soto, Jesús. 2009. Money, Bank Credit, and Economic Cycles, Auburn, Al.: Ludwig von Mises Institute, 2nd edition (1st 2006).

IMF. 2018. Casting Light on Central Bank Digital Currency, IMF Staff Discussion Note, Washington: International Monetary Fund.

Ingves, Stefan. 2018. The e-krona and the payments of the future, Speech by the Governor of the Swedish Riksbank, Stockholm.

Jackson, Andrew / Dyson, Ben 2013: *Modernising Money. Why our monetary system is broken and how it can be fixed*, London: Positive Money.

Juškaitė, Aistė / Šiaudinis, Sigitas / Reichenbachas, Tomas. 2019. CBDC – in a whirlpool of discussion, Lietuvos Bankas, Occasional Paper Series, No. 29, Dec 2019.

Kahn, Charles M. / Rivadeneyra, Louis Francisco / Wong, Tsz-Nga. 2019. Should the central bank issue e-money? Working paper 2019-003A, Federal Reserve Bank of St. Louis.

Keynes, John Maynard. 1930. *A Treatise on Money*, London: Macmillan.

Kindleberger, Charles P. / Laffargue, J.-P. (eds.). 1982. *Financial Crises. Theory, History, and Policy*, Cambridge University Press.

Krüger, Malte / Seitz, Franz. 2014. The Importance of Cash and Cashless Payments, Proceedings of the International Cash Conference 2014: The usage, costs and benefits of cash, www. bundesbank.de .

Kumhof, Michael / Noone, Clare. 2018. Central bank digital currencies – design principles and balance sheet implications, Bank of England Staff Working Paper, No. 725, May 2018.

Levine, Matt. 2019. The Fed versus the Narrow Bank, Boomberg Opinion, 8 March 2019.

Licandro, Gerardo. 2018. Uruguayan e-Peso in the context of financial inclusion, ppt, Basel University, 16 Nov 2018.

Macfarlane, Laurie / Ryan-Collins, Josh / Bjerg, Ole / Nielsen, Rasmus / McCann, Duncan. 2017. Making Money from Making Money. Seigniorage in the Modern Economy, publ. by New Economics Foundation, London, and Copenhagen Business School.

Mai, Heike. 2015. Money market funds, an economic perspective, db research, EU Monitor Global Financial Markets, 26.2.2015. Mathew, Neil. 2018. Bitcoin Cash Surpasses Paypal's Transaction Speed, Newconomy, November 12, 2018.

Mayer, Thomas. 2019. A digital Euro to compete with Libra, Flossbach von Storch Research Institute, Macroeconomics 02/07/19.

McLeay, Michael / Radia, Amar / Thomas, Ryland 2014: Money creation in the modern economy, *Bank of England Quarterly Bulletin*, 2014 Q1, 14–27.

Meaning, Jack / Dyson, Ben / Barker, James / Clayton, Emily. 2018. Broadening narrow money: monetary policy with a central bank digital currency, Bank of England Staff Working Paper, No. 724, May 2018.

Minsky, Hyman P. 1982. The Financial Instability Hypothesis. Capitalist Processes and the Behavior of the Economy, in: Kindleberger, C.P./ Laffargue, J.-P. (Eds.): *Financial Crises. Theory, History, and Policy*, Cambridge University Press, 13–39.

Minsky, Hyman P. 1986: *Stabilizing an Unstable Economy*, New Haven: Yale University Press.

Murrau, Steffen. 2017. Shadow money and the public money supply: the impact of the 2007–2009 financial crisis on the monetary system, *Review of International Political Economy*, Vol. 24 (5), September 2017, 802–838.

North, Michael. 1994. *Das Geld und seine Geschichte vom Mittelalter bis zur Gegenwart*, München: C.H.Beck.

O'Brien, Denis Patrick. 1994. *Foundations of Monetary Economics, Vol. IV – The Currency School, Vol. V – The Banking School,* London: William Pickering.

O'Brien, Denis Patrick. 2007. *The Development of Monetary Economics*, Cheltenham: Edward Elgar.

OMFIF/IBM. 2019. Retail CBDCs, the next payments frontier, London: Official Monetary and Financial Institutions Forum / Costa Mesa, CA: IBM Blockchain Worldwire.

Positive Money. 2011. Bank of England Creation of Currency Bill, London: Positive Money.

Ryan-Collins, Josh / Greenham, Tony / Werner, Richard / Jackson, Andrew. 2012. *Where Does Money Come From? A guide to the UK monetary and banking system*, 2nd edition, London: New Economics Foundation.

Schemmann, Michael. 2012. Liquid Money – the Final Thing. Federal Reserve and Central Bank Accounts for Everyone, IICPA Publications.

Shiller, Robert J. 2015. *Irrational Exuberance*, revised and expanded 3rd edition, Princeton NJ: Princeton University Press.

Siekmann, Helmut. 2016. Deposit Banking and the Use of Monetary Instruments, in D.Fox/ W.Ernst (eds). *Money in the Western Legal Tradition.* Middle Ages to Bretton Woods, Oxford University Press, 489–531.

Simmel, Georg. 2004 [1900]. *Philosophy of Money*, ed. by David Frisby, London/New York: Routledge.

Skidelsky, Robert. 2018. *Money and Government: The Past and Future of Economics*, New Haven/London: Yale University Press.

Summers, Lawrence H. / Stansbury, Anna. 2019. Whither Central Banking? *Project Syndicate*, Aug 23, 2019.

Sveriges Riksbank. 2017. The Riksbank's E-Krona Project, Report 1, Stockholm, Sep 2017.

Sveriges Riksbank. 2018. The Riksbank's E-Krona Project, Report 2, Stockholm, Oct 2018.

Sveriges Riksbank. 2018b. Special issue on the e-krona, Sveriges Riksbank Economic Review, 2018:3.

Tapscott, Don / Tapscott, Alex. 2016. *Die Blockchain Revolution*, New York: Penguin Random House LLC.

Turner, Adair. 2019. Central banks have lost much of their clout. Monetary policy is no longer enough to keep the economy on track, *Financial Times*, 23 August 2019.

Wortmann, Edgar. 2019. Public depository: safe-haven and level playing field for book money, Working paper, Stichting Ons Geld, Netherlands.

Zarlenga, Stephen. 2002. *The Lost Science of Money*, Chicago/Valatie, NY: American Monetary Institute.

Capitalismo Covid-19, deuda neoliberal y la necesidad del dinero soberano[1]

Tim Di Muzio

Esta es una historia similar a la que experimentó el ingeniero británico Mayor C.H. Douglas justo antes del inicio de la Primera Guerra Mundial. Douglas trabajaba en el metro de Londres cuando sus superiores le anunciaron que no había más dinero público para continuar con la construcción. El presupuesto se había agotado y la construcción debía detenerse. Esto le pareció extraño a Douglas, dado que los materiales, el conocimiento y la fuerza laboral estaban presentes. Lo único que faltaba era el dinero. Pero, ¿por qué? Después, el 28 de julio de 1914, la Gran Guerra comenzó y súbitamente hubo dinero disponible para todos los esfuerzos de guerra necesarios. Esto provocó que el ingeniero se lanzara a indagar sobre la naturaleza del dinero y la contabilidad capitalista. La Primera Guerra Mundial fue un "momento de enseñanza" para Douglas, tal como el COVID-19 lo es para nosotros. Nos enseñará muchas cosas sobre nuestros amigos, familiares, colegas, vecinos y comunidades. Impartirá lecciones sobre la manera en que pensamos el trabajo, la salud, la educación, los sistemas de cuidado para niños y los propios estándares bajo los que exigimos cuentas al gobierno. Pero también nos enseñará algo sobre el dinero, quién lo controla y qué podemos hacer con él para promover comunidades sanas y prósperas en una época en que la fe en nuestros líderes políticos y el sistema financiero está siendo sometida a una prueba apremiante y crítica.

A medida que el COVID-19 se esparce alrededor del mundo, amenazando las operaciones "normales" del capitalismo global, los gobiernos de centro, izquierda y derecha han lanzado amplios paquetes de estímulos con el fin de estabilizar la hemorragia fiscal provocada por el cierre de negocios y el incremento del desempleo. Esta crisis se intensifica por las montañas de deuda de empresas y consumidores acumuladas durante años para mantener los hogares a flote y los negocios en funcionamiento. Como argumento junto

---

1 El autor agradece a Lewis Powell por sus comentarios críticos al borrador de este texto y a Tim Onslow por su edición y sugerencias.

con Richard H. Robbins en nuestro libro Debt as Power, el mundo, en efecto, está inundado por la deuda.

Sorprendentemente para algunos, contra todas las creencias en la "disciplina fiscal" y los llamados "presupuestos equilibrados", los gobernantes de todo el mundo han anunciado veloz y colectivamente gastos en el orden de los billones. Cuando se trata de preservar y fijar el lugar de las relaciones económicas que estructuran la sociedad (trabajador-empleado, inquilino-rentista, deudor-acreedor) parece que el dinero no es un problema en absoluto. En el presente, nadie conoce el monto total de tales gastos, aunque ciertamente exceden a los rescates que atestiguamos durante la Crisis Financiera Global de 2007-8. De hecho, el Financial Times ha llamado a esta extravagancia "la mayor oleada de préstamos en la historia", y la fiesta apenas comienza. A medida que la pandemia se profundiza y el deterioro económico se agudiza, es muy probable que sigamos viendo este tipo de medidas políticas en las semanas y meses venideros. Como el economista liberal y animador del capitalismo Milton Friedman declarara una vez a regañadientes, en medio de la crisis económica de la década de 1970: "ahora todos somos keynesianos". Recordemos que, para Keynes, el gobierno debe gastar en momentos de declive económico –particularmente en una depresión– e incrementar impuestos y generar superávits para pagar la deuda cuando la economía se está sobrecalentando. Esta parecía ser la única solución para Keynes y sus acólitos posteriores. Este pensamiento está basado en la simple idea de que durante una depresión los negocios no contratan más trabajadores, ni incrementan ni expanden su producción debido a que en el mercado hay una menor demanda de bienes y servicios. La única entidad que puede gastar durante una depresión para reestablecer la marcha de la economía y aliviar la miseria de los trabajadores es el propio Estado. Como hemos ido descubriendo una crisis capitalista tras otra, el gobierno es realmente el "último recurso".

Aunque es muy pronto para anticipar una depresión económica, sabemos que el mundo no ha visto estos niveles de rescates gubernamentales desde la Gran Crisis Financiera de 2007-8. En aquella ocasión, la mayor tajada del gasto gubernamental se dirigió a las empresas y mercados financieros, no a las clases trabajadoras, que siguieron batallando, a veces sosteniendo dos o más trabajos y aumentando su deuda para sostener un nivel de vida básico. De ahí surgió la reprimida revuelta del 99 por ciento, en el trasfondo de la Gran Crisis Financiera, que se esfumó globalmente casi tan rápidamente como surgió. Durante aquellos días Naomi Klein (véase su libro *La Doctrina del Shock*) solía citar otra observación de Friedman, según la cual "sólo una crisis –real o percibida– produce un cambio real. Cuando esa crisis acontece, las acciones que se toman dependen de ideas que flotan en el aire. Esta es, creo, nuestra función básica: desarrollar alternativas a las políticas existentes, mantenerlas vivas y disponibles hasta que lo políticamente imposible se vuelva políticamente inevitable". Después de la crisis de los años setenta en el corazón mismo del capitalismo, y de la crisis de deuda de los ochenta, los gobiernos se desembarazaron del keynesianismo para adoptar políticas más neoliberales o favorables al mercado, ya que el mercado mundial de bonos y las agencias de calificación crediticia temían que se produjeran déficits gubernamentales excesivos y aumentos en la relación entre la deuda nacional y el PIB. Esto se conoció como crisis fiscal del Estado.

Décadas más tarde, la crisis financiera mundial hizo un agujero en el tejido neoliberal y en el *laissez-faire* corporativo, pero no desacreditó suficientemente el conjunto de políticas neoliberales, como muchos predijeron. Sin duda, los gobiernos siguieron gastando más de lo que percibían como ingresos, pero todo ello bajo la mirada vigilante y potencialmente punitiva de las agencias de calificación crediticia y el mercado de bonos. Y utilizando la excusa de la deuda nacional como un arma, las poblaciones cayeron víctimas de diversas políticas de austeridad neoliberal. Actualmente, los inmensos retos que el COVID-19 plantea nos ofrecen otro momento aleccionador sobre las "ideas que flotan en el aire" y creo que en este breve comentario vale la pena discutirlas aunque sea de manera somera.

Debemos partir del reconocimiento de que, en cierta medida, los gobiernos tienen una camisa de fuerza cuando se trata de producir nuevo dinero debido a que no ejercen su soberanía en materia de creación monetaria. En primer lugar, si bien los gobiernos tienen cierto control sobre –y se benefician de– la creación de billetes y monedas, no están a cargo de la emisión de la oferta monetaria. Este papel, en su mayor parte, es desempeñado por los bancos comerciales al conceder préstamos a quienes están dispuestos a endeudarse. En las economías avanzadas, esta es la principal fuente de nuevo dinero, el cual es creado como una deuda que se le debe a los bancos comerciales. Este poder de emitir préstamos es capitalizado, pues los bancos se benefician de los intereses y las cuotas que cobran sobre el dinero que prestan. En última instancia, esto beneficia a los dueños de los bancos comerciales, quienes obtienen ganancias elevando el precio de las acciones y los dividendos. Como demostró un estudio reciente del Motivaction International and the Sustainable Finance Lab, la mayoría de las personas no está al tanto de este hecho. En este punto vale recordar que en las economías capitalistas avanzadas, más del 90 por ciento del dinero es digital –dinero que existe como registro numérico en las pantallas de las computadoras– y que la deuda y el crédito se administran bajo los principios de la contabilidad de doble entrada. A diferencia de lo que Keynes y otros han sugerido, los depósitos no son necesarios antes de que se emita un préstamo. Los préstamos crean los depósitos, no lo inverso. A mayor cantidad de préstamos solicitados por los individuos, los negocios y los gobiernos, se crea más dinero en la economía, el cual, si no es vertido a los mercados financieros, generalmente aumenta el PIB nominal. Por ejemplo, si el gobierno de cualquier país le diera a cada persona un crédito de $1,000 depositados a sus cuentas bancarias, y todas ellas lo gastaran comprando acciones de compañías, esto inflaría el valor de los activos financieros sin contribuir un ápice al PIB. Dicho simplemente, tales acciones no incrementan la producción y el consumo porque nadie está gastando el dinero en ello. La Teoría Monetaria Moderna explica este punto, pero como sus proponentes se esfuerzan en señalar, se trata primordialmente de una teoría descriptiva del dinero, y tiene menos que decir en lo concerniente a los procesos de poder (algunos dirían: la lucha de clases) que ha conducido al sistema monetario-fiscal vigente, o a las alternativas a dicho sistema (véase *Sovereign Money*, de Joseph Huber). En tanto creación histórica y humana –no algo dirigido desde lo alto por la mano de un Dios que llevara en el corazón el interés público– esto es algo que tenemos el poder de cambiar. Discutiremos esto más adelante, pero por ahora…

Lección 1

Si nadie se endeuda, nuestras economías capitalistas se contraerían severamente, pues la vasta mayoría de nuestro dinero es creada como deuda. Es por esto que las élites financieras se vieron sacudidas durante la crisis de 2008: tenían temor de que el crédito se detuviera, y el crédito es como la sangre del capitalismo global.

Pero el hecho de que nuestros gobiernos democráticos no estén en control de la producción de la vasta mayoría del nuevo dinero, trae consecuencias perversas para la mayoría de la sociedad, una contradicción inherente que se manifiesta durante crisis como la del COVID-19. Súbitamente, como si se tratara de una economía de guerra, hay dinero suficiente para prácticamente cualquier cosa, cuando meses antes de la pandemia nuestros líderes se arrodillaban ante los dioses de la disciplina fiscal y los presupuestos equilibrados –o al menos de palabra suscribían estos principios–. El principal problema con el vigente sistema fiscal-monetario es que esos estímulos resultan en el incremento masivo del déficit gubernamental y la deuda nacional, lo que más tarde puede utilizarse, una vez que la crisis inmediata termine, como un arma para neoliberalizar la economía aún más. Esto significará un regreso al mantra de la disciplina fiscal y los presupuestos equilibrados, una mayor privatización de los activos públicos y mayores cortes a los servicios públicos, entre otras políticas potencialmente dañinas. En el libro *Debt as Power*, Richard H. Robbins y yo llamamos a este proceso "nexo deuda–neoliberalismo".

Esto tiene efectos adversos en la sociedad porque el vigente sistema fiscal-monetario dicta lo siguiente: si los gobiernos quieren gastar más dinero del que ingresan a través de los impuestos, multas, cuotas y la privatización de los activos públicos, están obligados a endeudarse con una fuente externa. Y típicamente, esa fuente es el 1 por ciento de la población (véase el trabajo de Sandy Hager, reportado en el Financial Times).

¿Pero cuáles son esas fuentes externas?

Existen tres fuentes principales, pero sólo dos de ellas resultan en la creación de nuevo dinero que entra en la economía como deuda gubernamental. En primer lugar, el gobierno puede pedir dinero a los bancos comerciales a cambio de títulos de deuda (por ejemplo, Estados Unidos financia su déficit a través de notas del tesoro, billetes y bonos), pero esto está limitado a la cantidad de deuda gubernamental que los bancos desean tener. Dado que en tiempos normales estas inversiones suelen tener rendimientos más bajos que las inversiones alternativas, los directivos de los bancos limitan el monto de deuda gubernamental en sus portafolios. Así que, mientras los préstamos de los gobiernos y los bancos comerciales crean dinero nuevo (un activo para el banco, una deuda para el gobierno), existen límites a la cantidad de dinero que puede ser creado de esta manera, pues depende de la cantidad de deuda estatal que los bancos comerciales deciden tener en sus hojas de balance, y de qué tan solvente se considere a ese Estado.

Otra forma en que los gobiernos pueden pedir dinero, consiste en vender sus títulos de deuda en los mercados de capital a los inversionistas institucionales tales como los fondos de pensión, fondos de cobertura, fondos mutuos o fondos soberanos. También pueden vendérselos a individuos y compañías (si bien estos dos últimos juegan un papel menos importante). Pero aunque los inversionistas institucionales pueden comprar títulos de deuda gubernamental, lo cual engrosa las arcas del gobierno, esta práctica no crea ningún dinero nuevo, simplemente lo redistribuye –de personas que tienen ahorros hacia el gobierno–. Posteriormente, el gobierno puede poner este dinero a circular en la economía de diferentes formas. Las limitaciones que tiene el endeudamiento con los bancos comerciales y los inversionistas institucionales es la razón por la que existe una tercera forma de traer dinero nuevo a la existencia, que es la principal elección política durante las crisis económicas y financieras más severas: el banco central puede comprar deuda del gobierno.

Mientras que las dos primeras opciones están limitadas teóricamente, el respaldo del banco central para comprar deuda gubernamental no lo está. Si bien la mayoría de los bancos centrales debe mantenerse independiente del gobierno, y tiene la misión de establecer las tasas de interés y monitorear la inflación, durante los periodos de crisis como el que atravesamos, los bancos centrales pueden comprar tanta deuda gubernamental como se requiera para reforzar la economía. Básicamente, se trata de una operación digital en una hoja de balance. Tenemos la vieja idea de que los bancos centrales simplemente "imprimen dinero" (y esto puede conducir a una confusión entre la gente), pero la gran mayoría de la creación de nuevo dinero es digital –no se necesita de ninguna imprenta y debemos dejar de hablar de "encender la imprenta de dinero", pues ello constituye un vestigio del pasado–. Todo lo que el banco central tiene que hacer es aceptar los títulos de deuda del gobierno, a cambio de depositar dinero en la cuenta del gobierno, que generalmente se encuentra registrada en el banco central. El banco central, evidentemente, querrá continuar monitoreando la inflación a medida que los gobiernos gasten el dinero recién creado, mientras que la estrategia de distribución del nuevo dinero estará determinada por la política pública del Estado.

Pero las dos formas de creación de nuevo dinero –el préstamo a los gobiernos por parte de bancos comerciales o bancos centrales, y la puesta en circulación de dinero redistribuyendo el ahorro de los inversionistas institucionales– llevan al aumento de la deuda, lo que virtualmente garantiza una austeridad gubernamental proporcional más tarde: mayores impuestos, cortes en el gasto público y privatización de los activos públicos, sin mencionar la poca imaginación que existe sobre la manera en que los gobiernos pueden ser una fuerza democrática efectiva para el bien en la vida de las personas. De lo anterior se deriva la...

Lección 2

Como antes señalamos, la manera actual de organizar las finanzas del gobierno no es natural ni inevitable. En el curso de la formación del Estado-nación, ningún buen samaritano con el corazón puesto en el interés público diseñó e impuso el sistema fiscal monetario. Este sistema es producto de luchas de poder históricas y, en tanto producto histórico, puede ser transformado. Esta es la segunda lección: el vigente sistema fiscal no fue dictado del cielo por Dios; existen alternativas reales y prácticas al crecimiento de los déficits fiscales, los cuales sólo contribuirán a profundizar políticas nocivas para la salud de nuestra economía y nuestra sociedad.

Entonces, ¿cuál es la alternativa?

Si queremos evitar regresar a la austeridad neoliberal después de la crisis, debemos movilizarnos alrededor de una idea coherente. Con todo lo benéfico que fue, el movimiento Occupy Wall Street fracasó en introducir cualquier cambio sustantivo porque era, en esencia, una cacofonía de voces confusas sin una agenda política clara. El movimiento se preguntó: ¿cuál es nuestra demanda? El consenso para el cambio efectivo nunca se produjo. Y el poder ama la oposición fragmentada.

Yo argumentaría que, en la presente crisis, quienes queremos ver un mundo mejor para nuestras familias y las generaciones futuras debemos consultar la idea más progresista "flotando en el aire": el dinero soberano –una idea, debemos aclarar, que nunca fue vislumbrada ni por los keynesianos ni por los partidarios del libre mercado–. Aunque los detalles técnicos de cómo realizar este proyecto, así como los arreglos y contrapesos institucionales para establecer tal sistema, deben debatirse, en líneas generales el dinero soberano es la idea según la cual los gobiernos democráticos deben estar en control de la nueva creación monetaria, y el nuevo dinero debe ser emitido como un crédito público o dividendo basado en la productividad de la economía. Fuera de la emergencia ambiental y la pandemia del COVID-19, los mayores retos de la actualidad son la escasez de dinero público, la creación de dinero privado como deuda, y la necesidad de construir un sistema económico que funcione en beneficio de todos, no únicamente del 1 por ciento y su obsesión con sus tasas de retorno diferenciales.

Hay problemas adicionales con la contabilidad capitalista que también deben ser resueltos y de los que he escrito con Leonie Noble en *The Coming Revolution* y con Richard H. Robbins en *Debt as Power* y *Anthropology of Money*.

También vale la pena mencionar que hay mucha gente debatiendo la posibilidad del Green New Deal. Ahora que sabemos que de alguna manera u otra el gobierno siempre podrá encontrar dinero durante una crisis (y ya que, sin lugar a dudas, también estamos inmersos en una emergencia climática) los defensores del Green New Deal deben entender que, dentro del vigente andamiaje fiscal, el gasto que ese proyecto representa nos llevará a más deuda y, por lo tanto, a más austeridad en el futuro. Es por ello que todos aquellos que quieren luchar contra la emergencia climática deben también volverse defensores del dinero soberano.

Tras el surgimiento de la pandemia y las respuestas consecuentes de los gobiernos, algunos comentaristas han sugerido (con grados diferentes de ironía) que "ahora todos somos partidarios de la Teoría Monetaria Moderna". Ciertamente, la evidencia empírica continúa acumulándose a favor de esta teoría. Sin embargo, así como la declaración de Friedman sobre la victoria del keynesianismo antecedió a su sustitución por el neoliberalismo, el actual paradigma dominante y quienes más se benefician de él no cederán el poder simplemente porque sus críticos están en lo "correcto". No es suficiente ser momentáneamente reivindicado por las acciones de los gobiernos en el presente, si el desenlace resulta en otra espiral dentro del nexo deuda-neoliberalismo.

Si continuamos por el camino en el que hoy nos encontramos, es probable que veamos una intensificación de la austeridad neoliberal postcrisis, con más sufrimiento y privaciones sociales innecesarias, particularmente grave con los más vulnerables de nuestras comunidades. En lo personal, no deseo vivir en un mundo así cuando hay alternativas al vigente sistema fiscal-monetario. El momento para implementar el dinero soberano es ahora, y lucharé junto a aquellos que estén dispuestos a "oponer los brazos a este torrente de calamidades, y darles fin".[2]

2 Hamlet, III,1

Consecuencias y obstáculos internacionales en la Reforma del Dinero Soberano

Mark Young

Apoyo y defiendo la idea de que la Reforma Monetaria, tal como ha sido definida por sus proponentes, tiene el potencial de cambiar para bien la vida de las personas alrededor del mundo. Sin embargo, antes de poder considerar su implementación completa en escala nacional e internacional, hay numerosos obstáculos y consecuencias potenciales que debemos discutir. Estos obstáculos y consecuencias atañen a los posibles efectos y afectaciones sobre los sistemas de libre mercado y nuestra estructura geopolítica, instituciones y gobiernos. Los posibles efectos y soluciones que se discuten a continuación están relacionados con las implicaciones internacionales de la reforma monetaria. Otras consideraciones de índole nacional que deben resolverse antes de implementar la reforma, no son abordadas en este texto.

En última instancia, la reforma monetaria soberana no debe ser convertida en una competencia entre naciones que buscan cómo utilizar el dinero soberano para beneficiarse de los demás, tal como se utiliza hoy bajo el sistema existente, sino que debe ser una reforma que establezca un terreno parejo para todos los países y que permita a los ciudadanos de todos ellos elevar su nivel de vida, mejorar sus infraestructuras y economías nacionales y remediar males sociales de larga data de una manera justa y equitativa.

La Reforma Monetaria en un solo país

Una de las primeras preguntas que se presenta al discutir la reforma monetaria en escala internacional, es si una reforma monetaria puede implementarse en el vacío, por un solo país, manteniendo intacto el sistema de deuda que rige a los demás países. Por ejemplo, ¿podrían Canadá o México implementar una reforma monetaria por sí mismos, sin considerar cómo funcionan los sistemas monetarios de las demás naciones? La historia ha mostrado (en la Alemania de la primera posguerra, Venezuela, Zimbabue, entre otros) que esto podría provocar que otros países (particularmente Estados Unidos) y el sistema bancario internacional, actuaran para obstaculizar su creación y tomar represalias. Supongamos que Canadá, u otro país semejante, adoptara una reforma monetaria soberana que le permitiera crear dinero como un activo libre de deuda, y gastarlo en la economía, eliminando así la necesidad de transacciones mediadas por bonos gubernamentales, préstamos de cualquier tipo y/o recaudación de impuestos para financiar el gasto gubernamental.

La respuesta más probable de los demás países y el sistema bancario (el Fondo Monetario Internacional y tenedores de bonos) sería la implementación de diversas sanciones y penalizaciones contra Canadá. Estas sanciones serían semejantes a las que se han aplicado históricamente cuando otros países han comenzado a imprimir dinero para pagar sus deudas (como Alemania después de la Primera Guerra Mundial) y/o financiar los gastos del gobierno y los programas para impulsar la economía (como Zimbabue). Un ejemplo reciente se presentó cuando Zimbabue comenzó a imprimir dinero en exceso a principios de los 2000. Estados Unidos emitió una serie de órdenes ejecutivas, siendo la más reciente la E.O. 13469, que añadieron un nuevo criterio al que debieron ceñirse los funcionarios del gobierno de Zimbabue y las entidades bajo propiedad o control del gobierno. Básicamente, esto congeló los activos internacionales de Zimbabue y restringió la inversión en diversos sectores, exacerbando sus problemas económicos nacionales y asegurando un colapso económico o un cambio de políticas. Ni en el ejemplo de Zimbabue ni en el caso de Alemania, estos países dejaron de participar en el sistema de la deuda, simplemente trataron de responder a él imprimiendo dinero en beneficio de sus ciudadanos. Bajo la reforma monetaria soberana, Canadá, como gobierno, podría deslindarse completamente del sistema global fundado sobre la deuda. En mi opinión, esto provocaría una respuesta aun mayor de los otros países (particularmente los Estados Unidos) y el sistema bancario internacional, pues ello podría ser visto como un precedente a seguir por otros países y tendría el potencial de socavar el sistema bancario y monetario internacional que ha permitido la hegemonía y el control económico de las mayores economías sobre las pequeñas.

Otro experimento mental que podríamos considerar es lo que sucedería si Estados Unidos implementara primero la reforma monetaria. Dado que Estados Unidos es actualmente la mayor economía del mundo y su dólar actúa como la moneda de reserva para las transacciones globales, es probable que la respuesta de los otros países y el sistema bancario internacional fuera diferente. Si en Estados Unidos surgieran un movimiento vigoroso y una oleada de apoyo público y legislativo a la reforma monetaria, es muy probable que, incluso antes de ser implementada, esto desencadenara un efecto dominó y que otros países comenzaran a buscar cambios y legislaciones semejantes. Bajo este escenario, considero, surgirían nuevos problemas a partir de lo que podemos denominar creación competitiva de dinero soberano. Esos problemas resultantes son el centro de las cuestiones de índole internacional que este artículo trata.

¿Cómo harán las naciones para administrar el dinero creado bajo la Reforma Monetaria?

Bajo el sistema vigente, la capacidad de una nación, empresa o individuo de obtener dinero basado en la deuda, depende de su capacidad de devolver el dinero a través de la recaudación fiscal (para los gobiernos), las ganancias (para las empresas) o el ingreso (para los individuos). Todos los gobiernos, empresas e individuos son tratados como entidades orientadas hacia la ganancia, y sus ingresos deben ser iguales a sus gastos. La diferencia entre egresos e ingresos es llamada, respectivamente, ganancias o pérdidas (para las empresas), ahorro o bancarrota (para los individuos), y deuda o déficit (para los gobiernos).

Esta estructura, fundada en la deuda, refleja la columna vertebral del sistema de contabilidad bajo el que operamos. Ello permite a los gobiernos, negocios e individuos actuar dentro del sistema en el que el valor monetario puede ser verificado y conservar la confianza. Si bien este sistema es apropiado para las empresas e incluso para los individuos en cierto nivel, cuando las naciones y los gobiernos tienen que operar bajo el mismo sistema, la gente, las ciudades, los Estados y las economías sufren. Esto es así porque de las tres entidades (individuos, empresas y gobiernos), los gobiernos son los únicos que por su naturaleza funcionan sin estar orientados hacia la ganancia, pues dependen de la recaudación de impuestos y la deuda para llevar a cabo sus funciones. Las empresas y los individuos dependen del ingreso de sus clientes y los salarios de sus empleados.

El cambio fundamental que la reforma del dinero soberano provee, es que los gobiernos de los países no tendrían que operar bajo este sistema y podrían crear dinero como un activo para gastarlo en la economía en la medida que haga falta. Esta acción sería en extremo beneficiosa para una nación, sus ciudadanos y para el medioambiente en su conjunto, pero la dificultad sigue estando en que la reforma del dinero soberano, tal como es propuesta actualmente, no ofrece un sistema de vigilancia sobre el nuevo dinero creado entre naciones, de suerte que el sistema actual debe ser reemplazado por un sistema que pueda rendir cuentas y en el que se pueda confiar.

Si no existe tal sistema de rendición de cuentas, ¿qué mecanismo podría erigirse para controlar la creación monetaria de una o varias naciones, facultad que encierra un cierto peligro? Bajo la reforma del dinero soberano, si fuera aplicada internacionalmente, habría 195 naciones creando dinero según su propia conveniencia. Esto sería una práctica peligrosa considerando el nivel de competencia entre las naciones por las ventajas económicas y militares. El potencial colapso de un sistema tal debido a la creación excesiva de dinero, podría desalentar el apoyo a la reforma monetaria. Dicho brevemente, las naciones deben trabajar en conjunto para diseñar un sistema de contabilidad basado en la creación de dinero como un activo, para sustituir al sistema vigente utilizado por los gobiernos. El vigente sistema internacional de convenciones contables puede seguir siendo usado por el capitalismo de libre mercado por las empresas y los individuos.

Desarrollaré este punto mediante un ejemplo. Supongamos que cuatro países implementan la reforma del dinero soberano: Rusia, China, Estados Unidos e Irán. Elijo intencionalmente estos países debido a los intereses geopolíticos que cada uno representa y para demostrar cómo un poder monetario soberano sin contrapesos, traería consigo consecuencias no deseadas.

Tomemos primero a Rusia. Las estrategias geopolíticas de Rusia probablemente incluirían el deseo de reconquistar su estatus global de súper potencia, incrementando su influencia en Europa del este y haciendo crecer su economía para competir con Alemania, China y Estados Unidos. No es difícil imaginar que para alcanzar estos objetivos, podría multiplicar por diez su presupuesto militar, utilizando dinero soberano, hasta equiparar su gasto militar al de Estados Unidos. Adicionalmente, es probable que utilice dinero soberano de diversas formas (justas o no) para incrementar su influencia en la región, fortalecer su economía y consolidar la dictadura de Putin.

Las estrategias de China incluirían convertirse en la mayor economía del mundo, incrementando su porción en la producción global de bienes vendidos en el mercado y manteniendo el mando del partido único comunista y su influencia sobre la sociedad y la industria. China podría subsidiar sus industrias, de las cuales ya posee un 30 por ciento, utilizando dinero soberano para pagar los salarios de los empleados de las fábricas del país, permitiendo así a las compañías Chinas bajar sus precios en el mercado global para incrementar su tajada en el comercio global. En el plano político, podría utilizar dinero soberano para ampliar el estado policial, comprar la obediencia y sofocar los movimientos democráticos.

Seguramente Irán querría mantener su teocracia, respaldar a su economía sancionada, incrementar su influencia en Medio Oriente y fortalecer a su ejército para contrarrestar las agresiones reales y percibidas de Israel y Estados Unidos. Irán, así, podría utilizar el dinero soberano para aumentar sustancialmente el gasto militar y económico, mientras que al mismo tiempo incrementaría el financiamiento hacia actores no nacionales que trabajaran para desestabilizar a los gobiernos de sus enemigos de la región y de Israel. Finalmente, Estados Unidos intentaría mantenerse como el país con el mayor ejército, la mayor economía, y como la única superpotencia en el mundo. No es difícil vislumbrar que Estados Unidos respondería a las estrategias geopolíticas de estas y otras naciones similares, haciendo lo propio con su gasto militar, implementando tarifas y sanciones a China y otros países para combatirlos económicamente, y posiblemente tomando acción militar para neutralizar amenazas futuras percibidas.

Las demás naciones tendrían sus propios objetivos y estrategias geopolíticos y empujarían la creación soberana de dinero hacia la competencia entre naciones, en vez de cumplir el objetivo de crear soluciones que beneficien a la humanidad. Sin restricciones, reglas ni límites a la creación soberana de dinero, no hay razón para creer que una nación no utilice este poder para cumplir sus objetivos geopolíticos. Esta cuestión resultaría en una nueva carrera armamentística sin límite, en el desvanecimiento de la frontera entre las naciones y su sector privado debido al subsidio de las industrias para el beneficio competitivo o para el clientelismo, y el gasto del dinero soberano para el aplastamiento de las posturas y los movimientos democráticos.

Actualmente, las naciones no pueden arbitrariamente pedir prestado o gastar dinero sin límites, pues actúan dentro del sistema de pesos y contrapesos que ofrece el sistema monetario basado en la deuda. Así que la aceptación de un nuevo sistema de pesos y contrapesos que beneficie a las naciones y sus ciudadanos mucho más que el sistema vigente, es una exigencia razonable.

El uso nacional del dinero soberano

La pregunta de cuánto dinero soberano puede crear una nación, nos lleva a la siguiente cuestión: para qué puede o debe ser utilizado –y de manera más importante: para qué no debe ser utilizado–. Evidentemente, puede ser utilizado para cualquier cosa, pero la cuestión es establecer la mejor forma de proceder considerando las posibles consecuencias señaladas anteriormente. Surgen dos preguntas principales. Primero, ¿debe el dinero soberano libre de deuda ser utilizado para subsidiar empresas orientadas a la obtención de ganancias, lo que podría resultar en una injusta manipulación de la libre competencia? En segundo lugar: ¿el poder soberano de creación monetaria debe ser utilizado para el gasto militar, lo que podría resultar en una carrera armamentista y en el crecimiento exponencial del complejo industrial militar? Si las naciones simplemente acordaran no utilizar el dinero soberano para la manipulación de las empresas con fines de lucro o para el gasto militar, estas consecuencias podrían evitarse.

Las cuestiones relativas a la manera en que el dinero será controlado y cómo será utilizado, actualmente no están siendo consideradas o debatidas en nuestras conversaciones sobre la reforma monetaria, pero debemos plantearlas si es que queremos estar preparados para la oposición que seguramente surgirá. Estos problemas no son insolubles, y nuestro trabajo como defensores de la reforma monetaria es explorar las soluciones en anticipación de los probables argumentos contra nuestras propuestas. Una solución obvia al problema del monto de dinero soberano y su utilización en una nación, consistiría en utilizar una fórmula consensuada, basada en datos como la población y el crecimiento esperado, el estándar de vida mínimo, la infraestructura capitalista y pública, entre otros muchos datos. Una fórmula podría establecer un sistema justo para el control de la creación de dinero soberano, permitiendo a la nación satisfacer las necesidades básicas de la población, eliminar la necesidad de endeudarse con los bancos y otras naciones, permitir a las naciones apoyar el crecimiento de las industrias capitalistas que compiten en el mercado y asegurar que se alcancen los objetivos de empleo y nivel de vida.

El papel de la ONU en la reforma monetaria

En última instancia, las Naciones Unidas tal vez sean el mejor lugar para el diseño y la eventual implementación de la reforma monetaria, por varias razones. En primer lugar, nuestro sistema monetario es global por naturaleza, y los problemas globales requieren soluciones globales. En segundo lugar, es el único organismo global que hoy integra a 195 naciones como miembros o países reconocidos. En tercer lugar, en el pasado la ONU ha alcanzado acuerdos globales similares, los cuales han requerido de negociaciones entre varios países para alcanzar consensos o tratados, como las convenciones ambientales o de derechos humanos, o como los acuerdos para el control nuclear. Si estos acuerdos son introducidos apropiadamente, y si son respaldados por los poderes mayores, las naciones podrían trabajar conjuntamente y llegar a un consenso sobre los mejores usos de la reforma monetaria y acordar la implementación de reformas del mismo espíritu. La utilización de las Naciones Unidas también ofrecería un marco general a –y volvería más factible– una gran negociación política entre naciones para enfrentar el problema de la recaudación fiscal, los salarios vitales, el ingreso universal básico, el pleno empleo y muchos otros asuntos de importancia.

Este artículo no se ha propuesto ofrecer las soluciones definitivas a las preguntas y dificultades enlistadas, sino simplemente ofrecer una aproximación teórica útil para una discusión posterior entre los defensores de la reforma monetaria. Eventualmente, las naciones tendrán que enfrentar estos problemas, en conjunto y separadamente, si aspiran a que la reforma monetaria sea exitosa, y por la simple razón de que quienes se oponen a ella utilizarán estos argumentos para desalentar el cambio, alertar sobre un colapso económico y resaltar las posibles consecuencias negativas de la reforma monetaria.

Una solución viable a la crisis económica

Robert Poteat

El 23 de diciembre de 2013 se cumplió el centésimo aniversario de la firma de la Ley de la Reserva Federal. Esta ley es, presumiblemente, el mayor ataque contra la humanidad de la historia. Es la culminación de siglos de corrupción política, financiera, intelectual y moral. La corrupción sólo ha aumentado en los cien años de historia del Sistema Bancario de la Reserva Federal. El propósito declarado de esta ley: establecer la creación de los Bancos de la Reserva Federal, proveer una moneda elástica, ofrecer medios para redescontar papel comercial, establecer una supervisión más efectiva sobre los bancos en Estados Unidos, entre otros objetivos. Esta ley confirió el poder y el privilegio de crear la oferta monetaria a un cártel de bancos privados, el Sistema Bancario de la Reserva Federal. Sin embargo, ese poder está asegurado y reservado para el Congreso de los Estados Unidos en el Artículo I, Sección 8, Cláusula 5, de la Constitución de los Estados Unidos.

Esta ley, en efecto, estableció los Bancos de la Reserva Federal. Si la "moneda elástica" es un eufemismo para la inflación, el sistema ha cumplido su propósito. Ciertamente, el sistema redescuenta el papel moneda en beneficio del sistema monopólico y en perjuicio de los ciudadanos. Desde la aprobación de la reforma, hemos tenido diecinueve recesiones, incluyendo dos depresiones mayores, demostrando que la supervisión bancaria es una farsa trágica. ¿Quién conoce el significado de la vaga frase "entre otros objetivos" contenida en la ley? Posteriormente la ley fue enmendada para incluir el requerimiento de la conservación del empleo. Esto también se ha convertido en un catálogo de fallas del sistema. El fracaso del Sistema de la Reserva Federal es oscurecido por la corrupción políticamente manipulada de las estadísticas sobre el desempleo.

El sistema crea la oferta monetaria de la nación mediante la creación de deuda. La deuda es llamada eufemísticamente crédito. En todo caso, crédito y deuda son lo mismo. Esto se hace mediante trucos de contabilidad llamados a menudo expansión de depósitos de reserva fraccional.[1] Este poder de emisión de deuda utilizada como dinero, confiere al cártel de bancos privados el poder sobre el resto de la sociedad no sólo porque determina cuánta deuda es puesta en circulación y retirada como dinero, sino porque da al cártel el poder de determinar quién obtiene dinero y para qué propósitos. La guerra tiene preferencia sobre la infraestructura física y sobre la infraestructura humana tal como la educación y la salud.

La ley fue aprobada justo antes de que Estados Unidos entrara a la Segunda Guerra Mundial. La guerra fue financiada mediante el crédito bancario, causando el mayor incremento de deuda nacional hasta ese momento. Desde entonces, la deuda nacional se ha expandido exponencialmente y ha sido utilizada como un poder para concentrar la riqueza en manos privadas que controlan el gobierno, las fuentes de información, la producción y la educación. Desde la Segunda Guerra Mundial, la economía de los Estados Unidos ha sido cooptada con el fin de preparar y llevar a cabo guerras de forma casi ininterrumpida. La guerra representa un esfuerzo por obtener el control monopólico de los recursos mundiales para el imperio corporativo más violento y brutal que el mundo haya conocido.

El poder de emitir dinero fue asignado al Congreso por la Constitución. El Congreso subvirtió la democracia y la justicia cuando transfirió ese poder a los intereses privados. El Sistema de la Reserva Federal subvirtió la paz. Es responsabilidad del Congreso asumir y corregir el error que el propio Congreso cometió.

Recientemente se propuso una alternativa viable: fue presentada al 112° Congreso por el excongresista Dennis Kucinich a través de la *NEED Act* (HR 2990). De haber sido aprobada, esta ley pudo haber refrescado y estabilizado la economía de Estados Unidos, comenzando por el pago de la deuda nacional, y haciendo posible cualquier nivel de cultura humana físicamente alcanzable y socialmente aceptable, sin deuda nacional. La *NEED Act* pudo haber puesto fin al poder de los bancos privados de crear crédito utilizado como dinero y restituido al Congreso el poder de crear y poner en circulación dinero libre de deuda e interés para mantener la economía estable sin inflación ni deflación. Los bancos privados

---

[1] "Modern Money Mechanics", publicación del Banco de la Reserva Federal de Chicago. Esta publicación está desactualizada, pues las "reservas" ya no fungen como una limitación a la emisión de préstamos, pero confirma que los préstamos son creados mediante entradas en asientos contables.

retendrían el privilegio comercial de ser intermediarios monetarios, utilizando su propio dinero o el dinero depositado en ellos por inversionistas que desean sus servicios. La gente no informada cree que esta es la manera en que los bancos operan hoy.

La actual compensación de cheques, la conservación de la información estadística, la regulación bancaria y el conocimiento institucional del sistema vigente, serían desplazados hacia el Tesoro estadounidense en un nuevo departamento.

Algunas disposiciones de la *NEED Act* incluyen el fin inmediato del crecimiento de la deuda nacional, la rápida inversión en infraestructura para crear millones de puestos de trabajo, una subvención libre de impuestos a todos los ciudadanos para estimular la economía y comenzar a pagar la deuda nacional a medida que madure, con el objetivo de reducir la carga de los intereses que pesa sobre los contribuyentes.

¿Qué está esperando el Congreso? ¿Por qué toda la polarización, el estancamiento, la retórica sobre la austeridad, la captura y el recorte de los servicios humanos necesarios y deseables? Una solución real y permanente está disponible ahora mismo.

La necesidad de la Reforma Monetaria

Stephen Zarlenga

Con el tiempo, quien controla el sistema monetario controla la nación.

La reforma monetaria es el elemento clave que hace falta para que la humanidad pueda alejarse de un futuro dominado por el fraude, la guerra y la aberración, y encaminarse hacia un mundo de justicia, sustentabilidad y belleza.

El poder de crear dinero es un poder formidable –en ciertos momentos, es más fuerte que el poder ejecutivo, el legislativo y el judicial combinados–. Es la "chequera mágica" de la nación, cuyos cheques no pueden ser rechazados. Si está bajo control privado, puede ser utilizada en beneficio de los ricos. De manera más importante, determina la dirección de la sociedad al controlar hacia dónde va el dinero –lo que es financiado y lo que no–. ¿Será utilizado para construir y reparar la *infraestructura vital* –tal como presas para proteger a las mayores ciudades–, o se destinará a la especulación inmobiliaria, creando burbujas inmobiliarias? ¿Financiará industrias sustentables con buenos trabajos, o servirá para que Wall Street alimente las burbujas en los mercados? ¿Será canalizado hacia la guerra, dejando una estela de muerte, destrucción e inflación?

Así que el poder de emisión de dinero nunca debe ser separado del gobierno democráticamente electo, ni puesto en manos privadas, como sucede hoy bajo el Sistema de la Reserva Federal en Estados Unidos.

Actualmente, la mayor parte de la oferta monetaria no es creada por nuestro gobierno, sino por los bancos privados que emiten préstamos. A través del proceso de la reserva fraccional de la Reserva Federal, lo que utilizamos como dinero es emitido como deuda que rinde interés.

Nuestro sistema monetario está controlado por los bancos privados en función de sus agendas particulares, no del bien común. Nuestro gobierno tiene el poder de emitir dinero (Artículo 1, Sección 8) y gastarlo para promover el bienestar general, incluyendo la infraestructura, la educación y la salud, no para malversar el sistema monetario en favor de la especulación, como los bancos han hecho históricamente. ¡Nuestros legisladores deben reclamar ese poder ahora!

El dinero tiene valor porque personas calificadas, con recursos e infraestructura, trabajan juntas dentro de un marco social y legal que los soporta. El dinero no es una riqueza tangible por sí mismo, sino un medio de pago incondicional. Es el lubricante esencial que permite que las cosas "marchen". El dinero es un poder social abstracto basado en la ley, y cualquier cosa que el gobierno acepte como pago de impuestos será dinero. El valor del dinero no es creado por las corporaciones que actualmente lo controlan.

Desafortunadamente, la experiencia del ser humano con la creación privada de dinero ha sido, indudablemente, una larga historia de fraude, mala administración e incluso crímenes.

La creación privada de dinero a través de la contabilidad de la reserva fraccional, ha impulsado una concentración de riqueza sin precedentes, lo cual destruye el proceso democrático y en última instancia promueve el imperialismo. El 1 por ciento de la población estadounidense está en posesión del 40 por ciento de la riqueza, y recibe el 24 por ciento del ingreso, mientras la infraestructura vital es ignorada. La American Society of Civil Engineers (ASCE), ofrece una calificación de *D* a nuestra infraestructura, y estima que se necesitan 2.2 billones de dólares para llevarla a niveles aceptables. *Este solo hecho demuestra que el sistema monetario dominante en el mundo es un fracaso mayor y que clama por la reforma monetaria.*

Las reparaciones a la infraestructura crearían empleos de calidad a lo largo y ancho de la nación. En vez de pedir prestado o subir impuestos, el gobierno puede directamente crear y gastar el dinero necesario, sin generar inflación y resolviendo el problema del desempleo.

La reforma monetaria está conformada por tres partes que deben ser puestas en marcha de manera conjunta. Una o dos de ellas no serán suficientes, y podrían incluso causar más daño a la situación monetaria.

Primero, incorporar el Sistema de la Reserva Federal al Tesoro estadounidense, de modo que todo el nuevo dinero sea creado por el gobierno como dinero, no como deuda que rinde interés, y sea puesto en circulación para promover el bienestar general, monitoreado por una nueva autoridad monetaria de tal manera que ello no tenga efectos inflacionarios ni deflacionarios.

Segundo, cancelar el privilegio de creación monetaria que tienen los bancos, poniendo fin al sistema de reserva fraccional, siguiendo un camino amigable y elegante: todo el crédito privado monetarizado del pasado se convierte en dinero del gobierno estadounidense y los bancos son responsables de llevar a cabo esta conversión. Posteriormente los bancos actuarán como intermediarios, aceptando ahorros como depósitos y prestándolos a los deudores –precisamente lo que la gente cree que los bancos hacen hoy.

Tercero, gastar el nuevo dinero en la construcción de infraestructura moderna, incluyendo educación y servicios de salud, comenzando por los 2.2 billones de dólares que la ASCE estima necesarios para la infraestructura durante los próximos 5 años, *creando así buenos empleos en todo el país*.

El falso espectro de la inflación suele blandirse en contra de cualquier sugerencia de que el gobierno cumpla su responsabilidad en la provisión de la oferta monetaria de la nación. Esta es la reacción espontánea, resultado de siglos de propaganda antigubernamental. El gobierno tiene un historial muy superior emitiendo dinero al de los banqueros privados. La inflación se evita porque durante este proceso se crea riqueza material.

¡Nuestra gran tarea es reclamar el poder monetario del gobierno y asegurarlo dentro de nuestro sistema de pesos y contrapesos!

¡La historia muestra que, con el tiempo, quien controla el poder monetario controla la nación! Tanto poder en manos privadas es inaceptable y contrario a nuestro sistema constitucional. ¡Es momento de reclamar ese poder e implementar las soluciones largamente conocidas al problema monetario![1]

---

1 El 21 de septiembre de 2011, los congresistas Dennis Kucinich (Cleveland, Ohio) y John Conyers (Detroit, Michigan) presentaron un proyecto de ley que cumple todas las reformas monetarias de la Ley Monetaria Estadounidense.

El vínculo entre la justicia social y la reforma monetaria

Nick Egnatz

La justicia social es la lucha por hacer que una sociedad funcione para la vasta mayoría de las personas. La comprehensiva reforma monetaria contenida en la *National Emergency Employment Defense Act* (en adelante *NEED Act*) es el primer paso necesario para el avance en esta lucha. Los diez puntos que se enlistan a continuación contienen las principales cuestiones sociales mediante las cuales procuraré vincular la justicia social a la reforma monetaria:

1. ¿Cómo terminar con la guerra, el militarismo y el imperialismo? La principal causa de la guerra, el militarismo y el imperialismo es la ganancia que estas empresas le reportan a un puñado de personas. Pero el punto de partida de ello se encuentra en el hecho de que los bancos están facultados a crear su propia oferta monetaria "de la nada" mediante la concesión de préstamos y haciéndonos pagar intereses por este privilegio. Los bancos están contentos de crear y prestar dinero a nuestro gobierno para el militarismo, la guerra y el imperialismo. Esto enriquece a los bancos y crea un vínculo entre bancos y gobierno para hacer todo lo que sea necesario con el fin de mantenerse en el poder. La reforma monetaria contenida en la *NEED Act*, pone un alto definitivo a la creación de dinero de los bancos.

2. ¿Cómo transitar hacia las energías limpias y renovables? Permitir a los bancos crear nuestro dinero, significa que ellos determinan con qué fines es creado. La preferencia de los banqueros ha sido y siempre será crear dinero para la guerra, la especulación y las burbujas especulativas, dado que históricamente esto les ha reportado inmensas ganancias. La *NEED Act* pone el poder de crear dinero –dinero libre de deuda– en un gobierno elegido. Nosotros, los ciudadanos, tendremos entonces el poder de presionar para que nuestros representantes legislativos utilicen esos fondos para llevar a cabo la transición hacia energías limpias y sustentables. Evidentemente, el hacer que nuestros representantes rindan

cuentas más claras a la gente no será una tarea fácil. Pero sin una reforma monetaria, será una tarea imposible.

3. ¿Cómo crear millones de trabajos bien pagados? La *NEED Act* hace un llamado a nuestro gobierno a reconstruir completamente la debilitada infraestructura del país, como señaló el reporte de la Sociedad Americana de Ingenieros Civiles sobre la infraestructura (ASCE, por sus siglas en inglés).[1] El reporte de 2013 de la ASCE propone gastar 3.6 billones de dólares para el año 2020. Además de actualizar la infraestructura al siglo XXI, esto generaría 10 millones de trabajos nuevos y bien pagados.[2]

4. ¿Cómo asegurar que los estadounidenses reciban un salario que les permita cubrir sus necesidades básicas sin que los empleados se vean despedidos? Nadie desea que los negocios cierren. Una lectura cuidadosa de la *NEED Act* muestra que ésta está comprometida con el respaldo a los pequeños negocios. Sin embargo, hay algo estructuralmente roto en una sociedad que facilita la acumulación masiva de riqueza en la parte más alta de la sociedad, mientras que los sectores medios y bajos son cada vez menos capaces de llegar a fin de mes. Una posible solución prevista por la *NEED Act* consistiría en hacer del salario mínimo un salario mínimo vital (15 USD). Para aquellos empleados cuyos reportes financieros y de impuestos demuestren que no pueden pagar el nuevo salario de subsistencia, el gobierno federal utilizaría dinero recién creado para saldar la diferencia, hasta que sean capaces de pagar el salario sin una ayuda federal. Podría introducirse una excepción para los trabajadores adolescentes y jóvenes, cuyo ingreso no contribuye al sustento familiar, pagándoles un porcentaje del salario mínimo vital e incrementándolo cada año.

5. ¿Cómo rescatar a los ciudadanos más abrumados por la recesión/depresión que hoy alcanza su sexto año? En 2008, cuando

---

1 American Society of Civil Engineers, 2013 Infrastructure Report Card, disponible en: http://www.infrastructurereportcard.org/

2 La *NEED Act* se refiere al ya anticuado ASCE Report Card de 2009, según el cual se habrían creado 7 millones de trabajos. American Monetary Institute, Fact Sheet on Infrastructure Job Numbers, http://www.monetary. org/wp-content/uploads/2011/10/revised-Fact-Sheet-plus-Job-Numbers-for-NEED1.pdf

los mercados financieros de Wall Street colapsaron, como resultado de la creación de instrumentos financieros exóticos y fraudulentos por parte de los bancos y otras instituciones, estos mismos bancos e instituciones fueron recompensados con un rescate público de 750 mil millones de dólares y un segundo rescate secreto de 16 billones en préstamos de la Reserva Federal a una tasa de interés de cero o casi cero. Todo esto mientras estaban funcionalmente en bancarrota.[3] La *NEED Act*, por el contrario, proveería un rescate o dividendo ciudadano que podría ascender a 10,000 dólares para todos y cada uno de nosotros, permitiendo así que el pueblo, devastado por la creación bancaria de dinero bajo la forma de deuda, comience a recuperar su estabilidad financiera.

6. ¿Cómo ayudar a los pequeños negocios en problemas a crecer y prosperar? Rescatar a las personas mediante un Dividendo Ciudadano, inmediatamente daría a los pequeños negocios algo que necesitan desesperadamente. Ciertamente, lo que no necesitan son más préstamos impagables. Necesitan que la gente tenga más dinero en sus bolsillos para consumir los bienes y los servicios que proveen. La *NEED Act* satisfaría esta necesidad a través del Dividendo Ciudadano y la creación masiva de trabajos en infraestructura.

7. ¿Cómo resolver la crisis de los jóvenes estadounidenses que ingresan a un mercado de trabajo desolador y cargando una deuda estudiantil de 1.2 billones de dólares? ¿Es responsabilidad de la sociedad educar a su juventud? La *NEED Act* ofrece el vehículo para pagar la implementación de este principio, proponiendo la incorporación del Sistema de la Reserva Federal a nuestro gobierno, pues actualmente ésta es por completo propiedad de los bancos nacionales privados –si bien declara tener cierta autonomía de ellos dado que la Junta de Gobernadores es designada por el presidente–. Cuando el Sistema de la Reserva Federal sea federalizado conforme a la *NEED Act*, sus fondos pertenecerán a la gente y serán repartidos entre ella. Con estos fondos podría financiarse el Dividendo Ciudadano de 10,000

---

3 "The Fed's $16 Trillion Bailouts Under-Reported", *Forbes*, 20 de septiembre de 2011.

dólares además de la deuda estudiantil.[4]

8. ¿Cómo pagar por un sistema de salud integral nacional? Nuevamente, la *NEED Act* ofrece un vehículo para financiar un sistema de salud universal, integral y que no excluya a nadie. Estados Unidos es el único país industrializado que no cuenta con un sistema semejante. El gasto total de los estadounidenses en salud es aproximadamente el doble del de aquellas naciones que tienen un verdadero sistema de salud universal. La Commonwealth Fund, utiliza estadísticas de la Organización Mundial de la Salud y la Organización para la Cooperación Económica y el Desarrollo (OCDE) para calificar los sistemas de salud de once países industrializados. Estados Unidos ocupa el último lugar en la calificación general y en las siguientes categorías: acceso en relación al costo, eficiencia, equidad y vida saludable. Incluso en el rubro de "calidad general de la atención", Estados Unidos apenas alcanza el quinto lugar.[5]

9. ¿Cómo podemos construir una nación más democrática? La *NEED Act* democratiza nuestro dinero y lo convierte en una herramienta al servicio de las personas, no de los bancos. A medida que las personas se liberen de la deuda, naturalmente gravitarán hacia un compromiso político más democrático para proteger este nuevo nivel de libertad para ellas mismas, sus hijos y sus nietos.

10. ¿Cómo pagaremos nuestra deuda, la federal y la personal? Bajo el vigente sistema monetario, no hay forma de pagar la deuda federal. Bajo la propuesta de la *NEED Act*, será pagada con dinero nacional creado conforme sea necesario. El Dividendo Ciudadano y los 10 millones de trabajos bien pagados, la resolución de la crisis de los préstamos estudiantiles y el fin de la creación monetaria por parte de los bancos, permitirán a

---

4 American Monetary Institute, Jamie Walton, "The Fed, Student Debt and How to Fund a Student Jubilee", https://groups.google.com/forum/#!topic/the-american-monetary-institute/UamBnmGTJog

5 The Commonwealth Fund, "Mirror, Mirror on the Wall, 2014 Update: How the US Healthcare System Compares Internationally", https://www.commonwealthfund.org/publications/fund-reports/2014/jun/mirror-mirror-wall-2014-update-how-us-health-care-system

nuestra gente salir de la deuda personal y volverse financieramente estable.

> *Quien controla el volumen del dinero en un país es el amo
> absoluto de toda la industria y el comercio, y cuando te das
> cuenta de que todo el sistema es controlado fácilmente, de
> una manera u otra, por un puñado de hombres sumamente
> poderosos en la cumbre, no necesitas que te expliquen cómo
> se originan los periodos de inflación y depresión.*

James Garfield. Presidente de los Estados Unidos en 1881
y congresista por Ohio.

Más específicamente, la *NEED Act* llama a la implementación
de la propuesta de la ASCE sobre la infraestructura; el pago del Dividendo Ciudadano en un monto por determinar; la asignación del
25 por ciento del dinero creado libre de deuda a los gobiernos de
los estados más vulnerados; y la provisión del financiamiento libre
de intereses a los gobiernos locales para su utilización en escue-
las, drenaje, caminos, bibliotecas, etcétera. En términos generales,
propone dirigir el gasto de dinero al servicio de salud, educación,
la estabilización del sistema de seguridad social y de pensiones, y
promover el bienestar general. Será tarea de los ciudadanos estadounidenses exigir a nuestros representantes electos utilizar nuestro dinero para estos y otros programas sociales relevantes, que
transformen nuestro país en el "sueño americano", no la pesadilla
estadounidense en la que se ha convertido para tantos.

Nuestro sistema monetario actual, basado en la creación de dinero como deuda, no es capaz de ofrecer solución alguna en ninguna de las áreas enlistadas. Quienes están en la cima de la cadena
alimenticia del *dinero-deuda creado por los bancos*, vociferarán
que la reconstrucción del país, la generación de trabajos y la provisión de salud pública, etc., crearán inflación. Por favor permítase
leer todo el artículo antes de dejarse influenciar por esta propaganda interesada.

Dudo que el Papa Francisco tenga algún conocimiento de la
historia monetaria y sus reformas. Pero si lo tuviera –y según sus
declaraciones sobre la necesidad de atajar las causas estructurales
de la desigualdad– es seguro que apoyaría las amplias reformas
contenidas en la *NEED Act*: "Mientras los problemas de los pobres
no se resuelvan de manera radical mediante el rechazo de la auto-

nomía absoluta de los mercados y la especulación financiera, y atacando las causas estructurales de la desigualdad, no encontraremos ninguna solución a los problemas del mundo ni de ningún tipo."[6]

¿En realidad los bancos crean dinero de la nada cuando conceden créditos?

Sí y no. Intentaré explicarme. En la décima Conferencia Anual del Instituto Monetario Estadounidense, la discusión partió sobre la cuestión de si los bancos crean dinero o no cuando emiten un préstamo. Los defensores de la reforma monetaria afirman que sí mientras que banqueros y economistas dicen que no. En cierto grado, ambas aseveraciones son verdaderas. La primera de ellas es técnicamente incorrecta, pero de hecho ofrece una imagen de la realidad más acertada que la tesis de los banqueros, según la cual los bancos no crean dinero, que es técnicamente correcta pero cuyo propósito es mistificar la realidad.

Durante la conferencia, el director de dicho instituto, Stephan Zarlenga, jugó el papel de Alejandro Magno resolviendo el nudo gordiano con un planteamiento que llegó al corazón de esta cuestión: "Los bancos no crean dinero. Crean, cuando conceden un crédito, lo que nosotros utilizamos como dinero."[7]

Lo que nosotros utilizamos como dinero no es dinero real, aunque así lo llamemos. Casi la totalidad de lo que utilizamos en Estados Unidos como dinero, es *dinero-deuda creado por bancos cada vez que conceden un crédito*, y que se extingue en el éter de la atmósfera cuando ese préstamo es reembolsado, salvo por los intereses, que van a parar al bolsillo de los bancos. Para hacer esto, un banco simplemente realiza dos registros contables, un crédito y una deuda que se compensan entre sí. El préstamo es concedido y el dinero es creado como por arte de magia. A medida que la deuda es reembolsada, las cuentas se reducen y, con el pago final, todo el dinero creado se extingue.

No acepte ciegamente mi palabra. En cambio, atienda a lo que el Banco de Inglaterra dijo recientemente a propósito de la creación

---

6 Information Clearing House, Reuters, "Pope Francis Calls Unfettered Capitalism 'Tyranny'", http://www.informationclearinghouse.info/article36971.htm

7 American Monetary Institute, 2013, Conference on Monetary Reform.

monetaria. Sí, el Banco de Inglaterra (BoE), fundado en 1694, el banco central del Reino Unido y un modelo conforme al cual se han construido la mayoría de los bancos centrales, incluida la Reserva Federal estadounidense. En el primer boletín trimestral de 2014, el BoE publicó un importante y revelador artículo titulado "La creación monetaria en la economía moderna", explicando que "la mayoría del dinero en la economía moderna es creado por bancos comerciales mediante la emisión de préstamos..." El artículo explícitamente reconoció lo siguiente:

> *Cuando un banco concede un préstamo, simultáneamente crea un depósito correspondiente en la cuenta del banco del deudor, creando así nuevo dinero.* Actualmente, la realidad de cómo se crea el dinero difiere de la descripción que se encuentra en algunos libros de texto. En vez de que los bancos reciban depósitos cuando los hogares ahorran para, posteriormente, prestar ese dinero, los préstamos bancarios crean los depósitos.[8] (Énfasis en el original).

Aunque generalmente resulta chocante, esta comprensión del crédito bancario no es nueva, como se hace claro en esta cita de Robert B. Anderson, secretario del Tesoro bajo la presidencia de Dwight D. Eisenhower:

> Cuando un banco concede un préstamo, simplemente abona en la cuenta del deudor un monto equivalente al préstamo. El dinero no es tomado de los depósitos de nadie más, y no fue previamente cedido al banco por nadie. Es dinero nuevo, creado por el banco para uso del deudor.[9]

Ahora bien, sólo se crea un monto de dinero equivalente al principal del préstamo, pero no hay creación monetaria para los intereses que debemos pagar. A medida que estos intereses se multiplican con los años, simplemente no hay dinero suficiente para pagar *tanto* el monto creado con la emisión del principal, *como* el monto de los intereses (pues este último no es creado junto con el préstamo). En efecto, dentro de este sistema nadie puede salir de la deuda

---

8 Bank of England, Quarterly Bulletin, 2014 Q1, "Money Creation in the Modern Economy", http://www.bankofengland.co.uk/publications/Documents/quarterlybulletin/2014/qb14q1prereleasemoneycreation.pdf

9 Create Real Democracy, "Monetary History Calendar"

sin que alguien más, en otro sitio, se endeude. ¿Esto es cierto? Sí, el deudor original sólo puede reembolsar su deuda utilizando el dinero-deuda existente, obteniéndolo bajo la forma de un salario o de alguna otra forma. Pero para que este dinero exista, debe ser creado por alguien más, en algún otro lugar, mediante la solicitud de un crédito, es decir, endeudándose. ¿Ahora se entiende por qué somos una sociedad tan endeudada en todos los niveles, individual, federal, estatal y local?

> *Así, nuestro medio de circulación nacional está ahora a merced de los créditos bancarios, quienes no prestan dinero, sino promesas de entregar dinero que no poseen.*
>
> Irving Fisher, Economista de la Universidad de Yale y defensor del Plan Chicago

Los banqueros y los economistas argumentarán que permitir a los bancos crear dinero mediante deuda/crédito, permite que nuestra economía funcione y se expanda durante las épocas de bonanza, y que cancelar esta práctica detendría nuestra economía.

Para responder a este argumento, basta con echar un vistazo a los pobres resultados de la creación monetaria bajo la forma de deuda. Pero antes, atendamos a lo que tiene que decir sobre el tema un miembro líder de la aristocracia financiera. Las siguientes declaraciones no pertenecen a una conversación al calor de los tragos en algún bar, sino a un discurso formal en la prestigiosa Escuela de Economía de Estocolmo. John Adair Turner (Barón de Ecchinswell) es un empresario británico, académico y miembro del Comité de Política Financiera del Reino Unido, y fue Director de la Agencia de Servicios Financieros hasta su abolición en marzo de 2013. También es exdirector de la Comisión de Pensiones y del Comité sobre el Cambio Climático. En una entrevista concedida a Stephen Sackur, de la BBC, se definió como un "tecnócrata".

La conferencia del barón Turner, presentada en videoconferencia en septiembre de 2013, se tituló "Crédito, dinero y apalancamiento: lo que Wicksell, Hayek y Fisher supieron y la macroeconomía moderna olvidó". En ella hizo algunas observaciones remarcables:

- 7:00 "La contracara de la creación de poder adquisitivo mediante la creación de crédito y dinero, es que, a partir de allí, se crea un conjunto continuo de contratos de deuda."

- 8:35 "El financiamiento de la inversión se ha convertido en una pequeña parte de lo que hace la 'banca en la sombra' [*shadow banking*]".

- 14:00, "Creo que es razonable afirmar que tanto en los libros de texto de licenciatura, como en los estudios de economía avanzados y la ortodoxia de la banca central, hemos tendido a trabajar con una forma de entender el proceso de creación de crédito que simplemente no es verdadero".

- 14:30 "*Los supuestos de los libros de texto.* Me parece justo decir que los supuestos que estos libros hacen son, para decirlo muy simplificadamente, dramáticos y equivocados. Tienden a asumir que *lo que hacen los bancos es tomar los depósitos de los hogares para prestarlos a quienes piden préstamos. Esto pasa por alto el reconocimiento de que los bancos crean crédito y dinero y poder de compra.* Los libros sostienen esto, y durante los últimos meses he leído un buen número de libros de texto para corroborarlo. Tienden a decir, además, que lo que los bancos hacen con ese dinero es prestarlo a los negocios para financiar proyectos cuya rentabilidad es mayor a la tasa de interés. *Esto es ignorar casi por completo el hecho de que la mayor parte de la extensión del crédito no se destina al financiamiento de proyectos comerciales de inversión de capital*".[10] [11]

Si el crédito bancario ya no financia proyectos de inversión de capital para la economía real, ¿qué está financiando? No se necesita ser un genio ni un miembro del establishment económico para saber que el crédito bancario o la creación monetaria financia las guerras, las burbujas y la especulación para los ricos, y la deuda para el otro 99 por ciento de la población. Y no olvidemos que Turner

---

10 Adair Turner "Money, Credit and Prices..." Part 3, https://www.youtube.com/watch?v=XoHs7vCdl3E. Énfasis añadidos. Las indicaciones del tiempo se refieren a los momentos de cada referencia en la grabación.

11 Adair Turner, "Credit, Money and Leverage: What Whicksell, Hayek and Fisher Knew and Modern Macroeconomics Forgot". Universidad de Princeton. http://www.princeton.edu/jrc/events_archive/repository/credit_money_turner/Credit_Money_Leverage.pdf

reconoce con franqueza que los libros de texto nos han estado mintiendo acerca del proceso de creación monetaria.

Es correcta la afirmación de que si simplemente detenemos la creación de dinero-deuda, sólo se generará estancamiento económico, ya que si los préstamos son reembolsados y no se emiten nuevos préstamos, la oferta de aquello que utilizamos como dinero se reducirá a casi nada. Pero si se detiene la creación de dinero-deuda, reemplazándolo por dinero nacional, creado libre de deuda y gastado para satisfacer las necesidades de la nación y su gente, será posible que la economía y las personas florecieran. Esto nos lleva a la legislación presentada al Congreso por el representante Dennis Kucinich y apoyada por John Conyers.

La NEED Act[12]

La *NEED Act* es una reforma monetaria integral redactada por el Consejo Legislativo del Congreso como una propuesta no partidista. Las tres reformas que contiene, simples pero necesarias, son las siguientes:

- El Sistema de la Reserva Federal debe federalizarse. Se convertirá en parte de nuestro gobierno –tal como muchos ciudadanos, equivocadamente, creen que sucede en la actualidad–.

- La facultad de los bancos de crear aquello que utilizamos como dinero queda categóricamente cancelada. Los bancos no son nacionalizados, pero la creación monetaria sí. En el futuro, cuando los bancos concedan préstamos, transferirán dinero ya existente, no crearán dinero nuevo. Exactamente lo que la mayoría de los ciudadanos cree que los bancos hacen hoy.

- El nuevo dinero nacional será creado por el gobierno federal, y será puesto en circulación mediante el gasto libre de deuda (no mediante el préstamo) y para satisfacer las necesidades de la nación y las personas tal como lo determinen los representantes electos del Congreso. Deberá crearse una Comisión Monetaria encargada de determinar cuánto dinero

---

12 American Monetary Institute, *NEED Act*, National Emergency Employment Defense Act, http://www.monetary.org/wpcontent/uploads/2013/01/HR-2990.pdf

debe crearse, y de hacerlo de manera no inflacionaria y no deflacionaria.

Escuchemos a otro experto del establishment financiero, Martin Wolf, un periodista británico considerado como uno de los autores más influyentes en el campo económico. Es editor y comentarista económico en jefe para el *Financial Times*. En su columna para el FT del 24 de abril de 2014, titulada, "Retiremos a los bancos privados el poder de crear dinero", escribió:

> Imprimir billetes falsos es ilegal, pero crear dinero privado no lo es. La interdependencia entre el Estado y las empresas que pueden hacer esto es la fuente de gran parte de la inestabilidad de nuestras economías. Esto puede –y debe– ser cancelado.

Más tarde, este autor recomienda el Plan Chicago, que es la base sobre la que se construyó la *NEED Act*:

> La mayor respuesta consistiría en conceder al Estado el monopolio de la creación monetaria. Una de las propuestas más importantes en este sentido fue el Plan Chicago, propuesto en 1930 por el gran economista Irving Fisher, entre otros. Su punto central es el requerimiento de que los depósitos estén respaldados por reservas en un 100 por ciento. Fisher argumentó que esto reduciría en gran parte los ciclos económicos, pondría fin a los pánicos bancarios y reduciría drásticamente la deuda pública. Un estudio del personal del Fondo Monetario Internacional, publicado en 2012, señala que este plan podría funcionar.[13]

(El requerimiento de reservas al 100 por ciento significa que los bancos únicamente podrán prestar dinero que ya existe previamente, que es exactamente lo que la *NEED Act* sugiere.)

Si bien Wolf no menciona específicamente la *NEED Act*, su solución es retirarle a los bancos de poder de creación monetaria y permitir que los gobiernos gasten el dinero para ponerlo en circulación. Esto es lo que proponen la segunda y la tercera reforma de la *NEED Act*. La primera reforma, la nacionalización del Sistema de la Reserva Federal o, en el caso del Reino Unido, del Banco de

---

13 Martin Wolf, "Strip Private Banks of Their Power to Create Money", Financial Times, 24 de Abril de 2014. http://www.ft.com/intl/cms/s/0/7f000b18-ca44-11e3-bb92-00144feabdc0.html#axzz30U8koSRr

Inglaterra, se llevó a cabo en Reino Unido después de la Segunda Guerra Mundial.

El estudio del FMI al que se refiere Martin Wolf, fue escrito por Jaromir Benes y Michael Kumhof, *The Chicago Plan Revisited.* Tuve el privilegio de escuchar la conferencia del doctor Kumhof sobre este tema en la Conferencia Anual del American Monetary Institute de 2013, en Chicago.[14]

El dinero deuda como el resultado natural del sistema de dinero como mercancía

El vigente sistema de dinero deuda creado por los bancos, es resultado de la desinformación diseminada por los ricos durante milenios. Existe porque quienes tenían poder, oro y plata, eran capaces de utilizar su influencia para establecer que estos metales se convirtieran en dinero –el sistema monetario del dinero como mercancía–. En una etapa posterior, en la edad media, los orfebres funcionaron como banqueros tempranos, emitiendo recibos de papel a cambio del oro almacenado en sus bóvedas. Cuando estos recibos se volvieron ampliamente aceptados por otros comerciantes, quienes tenían su oro resguardado estaban contentos con lo conveniente que resultaban las notas en papel y generalmente eran reacios a cambiarlas por oro. Los orfebres/banqueros se dieron cuenta de esto y comenzaron a emitir recibos o notas en una cantidad alrededor de diez veces mayor que el valor que realmente tenían en las bóvedas. Así nació lo que después se conocería como banca de reserva fraccional –los banqueros/orfebres emitían notas intercambiables por algo (oro o plata) que de hecho no tenían.

Esta es la lógica que gobierna la creación y el control que los bancos ejercen hoy sobre lo que debemos usar como dinero. Sin embargo, bajo el actual Sistema de la Reserva Federal, no existe una reserva fraccional: los bancos crean depósitos y dinero al mismo tiempo mediante la emisión de préstamos y utilizan el Sistema de la Reserva Federal para hacerlo.

Lo que invariablemente sucedía con estos sistemas de *dinero como mercancía* es que se volvían progresivamente más y más des-

---

14 International Monetary Fund Working Paper, Jaromir Benis y Michael Kumhof, "The Chicago Plan Revisited", https://www.imf.org/external/pubs/ft/wp/2012/wp12202.pdf

iguales, con el oro y la plata concentrados en unas cuantas personas ricas o almacenados en los templos. Los antiguos reyes sumerios estaban obligados a conceder periódicamente cancelaciones de deuda conocidas como *jubileo* (el perdón de las deudas) porque las sociedades simplemente se volvían inoperantes cuando casi todos los súbditos se habían endeudado y convertido en esclavos. La antigua sociedad hebrea experimentó los mismos resultados que los sumerios, y estableció un jubileo cada 49 años, año en el que quienes se habían endeudado y convertido en esclavos, eran liberados (Levítico, 25:8–13).

Dinero por decreto de ley

En abierto contraste con los sistemas monetarios de *dinero como mercancía*, encontramos los sistemas de dinero decretado *por ley*. Roma tenía un sistema de dinero establecido por decreto, basado en barras de bronce y monedas, desde el tiempo del Rey Numa en el 716 a.c., hasta que las guerras cada vez más extendidas resultaron en la acuñación de monedas de plata para pagar a sus ejércitos en tierras extranjeras desde principios del 310 a.c. El dinero por decreto, basado en monedas de bronce, fue utilizado exclusivamente de manera doméstica hasta las Guerras Púnicas contra Cártago, que llevaron a que Roma se convirtiera, alrededor del año 212 a.c., en un sistema de *dinero como mercancía* de monedas de plata. Roma se convirtió en un poder mundial con su sistema monetario de dinero decretado por ley. Su declive coincidió con la transición hacia el sistema de *dinero como mercancía*.

Antes de que Licurgo se convirtiera en rey de Esparta, alrededor del 800 a.c., viajó por buena parte del mundo recabando ideas sobre cómo construir el sistema más justo y equitativo para sus futuros súbditos. En la isla de Creta conoció al poeta Tales, el "dador de leyes", quien regresó con él a Esparta para aconsejarlo. Licurgo, entonces, se deshizo del sistema de dinero como mercancía basado en el oro y la plata, y en su lugar instaló un sistema de *dinero por decreto* basado en discos alargados de acero que fueron llamados *pelanores* porque se parecían a ciertos postres del mismo nombre. Deliberadamente, carecían de valor fuera de su valor legal. Eran sumergidos en vinagre cuando todavía estaban calientes durante el proceso de fundición, lo que los volvía quebradizos e inútiles para cualquier cosa que no fuera la función de ser dinero. Licurgo también instituyó reformas agrarias, dividiendo la tierra más equitativamente entre los ciudadanos espartanos.

> *Es bueno que la gente de esta nación no comprenda nuestro sistema bancario y monetario, pues si lo hiciera, creo que habría una revolución antes de mañana por la mañana.*
>
> Henry Ford, Fundador de Ford Motor Company.

Esparta se convertiría en una potencia helénica durante casi 400 años bajo este sistema de dinero por decreto. Alrededor del 415 a.C., Esparta se vio más y más envuelta en guerras lejanas y regresó eventualmente al sistema de *dinero como mercancía*. Esto se logró en buena parte gracias a la conquista de tierras extranjeras y a la apropiación del oro y la plata de los vencidos, los cuales eran enviados a Esparta. Más tarde, la combinación de la guerra y el sistema de *dinero como mercancía* fue causa del declive de Esparta como gran potencia. Pero durante 400 años, tanto Esparta como Grecia crecieron y prosperaron y son ejemplos de sistemas monetarios de *dinero por decreto*.

El filósofo Aristóteles decididamente se puso del lado del *dinero por decreto* cuando hizo la famosa aseveración de que "el dinero existe no sólo por naturaleza (como oro o plata), sino por la ley". A diferencia de los economistas modernos, quienes utilizan teorías indescifrables para apoyar el vigente sistema de dinero como deuda, Aristóteles, por el contrario, confió únicamente en la evidencia empírica de lo que servía y lo que no servía.[15]

Nuestra propia historia muestra que el dinero por decreto ha funcionado muy bien.

Estados Unidos y el sistema de dinero por decreto

A través de la historia de Estados Unidos, podemos detectar claramente una búsqueda y una lucha por establecer un sistema monetario justo y equitativo. Por ejemplo, Jefferson y Madison combatieron contra el primer banco privado de los Estados Unidos; Jackson y Van Buren chocaron con el segundo banco privado; también los llamados *greenbacks*, los movimientos progresistas y, más

---

15 Stephen Zarlenga, American Monetary Institute, 2002, The Lost Science of Money.

recientemente, algunas partes del movimiento Occupy Wall Street. Desafortunadamente, hasta el presente la clase bancaria ha conseguido conservar el dinero, la influencia y la capacidad de confundir el tema lo suficiente como para retener su privilegio: la creación monetaria. Por su parte, los departamentos de contabilidad de los bancos mistifican las explicaciones en torno a sus prácticas ocultas, mientras que el 99 por ciento de la población se hunde en las arenas movedizas de la deuda y los impuestos como consecuencia de las políticas fiscales y monetarias del presente y el pasado.

Lo que justificó la entrega del poder monetario a los primeros bancos privados de Estados Unidos y a la Reserva Federal, fue que ellos emitían *dinero como mercancía*, respaldado en oro y plata que debían resguardar en sus bóvedas. Pero la realidad fue que esos bancos que Jefferson, Madison, Jackson y Van Buren combatieron, como los bancos privados y la Reserva Federal que los ciudadanos combaten hoy, siempre han creado nuestra base monetaria "de la nada", emitiendo *dinero-deuda privado*. Históricamente, esto se ha hecho mediante un proceso llamado "créditos de reserva fraccional", a través del cual los bancos han prestado más de 10 veces el dinero que mantienen como reserva. Recientemente, este proceso ha avanzado hasta el punto en que los bancos hacen préstamos primero y, después, acuden a la Reserva Federal pidiendo prestada la cantidad de fondos necesarios para respaldar ese préstamo.

Es por ello que los ciudadanos de Estados Unidos, y de países alrededor del mundo como Grecia, Chipre, España, o como los ciudadanos de Detroit o de estados como Ilinois, se están convirtiendo en deudores esclavos de una clase de banqueros privados.[16]

Veamos a continuación ejemplos exitosos del *dinero por decreto* a lo largo de nuestra historia.

El *scrip* colonial. A través de la historia, los colonizadores norteamericanos sufrieron por la falta de dinero. Recordemos que las colonias fueron creadas en beneficio del país madre y no para ofrecer un buen nivel de vida a los colonos. La ley inglesa prohibió el envío de dinero a las colonias, así como los holandeses prohibieron la acuñación de dinero en Nueva Ámsterdam (Nueva York). La actividad económica se volvió tan difícil que Massachusetts incluso

---

16 Nick Egnatz, "Occupying the *NEED Act*", American Monetary Institute: http://www.monetary.org/occupying-the-needact/2014/04

adoptó el *wampum* –moneda de curso legal de los indios– en un esfuerzo por crear un medio circulante.

Massachusetts redescubrió la ciencia del dinero en 1690, cuando emitió "notas de crédito", el primer papel moneda en el oeste. Este dinero era puesto en circulación a través del pago de los gastos coloniales. Pensilvania le siguió en 1723 con la emisión de papel moneda creado no mediante el gasto sino mediante el préstamo. Se trató de un sistema de pagos mucho más imperfecto, pero todavía efectivo para aliviar la escasez de dinero en la colonia.

Las monedas fíat del sistema colonial de *dinero por decreto* incrementaron dramáticamente el nivel de vida en las colonias, facilitaron la construcción de una infraestructura real y revirtieron el flujo de migrantes, quienes por décadas habían estado regresando a Inglaterra. El *scrip* colonial tuvo éxito en aliviar las dificultades y en fomentar un nuevo espíritu de independencia en las colonias. El Parlamento respondió con la Ley de la Moneda de 1764, que prohibió el uso de papel moneda colonial en todas las transacciones privadas e hizo la prohibición retroactiva por diez años. "Fue la aplicación de esta política lo que provocó la Revolución" observó el economista político americano Alexander Del Mar en su Historia del Dinero en América.[17]

Moneda Continental. Los *continentales* contribuyeron a ganar la independencia. El Congreso Continental autorizó 200 millones y emitió ese monto para financiar la nueva batalla de la nación por la independencia. Mucho antes de que hicieran la Revolución en realidad, habían sido difamados por los expertos como generadores de inflación. Lo que sucedió realmente fue que los británicos falsificaron miles de millones de *continentales* y eventualmente los destruyeron. No obstante, esta moneda nos sostuvo durante un período de cinco años y medio de Guerra Revolucionaria y hasta seis meses después de la última victoria. ¡Nos dieron nuestra nación!

Greenbacks. 450 millones en *greenbacks* fueron emitidos para financiar la Guerra Civil, en lugar de pagar las tasas de interés usurarias de los bancos privados. Eventualmente, fue posible cambiar los dólares por monedas de oro, pero pocas personas lo hicieron debido a que los estadounidenses preferían sus *greenbacks* creados bajo el sistema de decreto. Los *greenbacks* permitieron conservar

---

17 Alexander Del Mar, 1900, History of Money in America

la nación que los *continentales* fundaron y que el *scrip* colonial ayudó a construir.[18]

La Ley Bancaria Nacional de 1863, también conocida como Ley de la Moneda Nacional, estableció bancos nacionales colegiados con la capacidad de emitir dinero bancario respaldado por el Tesoro. Los banqueros respaldaron la Ley Bancaria como un medio para, eventualmente, reemplazar los *greenbacks* públicos y retomar el completo control privado del sistema monetario estadounidense.

Salmon P. Chase, secretario del Tesoro y senador por Ohio involucrado en la aprobación de la reforma, se arrepentiría después de su participación y afirmaría lo siguiente: "mi participación, contribuyendo a la aprobación de la Ley Bancaria Nacional, fue el mayor error de mi vida. Ha construido un monopolio que afecta todos los intereses del país. Debe ser removida. Pero antes de que esto pueda lograrse, el pueblo deberá reunirse en un lado y los bancos en otro, en una disputa que jamás hemos visto en este país."[19]

Resultados del dinero-deuda creado por el Sistema Monetario de los bancos

El vigente sistema monetario no trabaja en favor de las personas. Este sistema de dinero deuda, es beneficioso únicamente para los bancos privados y para sus dueños. Las cifras son apabullantes. De acuerdo con el Global Debt Clock, en el mundo la deuda pública asciende a 54 billones de dólares.[20] En cuanto a la deuda total de Estados Unidos, las cosas tampoco pintan bien:[21]

Deuda federal:	$17.9 billones	$56,000 p/ciudadano
Deuda estatal:	$1.2 billones	$4,000 p/ciudadano
Deuda local:	$1.9 billones	$6,000 p/ciudadano
Deuda de consumidores:	$11.68 billones	$37,000 p/ciudadano
Total:		$103,000 p/ciudadano

---

18 Zarlenga, The Lost Science of Money

19 Create Real Democracy, "Monetary History Calendar"

20 The Economist, Global Debt Clock, http://www.economist.com/content/global_debt_clock

21 US Government Debt, http://www.usgovernmentdebt.us/

Perfil de la deuda privada de consumidores y hogares[22]:

Deuda promedio a la tarjeta de crédito: $ 15,593
Deuda promedio en hipotecas: $153,184
Deuda promedio para préstamos estudiantiles: $ 32,511

Casi la mitad de los estadounidenses posee un patrimonio neto igual a cero debido a que sus deudas exceden al valor de sus activos.[23] [24]

Estas sombrías estadísticas, que crecen cada día, son el resultado directo de permitir a los bancos crear y controlar nuestro dinero-deuda. La conclusión es inescapable: el sistema monetario de dinero deuda debe ser definitivamente cancelado si es que queremos algún día mejorar la sociedad para la vasta mayoría de la gente. Dado que Estados Unidos es el líder hegemónico, tanto militar como económicamente, la reforma monetaria debe producirse primero en Estados Unidos, permitiendo a los demás países seguir el ejemplo y romper las cadenas de la deuda.

Hace más de un siglo, el escritor y reformador ruso León Tolstoi declaró esto acerca del sistema monetario basado en la deuda: "El dinero es una nueva forma de esclavitud, una forma distinguible de la antigua simplemente por el hecho de que es impersonal, no existe una relación humana entre el amo y el esclavo".[25]

El Sistema de la Reserva Federal

El centenario Sistema de la Reserva Federal no es parte de nuestro gobierno federal. Tampoco pertenece al poder legislativo, el ejecutivo ni el judicial. Está compuesto por una Junta de Gobernadores

---

22 Nerdwallet, "American Household Credit Card Debt Statistics:2014", http://www.nerdwallet.com/blog/credit-carddata/average-credit-card -debt-household/

23 Common Dreams, Paul Bucheit, "The Shocking Redistribution of Wealth in the Past Five Years", http://www.commondreams.org/views/2013/12/30/ shocking-redistribution-wealth-past-five-years

24 Economic Policy Institute, Silvia Allegretto, "The State of Working America's Wealth, 2011", http://epi.3cdn.net/2a7ccb3e9e618f0bbc_3nm6id-nax.pdf

25 Create Real Democracy, "Monetary History Calendar"

establecidos en Washington D.C. y doce Bancos de la Reserva Federal regionales (Nueva York, Boston, Filadelfia, Richmond, Cleveland, Chicago, Atlanta, St. Louis, Dallas, Minneapolis, Kansas City y San Francisco). Estos doce bancos regionales son enteramente propiedad de los bancos privados de sus distritos respectivos.

La Junta de Gobernadores se llama a sí misma "agencia del gobierno federal".[26] Sin embargo, la afirmación de que la Reserva Federal responde al mando del Gobierno Federal y los ciudadanos, sólo se basa en el hecho de que los siete miembros de la Junta de Gobernadores son nominados por el Presidente y confirmados por el Senado por periodos de catorce años. El Federal Open Market Committee (FOMC) decide la política y está compuesto por siete miembros de la Junta de Gobernadores más cinco de los doce presidentes de los Bancos de la Reserva Federal regionales, quienes sirven por periodos de un año y rotativamente. El presidente de la Reserva Federal de Nueva York no rota y siempre tiene voto. Los doce presidentes regionales participan en las discusiones de política y en las reuniones plenarias, que se realizan ocho veces al año.

> *Con el tiempo, quien controla el sistema monetario controla la nación.*
>
> Stephen Zarlenga, director del
> American Monetary Institute

Los bancos privados de Estados Unidos son dueños de los Bancos de la Reserva Federal, mientras que "la División de Supervisión y Regulación Bancaria, es responsable de la vigilancia de las compañías bancarias estadounidenses, las organizaciones extranjeras que operan en Estados Unidos y los bancos colegiados miembros del Sistema de la Rreserva Federal."[27] Así que, en esencia, los bancos se regulan a sí mismos.

Para completar este círculo vicioso, escuchemos el testimonio del senador Dick Durbin de Illinois, de Abril de 2009, cuando afirmó para una estación de radio de Chicago: "Los bancos –y esto es difícil de creer en una época en la que enfrentamos una crisis

---

26 Federal Reserve System, http://www.federalreserveonline.org/

27 Board of Governors Federal Reserve System, "Banking Supervision and Regulation", http://www.federalreserve.gov/econresdata/bsrstaff.htm

bancaria que muchos de estos bancos crearon– son todavía el *lo-
bby* más poderoso del Capitolio. Francamente, son los dueños del
lugar."[28]

Recapitulando: los bancos crean nuestro dinero de la nada cuando emiten préstamos, se regulan a través del Sistema de la Reserva
Federal, del que son dueños y, por último, los bancos privados se
apropiaron del Congreso.

La única protección del ciudadano en este sistema depredador
está en la composición de la Junta de Gobernadores nominados y
confirmados. Pero la Junta de Gobernadores y los presidentes de
los bancos de la Reserva Federal a cargo de las políticas monetarias, son exclusivamente miembros del establishment financiero,
ya como directores ejecutivos de las mayores corporaciones bancarias o como economistas académicos que se han empleado a fondo
para apoyar esta empresa criminal.

El Sistema de la Reserva Federal devuelve todas las ganancias
que obtiene, una vez que cubre sus gastos y que las ganancias sobre
las acciones son pagadas, a sus dueños, los bancos privados. Pero
las ganancias obtenidas en el proceso de creación monetaria por
parte de los bancos privados dueños de la Reserva Federal, son
retenidas y no vuelven al gobierno federal. El artículo más profun-
do sobre la Reserva Federal fue escrito en 2008 por el director del
American Monetary Institute, Stephen Zarlenga, titulado "¿El Sistema de la Reserva Federal es gubernamental o una organización
controlada por agentes privados?"[29]

Normalmente, la Reserva Federal opera en secreto y hace todo
por evadir a los ciudadanos y mantener en la sombra las cuestiones monetarias. Pero de cuando en cuando se produce un traspié y
deja escapar una parte de la verdad. Por ejemplo, en 1992, en una
publicación del Banco de Chicago de la Reserva Federal titulado
"Mecánica del dinero moderno", afirmó lo siguiente:

El proceso real de creación de dinero tiene lugar en los bancos comerciales. Los bancos pueden crear depósitos mediante

---

28 Salon.com, Glenn Greenwald, "Top Senate Democrat: bankers 'own' the
U.S. Congress", http://www.salon.com/2009/04/30/ownership/

29 American Monetary Institute, Stephen Zarlenga, "Is the Federal Reserve System a Governmental or a Privately controlled organization?",
http://www.monetary.org/is-the-federal-reserve-system-a-governmen-
tal-or-a-privately-controlledorganization/2008/02

el incremento de los préstamos e inversiones [...] Este atributo único de la banca fue descubierto hace varios siglos [...] En un momento dado, los banqueros eran simplemente intermediarios. Obtenían un beneficio al aceptar oro y monedas para su custodia y para otorgar préstamos a los deudores. Pero pronto descubrieron que los recibos emitidos (billetes o pagarés) se utilizaban como si fueran un medio de pago. Estos recibos eran aceptados como si fueran dinero, ya que quien los tuviera podía ir al banquero y cambiarlos por dinero metálico [...]. Entonces los banqueros descubrieron [...] que podían hacer préstamos simplemente dando a los prestatarios sus promesas de pago (notas bancarias). De esta manera los bancos comenzaron a crear dinero [...] Se podían emitir más pagarés que el dinero resguardado en oro y monedas porque sólo una parte de los pagarés serían intercambiados en cualquier momento. [...] Los depósitos a la vista (cheques) son la contrapartida moderna de los billetes de banco. Esto fue un pequeño paso de la impresión de notas hacia los registros en la cuenta de crédito de los prestatarios, mismos que, a su vez, podían "gastarlos" firmando cheques.[30]

Barry Goldwater, senador conservador de Arizona y candidato presidencial en 1964, enunció esta cuestión de manera simple:

El sistema financiero ha sido entregado a la Junta de la Reserva Federal. Esa junta administra el sistema financiero por la autoridad de un grupo puramente orientado hacia su ganancia privada. Es un sistema privado, conducido con el único propósito de obtener la mayor cantidad posible de ganancias a partir de la utilización del dinero de otras personas.[31]

Al Sistema de la Reserva Federal sólo le tomó dieciséis años engendrar la Gran Depresión y arruinar por completo la economía estadounidense.

Louis McFadden, director del House Banking and Currency Committee en 1933, solicitó aplicar procesos de inhabilitación contra la Junta de Gobernadores de la Reserva Federal, los oficiales y directores de los Bancos Regionales de la Reserva Federal

---

30 Federal Reserve Bank of Chicago, 1992, "Modern Money Mechanics", American Monetary Institute.

31 Create Real Democracy, "Monetary History Calendar"

y otros funcionarios, por su colusión en la generación de la Gran Depresión. Afirmó lo siguiente:

> La Gran Depresión no fue accidental; se trató de un evento cuidadosamente diseñado... Los banqueros buscaron generar una situación de desesperación de manera que pudieran emerger como los gobernantes de todos nosotros. En este país tenemos una de las instituciones más corruptas que el mundo ha visto. Me refiero a la Junta de la Reserva Federal y los Bancos de la Reserva Federal. Algunas personas creen que los Bancos de la Reserva Federal son instituciones del gobierno estadounidense. Son monopolios privados de crédito, estafadores nacionales, prestamistas ricos y depredadores de dinero, que se aprovechan del pueblo de los Estados Unidos en beneficio propio y de sus clientes extranjeros [...]. La verdad es que la Junta de la Reserva Federal ha usurpado el Gobierno de los Estados Unidos mediante el arrogante monopolio de crédito que opera la Junta de la Reserva Federal.[32]

El American Monetary Institute lidera el camino hacia la reforma monetaria

> El error reside en temerle al dinero y confiar en la deuda.
>
> Henry Simons, economista de la
> Universidad de Chicago.

En 1991, Stephen Zarlenga, con base en sus 35 años de experiencia en las finanzas, los valores bursátiles, los seguros, los fondos mutuos, el mercado inmobiliario y el comercio de futuros, centró su atención en la cuestión monetaria.

En 1996 contribuyó a fundar el American Monetary Institute para profundizar su investigación.

A partir de una base de ochocientos textos y materiales diversos, elaboró sus tesis concentradas en el libro *The Lost Science of Money*.

En 1999 Conzett Verlag, de Zurich, tradujo al alemán y publicó *The Lost Science of Money*.

---

32 Create Real Democracy, "Monetary History Calendar"

En 2002, Zarlenga refutó la teoría crediticia del dinero, de Mitchell Innes.[33]

En 2002, *The Lost Science of Money* fue publicado en inglés por el American Monetary Institute.

Zarlenga y el AMI recuperaron el Plan Chicago, escrito por Henry Simons y Paul Douglas, de la Universidad de Chicago, y vigorosamente apoyado por Irving Fisher (Universidad de Yale), Frank Graham y Charles Whittlesley (Universidad de Princeton) y Earl Hamilton (Universidad de Duke). El Plan Chicago fue enviado a cientos de economistas universitarios y fue apoyado por la vasta mayoría de ellos.[34]

En 2006, el AMI hace pública la propuesta de la Reforma Monetaria Estadounidense (*American Monetary Act*, AMA) en Filadelfia, durante la Eastern Economic Association Conference.

En 2010 el profesor Kaoru Yamaguchi (Doshisha University) ingresó la información de la American Money Act a un modelo computarizado y concluyó que la reforma permitiría implementar el programa de la ASCE de 2009 (de 2.2 billones en ese año, 3.6 billones en 2013) y simultáneamente pagar la deuda federal, todo esto sin generar inflación.[35]

En 2011, el congresista Dennis Kucinich, respaldado por John Conyers, publicó la *NEED Act*, basada en la AMA, en el 112° Congreso, ofreciendo por primera vez a la nación una alternativa viable a la creación bancaria del dinero-deuda.[36]

---

33 American Monetary Institute, Stephen Zarlenga, "Critique of Innes' 'Credit Theory of Money'", http://www.monetary.org/critique-of-innes/2012/06

34 "A Program for Monetary Reform", Julio, 1939, documento original reimpreso y notas manuscritas del American Monetary Institute, Paul Douglas, Irving Fisher, Frank D. Graham, Earl J. Hamilton, Willford I. King, Charles R. Whittlesey.

35 American Monetary Institute, Karou Yamaguchi, "Workings of a Public Money System of Open Macroeconomics -Modeling the American Monetary Act Completed", http://monetary.org/wpcontent/uploads/2011/11/DesignOpenMacro.pdf

36 American Monetary Institute, National Emergency Employment Defense Act, *NEED Act*, http://www.monetary.org/wpcontent/uploads/2013/01/HR-2990.pdf

El Estudio de Yamaguchi y *The Lost Science of Money* llamaron la atención de Michael Kumhof, jefe adjunto de la División de Modelos del Departamento de Investigación del Fondo Monetario Internacional. Tras leer *The Lost Science of Money*, la proclama "una obra maestra".[37]

En 2012, Michael Kumhof y Jaromir Benes, del Fondo Monetario Internacional, publicaron un informe de trabajo del FMI, *The Chicago Plan Revisited,* que hace eco de los hallazgos del estudio de Yamaguchi y la *NEED Act*.[38]

El doctor Kumhof es invitado a hablar en tres ocasiones con los funcionarios del Banco de Inglaterra.

En 2013 Adair Turner ofrece una conferencia en la Escuela de Economía de Estocolmo:

Los supuestos de los libros de texto [...] son dramáticos y equivocados. Tienden a asumir que lo que hacen los bancos es tomar los depósitos de los hogares para prestarlos a quienes piden préstamos. Esto pasa por alto el reconocimiento de que los bancos crean crédito y dinero y poder de compra.[39]

En el primer trimestre de 2014, el *Quarterly Bulletin* del Banco de Inglaterra publicó "La creación monetaria en la economía moderna", explicando que "la mayoría del dinero en la economía moderna es creado por bancos comerciales mediante la emisión de préstamos..."[40]

En 2014 Martin Wolf, publica una columna titulada: "Retiremos a los bancos privados el poder de crear dinero".[41]

En 2014, el economista y sociólogo medioambiental Joseph Huber, de la Universidad Martin Luther, de Alemania, refuta las propuestas equivocadas que se desprenden de la Teoría Monetaria

---

37 Jaromir Benis y Michael Kumhof, "The Chicago Plan Revisited", IMF Working Papers 12/202, International Monetary Fund, p. 13. http://www. imf.org/external/pubs/ft/wp/2012/wp12202.pdf

38 Benis y Kumhof, "The Chicago Plan Revisited".

39 Adair Turner, "Credit, Money and Leverage: What Whicksell, Hayek and Fisher Knew...".

40 Bank of England, Quarterly Bulletin, 2014 Q1, "Money Creation in the Modern Economy".

41 Financial Times, April 24, 2014, Martin Wolf, "Strip Private Banks of Their Power to Create Money".

Moderna (MMT por sus siglas en inglés) en el artículo "La Teoría Monetaria Moderna y la Nueva Teoría de la Moneda".[42]

En 2014, el parlamento de Reino Unido hospedó un debate sobre la creación monetaria en el que los representantes progresistas Michael Meacher y Austin Mitchell promovieron el concepto de *dinero por decreto* y aludieron a la organización Positive Money, organización inglesa hermana del AMI.[43]

La reconstrucción de una nación

La precipitada reacción de los profesionales de la economía consistirá en afirmar que el sistema de *dinero por decreto* de la *NEED Act*, también llamada dinero soberano, desencadenará la inflación. Es la misma profesión económica que dio su visto bueno al sistema de creación de dinero-deuda diseñado por los bancos a lo largo del último siglo y la colosal desigualdad que ha generado. El dólar de 1913 había perdido el 96 por ciento de su valor para 2014.[44] Hoy sólo vale un 4 por ciento de lo que valió en 1913, y esta inflación ha ocurrido con el vigente sistema de creación bancaria de dinero-deuda. Todo esto sin que la ciencia económica haya protestado.

El ejemplo clásico de la hiperinflación ocurrió en Alemania entre 1923 y 1934. Por insistencia de los Aliados, el banco central Alemán, el Reichsbank, se convirtió, en 1922, en un banco privado, mientras que antes de y durante la guerra había sido controlado y operado por el Emperador. El edicto de 1922 retiró el control gubernamental y puso al Reichsbank bajo operación privada. La hiperinflación se desató inmediatamente, y sólo se detuvo cuando el gobierno recuperó el control del banco central y emitió una nueva moneda, el Rentenmark.[45] La primera reforma de la *NEED Act*, pone a nuestro Reichsbank, el Sistema de la Reserva Federal, fuera

---

42 Sovereign Money, Joseph Huber, "A Discussion of New Currency Theory (NCT) and Modern Money Theory (MMT)", http://sovereignmoney.eu/modern-money-and-sovereign-currency/

43 Parliament Debate on Money Creation and Society. November 20, 2014. http://www.positivemoney.org/2014/11/liveparliament-debate-money-creation-society/

44 U.S. Inflation Calculator, http://www.usinflationcalculator.com/

45 Benis y Kumhof, "The Chicago Plan Revisited", p. 16.

del control de los bancos privados, y bajo control del Departamento del Tesoro del gobierno federal.

El sistema de *dinero por decreto* de los *greenbacks* de la Guerra Civil no generó inflación. Tampoco lo hizo la Moneda Continental de la Revolución. Los continentales nos dieron nuestra nación y eventualmente fueron destruidos, no por la inflación, sino debido a que los británicos los falsificaron masivamente.

Evidentemente, hay preocupaciones sobre cuánto dinero puede crearse. Pero el carácter de la *NEED Act* estipula que los montos creados no serán ni inflacionarios ni deflacionarios. El dinero creado para las cosas que son realmente valiosas para la sociedad, nunca ha sido inflacionario y no hay razón para creer que lo será ahora. Cuando y si la inflación comenzara a levantar su cabeza, el monto de dinero creado tendría que ser requisado o se tendrán que cambiar los objetivos con que el dinero se gasta.

La tasa real de desempleo en Estados Unidos está en un nivel de alrededor del 23 por ciento, contando a quienes ya dejaron de ir de oficina en oficina en busca de trabajo y a quienes están trabajando medio tiempo pero necesitan un trabajo de tiempo completo.[46] La diferencia entre una economía de pleno empleo y el Producto Interno Bruto (PIB) de nuestro sistema económico actual se conoce como "brecha de producción". No hay razón para creer que la creación de un nuevo dinero soberano *por decreto*, emitido con el objetivo de cerrar esta brecha, sea inflacionario, siempre y cuando el dinero sea utilizado para producir cosas realmente valiosas para la sociedad.

La *NEED Act* nos permite crear dinero para asegurar que nuestra gente reciba un salario que le permita vivir, para enfrentar el reto inmenso del calentamiento global y el cambio climático, para asegurar que todos los ciudadanos tengan un servicio de salud sin que ello sea una carga excesiva para los empleadores; para educar a nuestra juventud; para ofrecer un rescate a los ciudadanos que han cargado con el peso de la depresión económica; para entregar fondos a los clientes de los pequeños negocios; para reconstruir la tambaleante infraestructura de nuestro país y hacer a nuestro país competitivo en la arena global; para dar trabajo bien remunerado a 10 millones de estadounidenses; y para pagar la deuda estudiantil universitaria existente y, así, permitir a toda una generación de

---

46 Alternate Unemployment Charts, ShadowStats.com. http://www.sha dowstats.com/alternate_data/unemployment-charts

estadounidenses escapar de la aplastante deuda, tener una familia y participar del sueño americano. Estos no son los bloques con los que se construye la inflación, sino los bloques con los que se construye una nación.

Conclusión del autor

Mi conclusión es que el objetivo de elevar los niveles de justicia social y económica dentro del sistema capitalista, son posibles únicamente a través de la reforma monetaria contenida en la *NEED Act*. ¿Por qué el Banco de Inglaterra, después de 320 años de operación, eligió ahora abordar el tema de la creación bancaria de dinero? ¿Por qué miembros pertenecientes al establishments como Adair Turner y Martin Wolf hacen lo mismo? ¿Por qué el parlamento de Reino Unido, el 20 de Noviembre de 2014, tuvo una discusión sobre la creación monetaria por primera vez en 170 años?[47] Empujado en gran medida por los esfuerzos de Positive Money, ha surgido en Reino Unido un movimiento por una reforma monetaria similar a la propuesta por el AMI en Estados Unidos.[48]

En todo caso, hay una toma de conciencia fundamental en cuanto al hecho de que un sistema monetario que produce cada vez más desigualdad –como lo hace el sistema de creación bancaria de dinero como deuda– es insostenible y eventualmente tendrá que ser reemplazado. O bien, las élites se han dado cuenta de que la gente se ha vuelto más sensible a la cuestión de la creación monetaria y quiere generar una discusión sobre ella. Las élites, sin embargo, en última instancia han descartado la verdadera reforma contenida en la *NEED Act* y prefieren pseudorreformas como la creación de bancos estatales, lo que no ayuda en absoluto a transformar de raíz el sistema monetario de *dinero bancario creado como deuda*.

Creo que la clase capitalista está interesada en su propia preservación. Aunque sólo fuera para preservar su posición dominante en la sociedad, el 1 por ciento podría muy bien sacrificar al sistema de *dinero bancario-deuda* y mantenerse en la cumbre de la pirámide social. Esto permitiría a las élites, al menos por ahora, salvar el

---

47 Positive Money, "Press Release: UK Parliament Debated Money Creation for the First Time in 170 Years", http://www.positivemoney.org/2014/11/press-release-uk-parliament-debated-money-creation-first-time-170-years/

48 Positive Money, http://www.positivemoney.org/about/

principio de la propiedad privada de la tierra y sus recursos, esencial para el capitalismo y sin el cual éste no podría existir.

Está más allá de las posibilidades de este artículo desafiar las premisas básicas del sistema capitalista. Si bien el autor cree que las reformas de la *NEED Act* son el único camino para salvar al sistema capitalista, también cree que la democratización de nuestro dinero, una vez lograda por la *NEED Act*, eventualmente fortalecerá la posibilidad de un sistema socialista. Sin embargo, ningún sistema, socialista o capitalista, será exitoso para la mayoría de la población mientras los banqueros controlen nuestra creación monetaria.

La *NEED Act* es la piedra angular que permitirá a nuestro gobierno enfrentarse a los problemas de la guerra, el militarismo, el imperialismo, las energías renovables, los 10 millones de empleos faltantes, el salario mínimo vital, la estabilidad de los pequeños negocios, la salud financiera de los ciudadanos, la deuda estudiantil, la educación, un genuino sistema de salud nacional, una sociedad más democrática y la liquidación de la deuda federal. Dentro del vigente sistema monetario, no hay ni habrá propuestas que puedan lidiar adecuadamente con ninguno de estos problemas, mucho menos con todos ellos.

Las personas interesadas en estos asuntos tienen el deber de educarse a sí mismos en el tema de la reforma monetaria. Usted puede visitar el sitio del AMI, realizar su propia investigación, contactarme para asistencia y trabajar en sus propias organizaciones, sindicatos y oficinas legislativas para apoyar la *NEED Act*.

Un agradecimiento especial a Greg Coleridge y el Monetary History Calendar, de Create Real Democracy, por ofrecer al público una extraordinaria compilación de citas en torno al dinero, disponible en: https://createrealdemocracy.wordpress.com/tag/monetary-history-calendar/

La versión original en línea con todos los vínculos activos puede consultarse en el sitio "Alpheus", de Govert Schuller, quien es editor de este panfleto: http://www.alpheus.org/linking-social-justice-tomonetary-reform/

Principales organizaciones promotoras de la reforma monetaria:
- American Monetary Institute (EE.UU.), http://www.monetary.org/
- Positive Money (Reino Unido), http://www.positivemoney.org/
- Monetative (Alemania), http://www.monetative.de/
- Ons Geld (Países Bajos), http://onsgeld.nu/

Para una lista completa de las organizaciones nacionales promotoras de la reforma monetaria, véase el International Movement for Monetary Reform: http://internationalmoneyreform.org/

Crear una economía ganar-ganar para el siglo XXI
Los problemas y las soluciones
(Extractos)

Mark S. Pash

Evitar la inflación y las operaciones excesivas

Como se ha constatado a lo largo de los siglos, poner en manos privadas el poder de crear dinero ha resultado devastador. Es tiempo de regresarlo a los gobiernos democráticos con pesos y contrapesos, **teniendo en cuenta que hay una demanda ilimitada de dinero. Esto no debe convertirse en un juego de suma cero en el que el único beneficiario es el sector bancario.**

La primera tarea consiste en que el Congreso recupere esta potestad, que es similar a la potestad de un monedero: *gastar*. Es preciso poner la Reserva Federal dentro del Departamento del Tesoro y después proceder a regular a los bancos comerciales. A continuación, el Tesoro debe empezar a pagar la deuda nacional, a medida que madura, con Bonos al 0 por ciento de interés o "dinero completo". Esto eliminará los intereses sobre la deuda nacional, que consumen una parte significativa del presupuesto o el déficit.

Los bonos del tesoro deben usase principalmente para la inversión, de manera que este gasto no causará alzas significativas en la inflación. Una porción considerable –como ya sucede hoy en día– será conservada como reserva en otros países, incluyendo nuestro propio Fondo de Seguridad Social. Una parte del dinero, principalmente de los inversionistas, estará en busca de una nueva inversión que ofrezca seguridad y una cierta tasa de retorno, lo que ayudará a la industria de los servicios financieros y a los depósitos asegurados en los bancos comerciales.

Para los bancos comerciales, esto representa un ganar-ganar. Con la eliminación o la reducción substancial de la nueva emisión de bonos del tesoro, el primer sitio al que acudirán los inversionistas serán los depósitos de los bancos asegurados por la FDIC, que se convertirán en meros intermediarios. Estas cuentas de ahorro se convertirán en los "nuevos" bonos del tesoro. Por lo tanto, deben estar directamente respaldados por el gobierno, no por una agencia como la FDIC, que sólo *implica* el respaldo total del gobierno. **Esto financiará fácilmente la operación continua de los bancos comerciales. Los bancos competirán por depósitos, los cuales ofrecerán dividendos más altos (con un límite) a los ahorros. También será mucho menos volátil que el modelo bancario actual.** Los bancos estarán autorizados a invertir estos fondos en portafolios diversificados con lineamientos establecidos por los reguladores. Todos, absolutamente *todos* los vehículos de inversión y ahorro entrañan un riesgo financiero, excepto los bonos del tesoro y las cuentas de ahorro aseguradas. ¡Pero ellas enfrentan el riesgo de la inflación! Lo único que disminuye el riesgo financiero es un portafolio diversificado, que puede estar protegido contra la inflación.

La banca comercial se convertirá en intermediaria (como un fondo mutuo), lo que también hará más seguro al sistema bancario ante los peligros de colapso y bancarrotas individuales. La conversión debe reducir las regulaciones, y los bancos retendrán e incrementarán sus operaciones de distribución a partir de las nuevas vías de distribución enlistadas en el capítulo 13. ¡Harán mucho dinero! ¡Esto es un ganar-ganar!

Otros inversionistas virarán hacia la industria de los servicios financieros con su extensa gama de vehículos de inversión, algunos poseídos por los bancos comerciales. Así pues, conservaremos un sistema financiero privado muy activo. Además, se seguirán fortaleciendo la competencia y la productividad, las presiones inflacionarias se reducirán y será posible una mayor emisión de dinero. Si desea más información sobre la transición bancaria y respuestas a otras objeciones, puede revisar el capítulo 5 de *Creating New Money*, autoría de Joseph Huber y James Robertson, publicado por la New Economics Foundation, y el capítulo octavo de *Modernizing Money*, de Jackson y Dyson. Hay otros autores que han modelado y respondido las cuestiones relativas a esta transición.

Dado que el proceso de creación monetaria encierra una inmensa cantidad de poder, la siguiente tarea es crear nuevo dinero a través de una concentración de influencia y un nivel de corrupción tan pequeños como sea posible. (Véase el capítulo 12). También necesitamos crear una estructura gubernamental que reduzca la posibilidad de la inflación excesiva.

Tengo esperanza en que la mayoría de ustedes admitirá que un número mayor de sistemas de distribución (principalmente en manos de privados), junto con un sistema gubernamental de creación de dinero equilibrado por pesos y contrapesos, permitirán tener un sistema monetario adecuado. ¡Este sistema puede ser creado para las modernas economías del siglo XXI sin inflación excesiva, un sistema diversificado con el fin de reducir las consecuencias del error humano!

A los economistas que gustan de los números y la econometría, les pido revisar la página web del profesor Karoru Yamagushi, de la Universidad de Doshisha, en Tokio, Japón (http://www.muratopia.org/index.html). Ha creado un modelo de dinámica de sistemas que corrobora este cambio evolutivo. El régimen vigente es un fracaso en el diseño de sistemas, de modo que ha escrito un nuevo libro, *Public Banking*, que es un modelo de reforma monetaria para el sistema japonés.

Resumen sobre la eliminación del exceso de inflación e hiperinflación y de las burbujas financieras

Dado que la única objeción, percibida o real, que se lanza contra la reforma monetaria es la de la *inflación excesiva*, hemos decidido resumir las muchas razones por las que la reforma que recomendamos no causará inflación en exceso ni burbujas financieras. Estas razones se describen en el texto. Pero, recordemos, ¡en los últimos cien años, en la mayoría de los ambientes hiperinflacionarios había un banco central presente! La mayoría de ellos fue causada por un grave déficit en la balanza de pagos, lo que hizo colapsar los tipos de cambio, elevando así los precios de las importaciones y, por ende, los precios internos. En la historia moderna, la hiperinflación nunca ha sido resultado de un gobierno que monetice la deuda nacional. ***Ha sido causada por el servicio de la deuda extranjera que colapsa los tipos de cambio.*** Véase el libro de Michael Hudson, *The Bubble and Beyond*.

La inflación moderada es buena y la inflación en exceso es mala. El crecimiento y los salarios no son factores que causen una inflación excesiva en la economía. El boom de la década de 1990 demostró esto. El principal factor que crea inflación excesiva es la emisión de demasiado dinero puesto en circulación por el sistema bancario. La Reserva Federal monetiza demasiada deuda creada por el gasto deficitario, mientras persigue una oferta de bienes y servicios inadecuada y/o subsidios indiscriminados. El costo de las energías fósiles es también un factor actualmente importante porque permea en toda la economía como un costo mayor. A continuación se enlistan protocolos a implementar para mantener bajo control la inflación en exceso:

1. Diversidad de los sistemas de entrega de dinero. Esto ayuda especialmente a evitar las burbujas de activos y permite una mayor expansión monetaria. La aplicación gradual de cualquier nuevo sistema de distribución ayuda a reducir la inflación y la crisis de la moneda.

2. Incentivar la producción y la productividad. Sabemos que ahora vivimos en un "mundo de abundancia". El sector privado es extremadamente productivo y puede producir la mayoría de los bienes y servicios. De hecho, hay un exceso de capacidad para la mayoría de ellos, lo que entraña una fuerza deflacionista –sucede simplemente que no tenemos suficientes consumidores de calidad–. La expansión y diversidad de las funciones monetarias incentivarán la producción y la competencia.

3. Reducción de las altas tasas de interés, que representan un costo para las empresas y una presión ascendente sobre los precios. Las empresas que no pueden permitirse pedir prestado reducen su producción, reduciendo también su oferta en relación con la demanda, lo que empuja los precios hacia arriba.

4. **Incentivar el ahorro y la inversión sobre el consumo de bienes.** Reducir la presión sobre los recursos naturales no renovables.

5. **Incentivar el gasto en servicios personales por encima del gasto en bienes.** Esto también reduce la presión sobre los recursos naturales no renovables.

6. Que el Departamento de Comercio siga creando y publicitando, en aras de la transparencia, la gama de estadísticas sobre la inflación a partir de diversas fórmulas basadas en el precio de los activos, bienes y servicios, con y sin el precio del petróleo.

7. Tener numerosos pesos y contrapesos en la creación y distri-

bución del dinero dentro del gobierno federal (presidencia, tesorería, poder judicial, áreas comerciales, senado, cámara de representantes). El debate se centrará en cuánto y dónde incrementar o reducir la creación monetaria, sobre la base de las estadísticas de la inflación, no sobre debate filosófico alguno. (Véase el Capítulo 12).

8. Los votantes podrán emitir sus votos basándose en la gestión inflacionaria de la nación.

9. Los mercados de divisas deben ser supervisados a largo plazo para ayudar a controlar cualquier exceso de inflación.

10. **El aumento de los impuestos elimina el dinero del sistema.**

11. La competencia suele mantener a raya las espirales ascendentes de los precios. Aumentar la aplicación de las leyes antimonopolio y/o regular los monopolios y oligopolios también ayuda. (Véase la Sección III).

12. Fomentar sustancialmente las cinco "erres": Reutilizar, reparar, renovar, regenerar y reciclar para reducir la presión de la demanda sobre las materias primas y sobre el medio ambiente.

13. Eliminación de la "banca de reserva fraccional". Este sistema vigente crea dinero haciendo préstamos. Sin embargo, no crea el interés para pagar los préstamos, que no pueden ser pagados a menos que haya un suministro continuo de nuevo dinero. Esto obliga a solicitar nuevos préstamos, causando condiciones inflacionarias y garantizando un eventual colapso financiero.

14. Los déficits comerciales pueden ser muy perjudiciales para el valor de la moneda de un país. Estados Unidos tiene menos riesgo que otros países, ya que emite la principal moneda de reserva y de comercio del mundo.

15. La venta de bonos del Tesoro –de cupón cero– disminuirá la oferta de dinero. Esta operación se reducirá sustancialmente, pero se mantendrá para las necesidades de gastos de emergencia.

La inflación debería ser de al menos el 2%, ya que cualquier cifra inferior se acerca demasiado al error humano, lo que provocaría una deflación, causando una recesión/depresión y graves dificultades para las personas. La disminución del valor del dinero (la inflación) se tiene en cuenta en la toma de decisiones de las empresas y los individuos. ¡La estabilidad de una tasa baja es la clave!

Resumen de las soluciones monetarias

1. Pagar todos los bonos del Tesoro de Estados Unidos a medida que vencen con bonos del Tesoro de cupón cero o con dinero soberano.

2. Eliminar la "Banca de Reserva Fraccional", convirtiendo a los bancos en intermediarios financieros directos, pero reteniendo las funciones de seguro y distribución que hoy brinda la FDIC, creando así un escenario de ganar-ganar.

3. ¡Mover la Reserva Federal al Tesoro para la regulación bancaria, convirtiéndola en una verdadera agencia federal!

4. Aumentar el número de nuevos sistemas de distribución de dinero de 2 a 13.

5. Valerse de la emisión directa de moneda para algunos de los gastos de nuestro gobierno.

6. Utilizar el capital y los instrumentos de deuda como vehículos de distribución de dinero nuevo.

7. Convertir la creación de dinero en el poder de una democracia transparente, con suficientes pesos y contrapesos, utilizando una autoridad monetaria separada o la legislatura.

8. Aplicar la reglamentación antimonopolio en el sector de la banca comercial (véase la sección III).

9. **Introducir protocolos ante la inflación excesiva.**

10. Necesitamos separar los procesos operacionales de creación y distribución de nuevo dinero.

El mundo necesita capital para financiar, expandir, explorar, invertir, investigar, limpiar el medioambiente, conservar el agua limpia, y crear bienes y servicios de manera limpia y eficiente. El capital privado (el viejo dinero) no puede hacerlo solo. El sistema monetario privado fue la causa de la crisis actual. La respuesta para financiar el futuro es la *reforma monetaria, no el debate usual sobre los impuestos y el gasto.* **Al proveer a nuestra nación de un medio de cambio que realmente refleje la capacidad de producción y consumo de nuestros ciudadanos –en vez de imponernos una carga de deuda insostenible para poner dinero en circulación– podremos convertirnos en un país verdaderamente independiente.** Estaríamos capacitados para preservar nuestros recursos naturales, invertir en la infraestructura necesaria, suscitar un crecimiento acelerado de las empresas y recompensar adecuadamente a nuestros ciudadanos. Adicionalmente, ya no necesitaríamos hipotecar a los países del tercer mundo –o a nosotros mismos– para apoyar el crecimiento de la así llamada "deuda". Como hemos visto a través de los siglos, el poder de crear dinero en manos privadas ha sido demoledor. Es hora de volver a los gobiernos democráticos con *pesos y contrapesos* y crear una economía del siglo XXI en la que todos ganen.

Sección II
No hay clientes suficientes

"Los empleados también son clientes y compradores"

El desempleo global

Hay más de 200 millones de personas desempleadas en el mundo. Este número no incluye el subempleo ni los trabajos mal pagados. La más reciente publicación del Gallup Underemployment Index la ubica en 19 por ciento de la fuerza de trabajo. La mayoría de los economistas sólo revisa y discute el desempleo de las naciones industrializadas, lo que no incluye a los más de 2 mil millones que son campesinos y pescadores de subsistencia. ¿Qué está pasando?

La principal razón de esto es que el sector privado de la producción de bienes y servicios, incluyendo la agricultura, continúa su significativa marcha hacia la productividad. Esta productividad es una espada de dos filos. La productividad reduce el número de empleados y horas trabajadas. Al mismo tiempo, reduce el precio de los productos y eleva las cantidades disponibles para la distribución. ¡Hemos dejado de vivir en un mundo de escasez! Y en efecto, muchas de nuestras compañías no trabajan a plena capacidad. Sin embargo, la productividad reduce el número de empleados, quienes son también compradores/clientes/consumidores. La innovación ayuda, pero no incrementa el empleo lo suficiente para crear una economía de calidad. ¿Puede usted imaginarse lo que pasaría si la agricultura en India, Indonesia y China se volviera sólo un poco más productiva? Veríamos a millones de personas migrar hacia las ciudades en busca de trabajos inexistentes.

En Europa hemos presenciado el "dumping social" allí donde hay trabajadores extranjeros bajo estándares laborales locales. En Estados Unidos, hemos visto que la inmigración ilegal se elevó dado que los empleadores buscan costos laborales más bajos. Dado que estos costos laborales son todavía demasiado elevados, muchas compañías estadounidenses buscan maximizar sus ganancias mudándose a países con salarios inferiores. Primero a México, después a China, Vietnam y ahora Laos y otros países: ¡se están agotando los países! Estos salarios bajos no permiten a los trabajadores comprar suficientemente los bienes y servicios que producen. ¡Pagarle a la gente 71 centavos por hora, como hemos hecho al comenzar a mudarnos hacia China, significa que estos empleados apenas pueden comprar algo con su trabajo! No debe sorprendernos que China tenga extensos inventarios ni que tenga que implementar estímulos de un billón de dólares para incrementar su gasto doméstico.

Lo que ha sucedido en los Estados Unidos durante la era de los despidos, las reducciones de personal y los bajos salarios, es que la gente empieza a pedir prestado para gastar y/o vivir utilizando los préstamos de día de pago [*payday loans*], tarjetas de crédito e hipotecas de alto riesgo. Por supuesto, las personas no pueden devolverlo y eventualmente el sistema financiero colapsa, como en 1929 y 2008. ¿Qué vamos a hacer con toda esta gente? ¿Ponerlos en la cárcel o en campos de concentración? ¿Qué tal si los hacemos clientes, consumidores y ciudadanos de calidad? En el comienzo del libro *Capitalism Hits the Fan*, de Richard Wolf, hay una excelente descripción de las razones de estos fracasos macroeconómicos.

Durante los últimos 150 años, hemos visto a empresas y economías completas quebrar porque no hay suficientes clientes y consumidores de calidad. La falta de clientes ha resultado en la bancarrota de muchos negocios que tienen ventas reducidas. Y la razón de que haya una carestía de clientes es que los negocios tratan al trabajo y a los empleados como un mercado competitivo bajo una filosofía microeconómica.

Los empleados son consumidores

Hay dos campos básicos en la economía: la microeconomía y la macroeconomía. El campo "micro" se refiere al estudio de los mercados individuales y las empresas orientadas a la obtención de ganancias. El campo "macro" es el estudio de la economía en su conjunto. El objetivo de la microeconomía es la obtención de ganancias. El objetivo de la macroeconomía es tener una economía de calidad con el mayor número de clientes saludables y ricos. El conflicto surge cuando las empresas empiezan a reducir los costos de la mano de obra para maximizar los beneficios, como deberían hacer, pero como resultado la cantidad de ventas disminuye porque hay menos clientes o clientes bien pagados. **Las palabras "empleado", "salario" y "trabajo" son términos micro. ¡Las palabras "cliente" y "consumidor" son términos macro que describen lo mismo!**

Desafortunadamente, la mayoría de los negocios piensa únicamente sobre la base microeconómica de la obtención de ganancias. No piensa sobre la base macroeconómica de la creación de más clientes de calidad. Esto resulta, en gran medida, en conflictos, desinformación y confusión. Esta es la razón por la que se presenta la subcontratación, los conflictos laborales y las huelgas alrededor del mundo. Es común ver a empresarios que reducen el número de empleados y que siempre se esfuerzan por rebajar sus salarios y las prestaciones sociales, pues ello baja los costos laborales de la compañía. La cuestión es, ¿cuán bajo tienen que llegar los salarios antes de llegar a los niveles de trabajo esclavo y que los propietarios estén contentos? Las empresas vecinas de la macroeconomía perderán ingresos por ventas porque sus clientes habrán sido despedidos o sus salarios habrán sido rebajados. Esta estrategia microeconómica no tiene en cuenta las consecuencias macroeconómicas de la pérdida de clientes o la reducción de su poder adquisitivo.

Las soluciones vigentes han sido las regulaciones al salario mínimo y los sindicatos. **La solución real para las empresas es eliminar la competencia basada en los salarios y las prestaciones sociales.** No hablo de eliminar la competencia en la contratación de empleados que serán pagados por encima del salario vital. Es más fácil decirlo que realmente implementarlo, pero discutiré la solución a ello en la última sección.

Los propietarios desean pagarle a los empleados tan poco como sea posible para incrementar sus ganancias. Esto resulta en la creación de clientes inadecuados. Para compensar este efecto, la agenda de gasto nacional del gobierno ayuda a los trabajadores mal remunerados, ofreciendo a través de programas bienes y servicios que ellos no podrían pagarse tales como la educación, los vales para comida, los beneficios médicos y de retiro, etc. Los sindicatos, la legislación laboral, los salarios mínimos y las regulaciones laborales contribuyen a superar estos problemas mayores del mundo actual. Perversamente, ¡suelen ser los propietarios conservadores quienes se oponen a estos beneficios! En vez de ello, los propietarios de los negocios deberían estar preocupados de la competencia en la que participan pagando salarios no competitivos. Esto es una competencia injusta, porque merma a la economía en su conjunto. Sin embargo, es posible crear clientes de calidad pagando salarios suficientemente elevados para sostener y ensanchar la capacidad de cada trabajador de comprar bienes y servicios de calidad. **Por lo tanto, debemos desarrollar estándares para un Salario Mínimo para un Consumidor de Calidad, en lugar de la actual concepción y aplicación del salario mínimo. Es tarea de los propietarios capitalistas hacerse cargo de nuestros clientes, consumidores y compradores.**

El argumento es que el precio de los bienes se incrementará sustancialmente si los salarios se elevan. El componente del costo del trabajo no es el único componente en el mecanismo de fijación de precios. Un incremento razonable en los salarios (y las prestaciones sociales) no incrementa los precios en la misma medida. Usualmente, este último incremento es mucho menor. Del mismo modo, los salarios son deducibles, así que todos los incrementos son parcialmente compensados por la reducción impositiva. Por lo tanto, los precios pueden subir algo, pero la demanda de los consumidores también se incrementa, creando más empleo y un ambiente económico y comunitario mejores. En el vigente sistema capitalista hay un cierto incremento salarial, pero no el suficiente para crear una base de consumidores adecuadamente diversa. Los sistemas de producción del mundo pueden producir (ofertar) lo suficiente para todos, pero la demanda no está allí debido a que la gente no gana lo suficiente para comprarlo o no tiene suficiente dinero. Esta fue, en esencia, la causa principal de la gran depresión de 1930 y muchas otras condiciones económicas severas que la precedieron. Por lo tanto, las regulaciones al salario mínimo deben estar basadas en regiones geográficas y grupos de edad. Otro argumento reza que si el salario mínimo es muy alto, los empleados no contratarán trabajadores más jóvenes como practicantes, trabajadores en formación o aprendices. El Reino Unido ha resuelto esto asegurando un salario mínimo más bajo para los más jóvenes de su fuerza de trabajo. Por supuesto, esto no es necesario en la actualidad, pues es la primera vez en la historia que los más jóvenes están enseñando a los trabajadores más viejos, debido a sus capacidades avanzadas en computación y su conocimiento de las redes sociales.

Otro argumento contra el salario mínimo es que el alza en los salarios causa inflación en exceso. En primer lugar, los salarios constituyen sólo una parte de las decisiones de precio que toman los administrativos. En la manufactura, sólo entre el 20 y el 30 por ciento de sus costos son salarios. Por lo tanto, un incremento del 50 por ciento en los costos salariales sólo se traduciría en un único aumento de entre el 10 y el 15 por ciento en el precio del producto. Un aumento salarial del 5 por ciento se traduciría en un aumento del producto de sólo el 1 o el 1.5 por ciento. Esto asume que una empresa puede transferir el incremento directamente a sus clientes. Hay muchos otros factores en la fijación del precio, como la competencia, los costos de las materias primas, de los energéticos, etc. Estos incrementos en los costos laborales pueden ser absorbidos por la reducción de las ganancias.

La historia macroeconómica ha demostrado que el salario mínimo ha sostenido a las economías desde su creación moderna hace alrededor de 80 años. Cada estadística que he consultado prueba este punto. Lo importante para las empresas es que su competencia no compita contra ellas con diferencias significativas en el salario base.

No debería haber ninguna competencia significativa, dentro de una industria, basada en los salarios por hora para el mismo trabajo. Esto significa que no debe haber diferencias significativas para el mismo trabajo en estados, ciudades o países diferentes. Sin embargo, debemos permitir pequeñas diferencias en el salario básico en razón de las diferencias en el costo de vida alrededor del mundo. La competencia debe basarse en muchos otros factores económicos, incluyendo la utilización del trabajo, la fijación de precios, la comercialización y los trabajadores mejor pagados. La competencia por el trabajo basada únicamente en salarios bajos reduce el número de consumidores y su capacidad de comprar más bienes y servicios. En 1907, Henry Ford fue el primero en apreciar esto correctamente, casi duplicado en jornal de sus trabajadores para que pudieran comprar su Modelo T. Los economistas y empresarios de la época pensaron que esto iba a ser un desastre económico. Evidentemente, estaban equivocados.

Lo que actualmente oculta esta falla en la creación de clientes de calidad es la deuda de los consumidores, como la de las tarjetas de crédito, las líneas de crédito hipotecario y la necesidad de que los dos cónyuges trabajen. El gobierno ha ayudado a disminuir este problema con importantes programas de empleo público. Otra causa importante de la Gran Depresión fue que la gente no tuviera acceso al crédito debido a que la Reserva Federal endureció la política monetaria. Los salarios no pudieron sostener la economía, especialmente porque no existía una red de seguridad de gastos del gobierno, y había pocos empleos en el gobierno.

En resumen, necesitamos un salario mínimo de calidad del consumidor, y tarifas de protección diferenciales para proteger a nuestros clientes y a la economía de los salarios-esclavo extremadamente bajos. A medida que elevemos los salarios, las compañías virarán hacia la automatización –robots–. Se hablará más de esta solución más tarde. A medida que el capitalismo se vuelve más eficiente, generalmente requiere de menos trabajo para producir todos los bienes y servicios que necesitamos. Por supuesto, esto implica un menor poder de compra de los clientes –*la demanda*–. Hasta ahora, el capitalismo en Estados Unidos ha resuelto algunos de estos problemas a través de la innovación y la creación de nuevos bienes y servicios, algunos de los cuales no existían hace algunos años. Pero el capitalismo exitoso todavía puede significar una mayor implicación del gobierno en la creación de clientes de calidad a través del uso de la política fiscal y monetaria. **A final de cuentas,** *la creación de clientes de calidad a través de salarios más elevados es fundamental para mantener en alto la demanda de bienes y servicios* **y completar el ciclo de recirculación.**

Recirculación, no redistribución

Francamente creo que la palabra "redistribución" es equivocada para describir esta política. La redistribución debería ser llamada "recirculación". La vasta mayoría del gasto gubernamental, incluyendo el militar, es asignada domésticamente. El gasto gubernamental no es retenido con miras a que sus beneficiarios puedan vivir del retorno que genera. Es gastado (recirculado) a través de la economía. El dinero recaudado por los impuestos se esparce entre más individuos, creando más y mejores consumidores. Quienes originalmente pagan los impuestos se vuelven más ricos, porque los receptores del gasto gubernamental lo gastan nuevamente en sus negocios. También existe la posibilidad de que el gobierno sea su cliente.

La resistencia a la históricamente probada filosofía fiscal keynesiana de la redistribución (recirculación), persiste entre el liderazgo industrial y político conservador actual (2017). Los conservadores son reacios a casi todo el tipo de gasto gubernamental excepto el militar. **Al no entender que se trata de recirculación, no redistribución, los conservadores bloquean la creación y la mejora de programas efectivos de recirculación. También reducen los ingresos por concepto de ventas para sus integrantes más acaudalados (los propietarios).** Los conservadores pueden ser políticamente decididos en el apoyo a cierta clase de programas de gasto, de los cuales la Seguridad Social y el Seguro Médico [*Medicare*] son los mayores, pero al no confiar en la recirculación efectiva, hasta el punto de bloquearla, ponen a las economías capitalistas en riesgo de la depresión/recesión económica o de una revolución directamente. Los conservadores impiden la aprobación de programas y, de manera más importante, obstaculizan su mejora una vez que están en operación.

En un ambiente de libre empresa, existe un flujo natural de capital hacia los poderosos, los más educados y ya acaudalados, a través de distintas vías (legales e ilegales) o por pura fortuna. La concentración natural de la riqueza continuamente reduce tanto el número de negocios como el número de consumidores individuales, lo que finalmente perjudica al comercio y a la sociedad. Todos los estudios, modelos informáticos, investigaciones, estadísticas e historia macroeconómica que he consultado validan este escenario.

La concentración de la riqueza promovida por esta debilidad del capitalismo, crea un sistema en que "el rico se vuelve más rico", lo que vale tanto para individuos como para empresas. Los capitalistas/propietarios cavan su propia tumba gracias a su mentalidad de "acumulación infinita". Este sesgo hacia los ricos reduce la competencia y el número de consumidores adecuado. Las leyes antimonopólicas fueron establecidas para contrarrestar las tendencias hacia la concentración de las empresas (véase la sección III). El sistema fiscal del cobro de impuesto a los ricos y la redistribución (recirculación) hacia la mayoría, fue creado para resolver este problema sobre una base individual.

Adam Smith afirmó: "Los capitalistas, por sí solos, preferirían coludirse a competir". Esto significa que la meta natural de una empresa comercial es alcanzar el estatuto de monopolio y controlar o poseer toda o la mayor parte posible del mercado. (La industria de los seguros de salud, las compañías farmacéuticas y los bancos comerciales son los ejemplos principales de la actualidad). Esto se ajusta bien a la meta natural de muchos individuos de volverse ricos tan rápido como sea posible. Tanto republicanos como demócratas han reconocido esta falla. En 1890, el Partido Republicano aprobó la Ley Antimonopolios Sherman, que el presidente republicano Theodore "Teddy" Roosvelt puso en vigor (véase la sección III). Años después, el Partido Demócrata puso en marcha la política fiscal keynesiana de redistribución (recirculación) del ingreso y la riqueza bajo Franklin Roosvelt.

La deslocalización no es comercio

Es fascinante cómo se ha desarrollado el promocionado concepto de "libre comercio", si consideramos que las mayores potencias industriales de los siglos XIX, XX y XXI, se han construido mediante el uso de tarifas de protección. Gran Bretaña, Estados Unidos, Japón y ahora China, todos utilizaron tarifas para proteger sus incipientes industrias de la competencia. China ha incrementado la táctica de las cargas administrativas, mejor conocidas como "cinta roja" [*red tape*], para alentar el proceso de importación, pese a los subsidios injustos y la laxa regulación ambiental. **De hecho, con las bajas tarifas de los Estados Unidos, China está, en lo esencial, en guerra comercial con Estados Unidos. ¡Y no es una historia que esté en las noticias porque no estamos peleando!** El congreso sólo se queja de la manipulación de la moneda, que es sólo un síntoma de un desequilibrio comercial más amplio.

Durante décadas de investigación, he buscado una explicación corta y sencilla del comercio. Encontré una en el libro de Paul Craig Roberts, *The Failure of Laissez Faire Capitalism*. En este capítulo he de parafrasear dicho libro, pero lo invito a que lo adquiera. Con excepción de la reforma monetaria, explica en menos de 175 páginas nuestra condición económica actual, y fue parte de la administración de Regan. Otro libro relevante es *Bad Samaritans: The Myth of Free Trade and the Secret History of Capitalism*, del autor de la Universidad de Cambridge Ha-Joon Chang.

La mayoría de los economistas ha descubierto que cuestionar el libre comercio equivale a ser etiquetado como proteccionista. Esta etiqueta puede ser perniciosa para sus carreras. Pero pocos han investigado realmente la teoría o sus resultados. La pregunta fundamental es: ¿la subcontratación de empleados es parte del comercio, sea libre o no?

La teoría del libre comercio fue desarrollada por primera vez hace 200 años por David Ricardo, un comerciante de títulos bursátiles. Desafortunadamente, estaba equivocado desde entonces, y aún más en el mundo moderno, donde las dos condiciones necesarias de la "ventaja comparativa" no están presentes. En la época de Ricardo, las características nacionales únicas, el clima y la geografía, eran determinantes importantes de los costos relativos. Hoy en día, sin embargo, la mayoría de las combinaciones de insumos para la producción depende del conocimiento. Las proporciones de los precios relativos son las mismas en todos los países. Por lo tanto, como los costos de oportunidad no difieren entre los países, no existe la base para las ventajas competitivas.

La otra condición que supone la existencia de las ventajas competitivas es que el capital de un país busque su ventaja comparativa en su país y no busque un uso productivo en el extranjero. El capital se ha vuelto más móvil que el intercambio de bienes. En efecto, el capital puede moverse a la velocidad de la luz, pero los bienes intercambiados deben moverse por barco o avión. Aproximadamente la mitad de las importaciones chinas de Estados Unidos provienen de compañías estadounidenses que producen fuera del país para el mercado estadounidense.

En el modelo ricardiano de libre mercado, el comercio resulta de que los países se especializan en diferentes actividades en las que tienen una ventaja comparativa en el comercio de estos productos a cambio de los productos de otros países que actúan de manera semejante. ¡Por lo tanto, el comercio no es competitivo! Los países que compiten entre sí por la misma gama de productos y servicios no son considerados por la teoría del comercio de Ricardo.

La deslocalización no se ajusta a la idea competitiva ricardiana del libre comercio. De hecho, **la deslocalización no es comercio.** La deslocalización se refiere a que una compañía relocaliza su producción de bienes y servicios en un país extranjero. La principal motivación es bajar los costos laborales y la segunda razón es disminuir los costos ambientales. Una tercera razón para deslocalizarse es evitar las distintas formas de regulación o pago de impuestos. Ahora veamos qué consecuencias económicas tiene, utilizando a China y Estados Unidos como ejemplos.

Como efecto de la deslocalización, el empleo y los salarios han disminuido en Estados Unidos. Entre 1999 y 2011, Estados Unidos perdió casi 6 millones de trabajos manufactureros en términos netos. Esto desencadenó un incremento en la demanda de los seguros de desempleo (gasto deficitario). Los desempleados y subempleados comenzaron a buscar dólares para mantener su mismo nivel de vida. Esto significó que la gente comenzó a pedir dinero para sobrevivir o para su gasto corriente. Estos préstamos son, principalmente, tarjetas de crédito e hipotecas. Eventualmente, la gente no puede satisfacer el servicio de la deuda y los préstamos se detienen o dejan de ser pagados. Tenemos así una "Gran Recesión". Posteriormente debemos ser rescatados por el excesivo gasto deficitario y la creación de dinero al servicio de los bancos por parte de la Reserva Federal.

Los salarios y el empleo se están incrementando en China, ¡pero **la cuestión de mayor importancia es la brecha con los nuestros!** El salario básico por hora en China era $0.71 en 2007, comparado con más de $20 en Estados Unidos. (Actualmente es de $2.25 en China, todavía insuficiente para constituir consumidores de calidad). Esto fue un pequeño paso adelante para los pobres rurales en China, ¡pero no podían comprar los productos que estaban fabricando! Así que cuando los consumidores estadounidenses dejaron de pedir dinero para comprar, no había suficientes consumidores bien pagados en China para compensar esta caída. Como resultado, China tuvo que incurrir en un gasto deficitario excesivo para apoyar su economía.

Los objetivos del pensamiento microeconómico y macroeconómico son, en esencia, opuestos entre sí. Por lo tanto, **son necesa-**

rias las tarifas de diferenciación de salarios para una mayor protección a nuestros consumidores e industrias. En efecto, si tenemos una diferencia de salarios reducida (no se necesita que sea igual), diferencias ambientales limitadas, o un respaldo financiero excesivo del gobierno, podemos tener tarifas nominales entre países. Esto significa probablemente que debemos tener tarifas bajas (o no tenerlas) con Japón y Europa, y tarifas más altas con países que tienen salarios demasiado bajos y cuyos costos ambientales son significativamente más bajos.

Los defensores de la subcontratación afirman que la pérdida de ingresos de un trabajo, se compensa con los beneficios que reciben los consumidores por la reducción de los precios. Presuntamente, el daño que sufren quienes pierden sus trabajos es más que compensado por los beneficios que reciben los consumidores en general al enfrentarse a precios supuestamente menores. Sin embargo, estos defensores no son capaces de citar estudios que respalden esta aseveración. La afirmación está basada en una premisa no examinada: que la deslocalización es libre comercio y por lo tanto resulta mutuamente benéfica. Los defensores del libre mercado señalan que ella reduce el precio de las televisiones, los teléfonos y la ropa. Pero esto es negar los costos más altos de la educación, el seguro de salud, el cuidado de los niños, la electricidad, el combustible, etcétera. **Adicionalmente, los trabajadores extranjeros pobres no pueden comprar una cantidad de bienes y servicios suficiente para mantener su economía doméstica moviéndose e incrementar substancialmente su nivel de vida.**

Los defensores de la deslocalización de los empleos también aseveran que los estadounidenses que pierden su trabajo encuentran un trabajo igual o mejor pronto. Esta afirmación se basa en el supuesto de que la demanda de trabajo asegura el pleno empleo, y que las personas cuyos trabajos han sido deslocalizados pueden ser reentrenados para trabajos nuevos que son iguales o mejores que el trabajo que perdieron. ¡Esta afirmación es falsa! La deslocalización afecta todos los bienes y servicios intercambiables. Los datos de la nómina del sector no agrícola, compilados por el U.S. Bureau of Labor Statistics dejan en claro que en el siglo XXI la economía estadounidense ha sido capaz de crear nuevos trabajos netos sólo en el ramo de los servicios domésticos no intercambiables. Estos empleos son mal pagados en comparación con la manufactura y los servicios profesionales de alto valor agregado. (Los bienes y servicios comercializables son aquellos que pueden ser exportados o ser sustituidos por importaciones. Los bienes y servicios no comercializables son aquellos que sólo tienen mercados internos y no tienen competencia en las importaciones).

Algunos apologistas de la deslocalización llegan a insinuar, algunos incluso a afirmar, que la subcontratación en el extranjero es compensada por la subcontratación *desde* el extranjero [*insourcing*]. Por ejemplo, señalan que Japón puede construir plantas de automóviles en Estados Unidos. Esta es una analogía falsa. Esas plantas son un ejemplo de inversión extranjera directa. Los japoneses producen en Estados Unidos para vender en Estados Unidos. Estas plantas son una respuesta a las cuotas sobre los automóviles japoneses importados de la era de Reagan, y a los altos costos de transportación. No producen automóviles en Estados Unidos con el fin de enviarlos de vuelta a Japón para ser comercializados. No utilizan trabajo estadounidense más barato con el fin de producir para el mercado nacional japonés. ¡Al menos no todavía! Están utilizando trabajo barato chino.

Muchos piensan que el trabajo debe estar sujeto a la oferta y la demanda. Esto es, nuevamente, un pensamiento microeconómico, no macroeconómico, porque estos trabajadores son consumidores, clientes, compradores y ciudadanos de un país, no del globo. Hay cientos de millones de seres humanos a quienes no necesitamos para producir todos los bienes y servicios necesarios; ¡de esto se seguiría que, por lo tanto, no son consumidores de calidad! El salario básico y las prestaciones laborales no deben estar sujetos a la oferta y la demanda, pues si la demanda de trabajo (y el pago) se reduce, también se reduce la cantidad de consumidores. Este proceso se refuerza a sí mismo, lo que resulta en un descenso continuo de la demanda hasta que el gobierno interviene.

En Estados Unidos, el número creciente de desempleados desplazados y desalentados es un costo para los contribuyentes y para los familiares y amigos que proveen el seguro de desempleo, el alivio económico y los cuidados del bienestar, y para la viabilidad del sistema político y económico nacional. Este costo excede por mucho los beneficios excesivos que reciben unos cuantos ejecutivos corporativos y las ganancias extra de los accionistas. ¡De hecho, los ingresos domésticos brutos (las ventas) están descendiendo!

Deberíamos elevar la economía global a nuestro estándar de vida, como hicimos con Europa y Japón. ¡En vez de ello, estas

políticas están haciendo descender nuestro nivel al suyo! Más adelante hablaremos del comercio y la globalización de manera más detallada.

Resumen de las soluciones

Las siguientes son soluciones que apuntan a aumentar el número de clientes, compradores y consumidores:

1. Establecer tarifas salariales diferenciadas para los países de bajos salarios, con el fin de suscitar un incremento significativo en los consumidores del extranjero.

2. Establecer un **ingreso mínimo para consumidores de calidad** en todo el país.

3. Incentivar el desarrollo de sindicatos para el sector privado, con una regulación apropiada y vigilancia sobre sus operaciones. ¡Los salarios y las prestaciones sociales dentro de una industria competitiva deben ser relativamente iguales!

4. Desarrollar contratos de trabajo universales para todos.

5. **Ofrecer mayor financiamiento gubernamental para reducir las presiones salariales sobre las empresas (véase la sección VI).**

6. **Asegurarse de que la gente tenga suficiente dinero para gastar (véase la sección VI).**

7. Reducir los impuestos de nómina para trabajadores que ganen menos de 130 mil dólares.

8. **Reducir la competencia sobre los salarios y las prestaciones sociales.**

9. Comenzar por reducir la jornada de 40 horas por semana, aumentar las vacaciones, las bajas por enfermedad y las licencias personales.

10. Incrementar la posibilidad de retirarse tempranamente.

Sección III
No hay suficiente competencia

"Un mercado completamente desregulado eventualmente se convierte en un monopolio o, en el mejor de los casos, un oligopolio, eliminado así el mercado"

Incrementar la competencia

No existe algo tal como el "libre mercado". Por ello prefiero hablar de "mercados competitivos". Todos los mercados reales son instituciones políticas, en las que alguna instancia que las rige, por lo general gobiernos, regula la competencia económica entre grupos diferentes dentro de la sociedad.

El 3 de agosto de 1910, el republicano Theodore Roosvelt ofreció un feroz discurso en Kansas. El expresidente celebró el nuevo poder comercial extraordinario, pero también advirtió que la economía industrial de Estados Unidos había sido conquistada por un puñado de gigantes corporativos que estaban generando una riqueza sin precedentes para un pequeño número de personas y ejerciendo un creciente poder sobre la política estadounidense. Roosvelt advirtió que el país que había sido fundado sobre el principio de la igualdad de oportunidades, estaba en peligro de convertirse en la tierra del privilegio corporativo, y se comprometió a hacer cuanto estuviera a su alcance para poner bajo control a estos gigantes.

En la década de 1970, Estados Unidos relajó la aplicación de las leyes antimonopolio porque adoptó los principios de la economía del *laissez faire*. Los libertarios, partidarios del *laissez faire*, creen que el mercado es perfecto y autorregulado. Los libertarios no ven ningún problema en las cada vez más comunes fusiones y adquisiciones corporativas, las cuales crean monopolios y oligopolios. En consecuencia, hemos visto una consolidación masiva de firmas en muchas industrias, junto con la colusión y la formación de cárteles empresariales. Desafortunadamente, las instituciones, operaciones y conductas humanas no son perfectas ni se autorregulan; así que los libertarios contradicen sus teorías económicas, pues la ausencia de políticas antimonopólicas elimina o reduce severamente al mercado.

Un estudio de la *Economist Magazine* dividió la economía estadounidense en aproximadamente 900 sectores examinados por los 5 censos anuales, y encontró que dos tercios de ellos estaban más concentrados en 2012 que en 1997. El promedio ponderado de la porción perteneciente a las cuatro principales formas de cada sector creció del 26 al 32 por ciento.

Se asume que las empresas son perfectamente competitivas; es decir, se asume que las firmas aceptan los precios a los que pueden vender su producto. Pero esto está lejos de lo que sucede realmente en la economía moderna, donde las firmas tienen un poder comercial y político considerable y, así, pueden determinar sus propias políticas de precios. Pocas firmas son monopolios puros, pues enfrentan cierta competencia, pero saben que lo que pueden vender depende del precio que establecen. Son, pues, *monopolísticamente competitivas.*

Estos monopolios y oligopolios reducen la competencia, lo que produce efectos negativos en la economía. Estas condiciones de mercado reducen la calidad del producto, el empleo, la innovación, la inversión, los gastos de investigación y desarrollo y el libre intercambio de bienes y servicios, al volver altamente frágiles las cadenas de producción y los sistemas complejos. Los monopolios incrementan los precios, los requerimientos de regulación, inhiben la formación de nuevas empresas, fomentan las quiebras y la desigualdad. Los monopolios y oligopolios destruyen propiedades y libertades. La concentración excesiva suprime el ingreso y los beneficios personales, lo que resulta en un menor poder de compra de nuestros clientes (véase la sección II). Adam Smith escribió que los monopolios incrementan los precios, reducen los salarios, socavan la inversión, desestabilizan las relaciones internacionales, alteran el funcionamiento de los mercados, y son enemigos de la buena gestión. También escribió que los monopolistas, a veces, destruyen a personas, gobiernos y naciones.

Hay muchos tipos de monopolios y oligopolios. Son etiquetados como sigue: horizontal, vertical, local, de ferrocarril, de comercio, público privatizado, *leapfrog* y futuros. He inventado un nuevo tipo, al que llamo "oligopolio financiero". Debido a la concentración del poder monetario (capacidad de endeudamiento) y la exitosa capacidad de reunir fondos, un pequeño número de organizaciones de capital privado posee y controla un gran número de nuestras empresas. En 2013 estas compañías, respaldadas por capital privado, controlaban el 23% de las empresas medianas de Estados Unidos y el 11% de las grandes. Carlyle tiene 275 empresas en su portafolio, empleando a 725.000 personas. Las 115 empresas de KKR emplean a 715.000 personas. Este número de empleados los convierte en empleadores más grandes que cualquier compañía estadounidense, con excepción de Walmart.

La descripción completa de los monopolios y sus poderes sobre el mercado es demasiado larga para ser enumerada aquí. Este capítulo está basado en *Cornered*, de Barry C. Lynn. Es uno de los mejores libros actuales sobre el tema. En este libro usted verá cuán vasto y complejo es este tema, no obstante su influjo evidente en la vigente eliminación gradual de los mercados competitivos. Al respecto, puede consultar la web del **Instituto Estadounidense Antimonopolios.**

Los llamados "mercados libres" desregulados, sin pesos y contrapesos, están acabando con las economías a una tasa alarmante. Por lo tanto, el gobierno necesita expandir vastamente sus agencias antimonopólicas en el Departamento de Justicia. Necesitamos de un *staff* que investigue los mercados, y crear y aplicar una regulación adecuada para neutralizar los esquemas anticompetitivos y el intercambio depredador. Estos funcionarios tendrán que asegurarse de que tales políticas no sean demasiado agresivas en su aplicación ni demasiado débiles. Las decisiones deben centrarse en si una compañía o grupo de compañías tiene un poder de mercado excesivo. Las políticas antimonopolio deben volver a su propósito original de alcanzar la competencia de mercado, lo que reduce la influencia política de los poderes monetarios. Las regulaciones antimonopólicas deben determinar cuándo separar compañías o cuando regularlas. Es una tarea compleja. Los creadores de políticas prudentes deben reinventar las acciones antimonopólicas para la era digital. Esto significa estar más alertas de las consecuencias en el largo plazo de que las grandes firmas se apropien de las *startups* más prometedoras. Ello implica facilitar a los consumidores transferir sus datos de una compañía a otra, y prevenir que las compañías de tecnología privilegien injustamente sus propios servicios sobre las plataformas que controlan. Y ello significa también asegurarse de que la gente tenga opciones de autentificar su identidad en línea. Para más sobre este tema, sugiero los trabajos del economista ganador del Nobel, Jean Tirole, de la Escuela de Economía de Toulouse, Francia.

Debe ponerse atención especial en la consolidación del sistema financiero actual. La capacidad de reunir o crear dinero a partir de la relación o la propiedad directa de un banco comercial, permite a estos agentes financieros convertirse en propietarios ausentes. Tienen tanto dinero a su disposición que fácilmente pueden comprar compañías e incluso acorralar o controlar los mercados. Regularmente, sus objetivos son maximizar las ganancias y/o el efectivo en el corto plazo, en detrimento de las ganancias de largo-plazo, generando así una destrucción económica. Con la implementación de una verdadera reforma monetaria (como el descrito en la Sección I), habrá más capital disponible para invertir en que más personas expandan el marco competitivo.

Es por esto que resulta muy importante crear y ejecutar una política antimonopólica. ¡Mientras más competencia, mejor! **La competencia crea más empleos, lo que genera más clientes. Recompensa la eficiencia con ganancias, y castiga la ineficiencia con pérdidas. Agudiza los esfuerzos de los administradores, mejora la calidad e incrementa la innovación. También ayuda a reducir la inflación en exceso. Esto dificulta a los individuos y negocios ganar control monopólico sobre el mercado. La repartición del poder y la redistribución de la participación en el mercado, son esenciales para crear un ambiente empresarial saludable. Si no podemos tener esta competencia de libre mercado y abierta a múltiples compañías, entonces tendremos que regular los monopolios y los oligopolios, incluyendo los precios, como utilidades públicas.**

Otra cuestión relacionada atañe a las regulaciones excesivas para entrar en una industria o profesión. Esto socava la competencia, creando un mercado más pequeño. La obstaculización de la entrada al mercado por leyes y reglamentos, siempre debe revisarse para no excluir a personas calificadas y formaciones empresariales de participar en una industria. La banca en línea ayudará a reducir estas barreras. La tecnología moderna aumentará la competencia al reducir las barreras en otras industrias. Además, la División Antimonopolio tiene que asegurar que las agencias gubernamentales, tanto locales como federales, no favorezcan a las grandes empresas en detrimento de las pequeñas, como sucede con la SEC-FINRA, que impone una costosa carga de regulaciones y auditorías, difíciles de enfrentar por las menos acaudaladas, obligándolas a salir del negocio y reduciendo así la competencia. Además, las mayores compañías han conquistado una gran porción del mercado estableciendo barreras a través de contratos, la duración de las patentes, los derechos de autor, la propiedad intelectual, la litigación y el cabildeo. Definitivamente necesitamos que la entrada a la banca comercial sea más sencilla. La banca en línea ayudará a tirar estas barreras. Hay una excelente discusión de este tema, con ejemplos incluidos, en los Capítulos 5,6 y 20 del libro *Saving Capitalism* de Robert Reich.

Ampliar el capitalismo de mercados competitivos

La ampliación del sistema capitalista incrementa el ingreso total gravable, lo que ayuda al gobierno a proveer los servicios que necesita. El gobierno debe perseguir políticas que fomenten y faciliten la formación de negocios, las operaciones y la competencia. Los gobiernos locales y nacionales necesitan reducir o mantener bajas las barreras a la formación de nuevas empresas –incentivando así el espíritu de empresa.

El gobierno también puede jugar un papel clave en el desarrollo empresarial mejorando las condiciones del ingreso a la economía y las operaciones. Es necesario que todas las políticas gubernamentales limiten aquellos incentivos que obstaculizan la iniciativa, la innovación, la productividad, la inversión, la investigación y el desarrollo. El gobierno siempre necesita simplificar continuamente las leyes y los reglamentos fiscales, es decir, los trámites burocráticos, para facilitar el ingreso al mercado. **Los reguladores no deben regular en exceso lo bueno, sino más bien buscar lo malo e incrementar sus castigos.** El gobierno necesita asegurar la igualdad de condiciones en el mercado para asegurar una competencia justa.

El gobierno debe desincentivar la competencia en el trabajo dentro de una misma industria y área geopolítica en función del costo de los gastos básicos, pues esto reduce la calidad de los consumidores. (Véase la Sección VI para una solución completa). Los reguladores de los gobiernos necesitan asegurar la utilización del trabajo, los incentivos apropiados y la flexibilidad de contratación y despido protegiendo al mismo tiempo los derechos de los trabajadores y los derechos de los desempleados. Las regulaciones necesitan crear la movilidad de los beneficios, el promedio del impuesto sobre la renta y otras características para la fuerza laboral, más móvil en la actualidad. La política gubernamental puede impulsar la productividad invirtiendo en infraestructura y creando una educación de calidad más accesible y asequible para todos; de este modo se creará una fuerza laboral más calificada.

¡Las empresas necesitan a los gobiernos! Los gobiernos proveen el sistema legal y la seguridad básica que, de entrada, le permite a las compañías operar. Además educan a los trabajadores de los que dependen, y crean la infraestructura –caminos, vías férreas, control de tráfico aéreo– que permite a las compañías poner sus bienes en el mercado. Más aun, los gobiernos se hacen cargo de gran parte de la investigación científica que las empresas pueden convertir en productos comerciales, desde el Internet y los sistemas de posicionamiento satelital hasta el desarrollo de fármacos. En muchas industrias, los gobiernos son clientes importantes.

La liberación del sistema monetario (Sección I) puede proporcionar un capital adicional para empresas más pequeñas o nuevas. Es muy difícil competir con la capacidad adquisitiva y el poder de fijación de precios de los gigantes mundiales, quienes además pueden lidiar con los reglamentos excesivos.

Regular los monopolios y los oligopolios

Hay ciertas compañías y productos que tienen el estatuto de monopolios y no pueden ser fragmentados. Así que debe haber una forma de regulación que incluya el poder de fijación de precio y la colusión. El perfecto ejemplo de esto son las comisiones que regulan las tarifas, procesan las quejas de los clientes y varias formas de vigilancia. Necesitamos implementar comisiones que vigilen los monopolios y ciertos oligopolios. Estas comisiones de vigilancia no tienen que pertenecer al nivel federal; la mayoría de las comisiones públicas tiene un carácter local. A los monopolios también se les puede imponer un impuesto sobre el exceso de beneficios para compensar la falta de competencia.

Ejemplos de estos monopolios son Monsanto, algunos proveedores de fármacos, ciertos servicios de salud como los grandes hospitales, las compañías de seguros médicos en ciertas áreas geográficas, Bank of America, Alcoa, compañías de tarjetas de crédito, entre muchas otras.

Además de las comisiones, pueden aprobarse leyes para obligar a ensanchar la competencia. Un ejemplo es la incapacidad del Sistema público de salud (Medicare) de comprar insumos farmacéuticos. Debemos tener una ley que establezca que las compañías farmacéuticas no pueden cargar más del 10 por ciento por encima de lo que cobran a países como Japón, Reino Unido y Alemania. ¿Por qué subsidiar a estos países ricos con precios más altos, financiando así la investigación y el desarrollo de sus farmacéuticas? También existe una competencia limitada que se asegura que los precios de las compañías no caigan por colusiones involuntarias indirectas. Es difícil para los reguladores demostrar la colusión; una solución consistiría en poner un tope a los precios que ponen. Por lo tanto, la expansión de la competencia y las posibles comisiones regulatorias reducirán la colusión.

Resumen de las recomendaciones

1. Cambiar el nombre de la División Antimonopolios del sistema de justicia a la División Competitiva, como en Europa. Siempre debe impedirse que los intereses del dinero influencien este departamento.

2. Incrementar drásticamente el número de investigadores, economistas y fiscales de la División Antimonopolios para generar una implementación cuidadosa, fundamentada y actualizada. Actualmente, esta División ha estado persiguiendo a compañías tecnológicas, que son las más difíciles de juzgar, y dejando que en las industrias más básicas los monopolios se consoliden, como en los seguros médicos, las comunicaciones y la comida.

3. Esta agencia debe abrir más casos de monopolización para fichar a aquellas compañías que hayan abusado de su poder monopólico o lo hayan adquirido de manera ilegítima.

4. Someter a escrutinio y desincentivar las fusiones y adquisiciones.

5. Fomentar que otros países utilicen nuestra investigación y políticas implementadas para incrementar la competencia.

6. Desarrollar comisiones que regulan los monopolios y ciertos oligopolios.

7. Facilitar que las startups y las firmas pequeñas accedan a la inversión de capital (véase la sección I).

8. Reducir las regulaciones –la burocracia– especialmente para las firmas pequeñas.

9. Revisar los procedimientos de adquisición de licencias que protegen a ciertas industrias.

10. Aprobar una legislación que derogue la ley antimonopolio que fue creada a favor de los monopolios.

Sección IV
No hay suficiente planificación de largo alcance

*"Mientras más tiempo estás en el negocio, mayores las
ganancias que obtienes"*

*"El fraude y las prácticas engañosas son muy rentables
en el corto plazo"*

Ganancias en el largo plazo vs. ganancias en el corto plazo

Hay una obsesión con la maximización inmediata de la ganancia
en el corto plazo. Dicho brevemente: "dinero rápido". El capital
privado (Wall Street) y la dirección de las corporaciones constantemente esperan tasas de retorno relativamente rápidas y altas. El
capital del gobierno está más orientado hacia el largo plazo y no
persigue el lucro, así que funciona para el beneficio de la sociedad,
incluidas las empresas. Esto se nota claramente en las inversiones
en infraestructura, educación, investigación y otros proyectos necesarios. Las regulaciones gubernamentales y las políticas fiscales
deben siempre incentivar una planeación orientada al largo plazo
en el sector privado. La planeación de largo plazo es difícil de regular sin intervenir en exceso y restringir las operaciones. Pero hay
algunas políticas que nuestros líderes, tanto los elegidos como los
no elegidos, pueden implementar para incentivar la planificación
dual en el corto y el largo plazo.

Un excelente ejemplo de cómo se incentiva la planificación de
largo plazo en el sector privado es la política fiscal sobre los dividendos. Los dividendos deben ser gravados al mismo nivel que los
salarios de los individuos, con una pequeña excepción para quienes tienen ingresos menores. Sin embargo, los dividendos deben
ser deducibles para las corporaciones, lo mismo que los intereses
sobre su deuda. Este cambio en la política fiscal incentivaría el
capital más que la deuda, y el pago de dividendos en vez de su
acumulación. Esta nueva política tendrá un efecto inmenso sobre
los directivos, quienes tratarán de mantener los dividendos durante
un periodo de tiempo mayor, resultando en mejores políticas de
largo plazo sobre las de corto plazo en el comercio de acciones.
Este cambio puede ser neutral en cuanto a los ingresos fiscales.
**Generalmente, una empresa ganará mucho más dinero porque
sobrevivirá más tiempo con planes y operaciones apropiados**

para el largo plazo. Los efectos de la bancarrota de las empresas por la falta de planificación a largo plazo, duran décadas. Otra ventaja de utilizar el capital social en lugar de la deuda es que el pago de intereses es obligatorio, mientras que el pago de dividendos no lo es y puede detenerse o reducirse.

Actualmente la manera en que los CEOs son compensados contribuye a la obsesión de las compañías con las ganancias de corto plazo. Los CEOs reciben opciones sobre las acciones de la compañía como forma de pago, un incentivo para que busquen elevar el valor de las acciones en el corto plazo durante su tiempo en el cargo. Necesitamos pensar en formas de cambiar esta compensación para utilizar evaluaciones de largo plazo. Hacer los dividendos deducibles ayuda, pero tal vez algunas acciones de largo plazo que no puedan ser vendidas en 10 años ayudarán a los ejecutivos y sus familias a que se beneficien de los dividendos y las apreciaciones futuras. Las acciones con requerimientos de largo plazo pueden conceder mayores derechos de voto, como la Ley Florange en Francia.

La gerencia corporativa actual pone en marcha programas de recompra de acciones, que reducen el monto de las acciones y, así, incrementan el beneficio por acción sin añadir ningún valor a la compañía. Esta política es ejecutada para que las acciones y las opciones tengan un valor mayor al ser vendidas. Por lo tanto, el monto de la compra de acciones debe ser controlada y restringida por la ley, la junta directiva o las regulaciones bursátiles.

Un cambio en los sistemas contables, tal como la contabilidad del "ciclo de vida", también puede fomentar la planificación de largo plazo. Puede incrementar la planificación de tres o cinco años, a una planificación de 30 o 100, como es hecho por las compañías japonesas.

Las empresas necesitan realizar una planificación dual. La gerencia debe mantener la vista en la imagen de corto-plazo, asegurándose de alcanzar los objetivos de crecimiento y ganancia. La gerencia también debe implementar los planes de inversión de largo plazo para el crecimiento rentable y sustentable. No debe interesarse en intercambiar la ganancia en el corto plazo a cambio del crecimiento y la rentabilidad en el largo plazo. Las compañías necesitan concentrarse en construir relaciones durables en el largo plazo con sus clientes, empleados, accionistas y la comunidad en general. Los propietarios y directivos no deben dejarse engañar por la maximización de la ganancia en el corto plazo. Las compañías que pagan bien a sus empleados también pueden tener ganancias elevadas. ¡La falta de planificación de largo plazo explica por qué sólo queda una compañía del Dow Jones 30 original, y menos del 15 por ciento del Standard & Poors 500 desde su creación en 1923!

La contaminación es otro ejemplo notable. ¿Es redituable maximizar la ganancia en el corto plazo desoyendo los controles ambientales apropiados, generando costos de limpieza, multas y una posible extinción, sin mencionar el daño letal a los clientes o el enfermarlos de manera que tengan que gastar más en los seguros de salud que en los bienes y servicios que ofrece la compañía? No, no lo es. Los controles ambientales maximizan los beneficios en el largo plazo no sólo para la gente, sino para todas las empresas.

Un excelente ejemplo de la planificación de corto plazo fue la reciente crisis financiera. Las compañías bancarias y de hipotecas y el Congreso querían que más personas tuvieran acceso a una casa, de modo que el sector bancario privado creó los préstamos *subprime*, que en lo esencial elevaban los pagos del deudor después de dos años. Este marcado incremento en un periodo de tiempo tan corto impedía a los deudores realizar sus pagos, lo que desembocaba en la ejecución de las hipotecas. Esto causó pérdidas a los propietarios, bancos, inversionistas y el mundo en general. Lo que los acreedores debieron haber hecho para hacer dinero en el largo plazo es emitir hipotecas de participación o de tasa fija, en que los acreedores pudieran recibir el 10%, 20% o 30% de las ganancias al vender, refinanciar o regalar el inmueble. Esto habría dado más ingresos a los acreedores que las comisiones de las hipotecas de alto riesgo, en lugar de ir a la bancarrota y tener que ser rescatados por el gobierno y la Reserva Federal.

¡Recordemos que, para una compañía, el total de las ganancias en el largo plazo, al mantenerse en el negocio por más tiempo, siempre debe ser mayor a la suma de todas las ganancias de corto plazo! Una planificación de largo plazo que produzca ganancias tanto para las empresas como para las comunidades es, con el tiempo, el modelo económico más sustentable.

Resumen de las recomendaciones

1. **Hacer los dividendos deducibles de impuestos para las corporaciones (véanse los impuestos corporativos en la sección V).**

2. **Modificar la paga del CEO y otros ejecutivos para fomentar la planificación a largo plazo.**

3. **Controlar y restringir los programas de recompra de acciones.**

4. **Todos los líderes de la comunidad, tanto los electos como los no electos, deberían usar sus tribunas para fomentar una planificación de más largo plazo.**

5. **Fomentar más programas de responsabilidad social corporativa (ver sección V).**

Sección V
Otros temas económicos

"Aportando mis dos centavos"

Globalización y comercio

La globalización es el incremento y la expansión continuos del comercio a través de empresas individuales alrededor del mundo. Como consecuencia, la globalización produce una eliminación gradual de los límites nacionales, allí donde el comercio se realiza. Ahora bien, estas firmas globales están en competencia una con otra, no con países individuales. Sin embargo, hay algunas firmas más grandes que son propiedad de un gobierno o están respaldados por éste, especialmente en China. El comercio más allá de las fronteras ha generado efectos tanto positivos como negativos. Las mayores deficiencias del capitalismo que han seguido a la globalización deben ser enfrentadas en escala internacional.

Existen pocos organismos internacionales de regulación que vigilen a estas compañías, con excepción de la Organización Mundial de Comercio, que no tiene mucho poder y favorece a las compañías sobre los países y los consumidores. Obviamente, necesitaremos desarrollar más instituciones para este propósito. Será un desafío mayor para la futura administración enfrentar de manera comprehensiva estas cuestiones. Así pues, ¿cómo podríamos competir como una nación cuando nuestras empresas y las empresas de otros países compran, venden y producen alrededor del mundo aprovechando las ventajas de estas deficiencias del capitalismo? ¡No podemos! Por ende, la mayor preocupación de nuestros gobiernos es y debe ser el bienestar económico de la gente, nuestros consumidores. La idea de una fuerza de trabajo bien remunerada, generadora de consumidores de calidad, es un objetivo principal de cada país. Para reequilibrar los salarios y el comercio globalmente, debemos hacer que el nivel de los salarios de la fuerza de trabajo internacional progresen *hacia* nosotros, no hacer que nosotros descendamos al de ellos.

Países como China están intentando competir como países, no como un conjunto de negocios independientes. El gobierno es propietario de muchas de sus principales empresas. Se trata de un esquema socialista, *no de capitalismo*. China compite beneficiándose del segundo error descrito en la Sección II. China toma ventaja de la inmensa base de consumidores (clase media) de Estados Unidos y Europa. El principal problema en el largo plazo con esta estrategia es que no está construyendo una base de consumidores en China suficientemente amplia. Esto explica que el gobierno Chino tenga un gasto doméstico significativo e inventarios en exceso. Si los consumidores de Estados Unidos reducen levemente su consumo debido a una reducción de sus salarios o en el uso de sus tarjetas de crédito, una reducción de las líneas hipotecarias, o si se presenta una recesión menor, China puede sufrir una recesión/ depresión significativa.

Dado que Estados Unidos sigue siendo un cliente principal, tiene el poder de introducir cambios en las tarifas, no para proteger industrias, sino para proteger el poder de compra de la población. De manera más importante, para forzar a los países con ingresos bajos a pagar un salario adecuado de manera que puedan convertirse en clientes adecuados. No tenemos que buscar salarios iguales, sino salarios *razonables*, *no-esclavos*, que seguirán incrementándose para ser admitidos en nuestros mercados. Sí, los salarios mínimos y los sindicatos son un método adicional que contribuyen a la creación de una base de consumidores adecuada, pero también es necesario imponer una tarifa diferencial a los salarios.

Un artículo de Justin Pierce, de la Reserva Federal, y Peter Schott, de la Universidad de Yale, argumenta que su adhesión a la OMC (Organización Mundial del Comercio) eliminó para China el riesgo de un aumento considerable de los aranceles estadounidenses, haciendo menos peligroso para sus empresas invertir en nuevas fábricas. Los autores descubrieron que las industrias en las que los aumentos de los aranceles fueron más reducidos, sufrieron las mayores pérdidas de empleo en los Estados Unidos.

Es absurda la idea según la cual el que los estadounidenses tengan bienes y servicios tan baratos compensa el descenso de nuestros salarios. Este diferencial –que nos permite comprar diez camisas en vez de nueve– no está justificado económicamente cuando los trabajadores que fabrican las camisas no pueden comprar nuestra producción de bienes y servicios. Más aún, el incremento en el componente laboral de las manufacturas en otros países no incrementará significativamente los precios como para alterar nuestros hábitos de consumo. Debemos eliminar o reducir todas las tarifas con aquellos países que tienen prácticas salariales y ambientales adecuadas. Y debemos imponer tarifas sobre quienes no las tienen. También debemos considerar una pequeña tarifa general (1 a 2 por ciento) sobre todos los bienes como una estructura para recaudar ingresos, adicional a los impuestos.

En cierta medida, el déficit comercial excesivo también resulta engañoso. El déficit comercial no incluye el dinero que entra en los Estados Unidos bajo la forma de educación de estudiantes extranjeros, inversiones en acciones, bienes raíces y bonos del gobierno. Otros países reciben nuestro dinero y nosotros recibimos sus bienes y servicios. Lo que significa que los individuos, empresas y países extranjeros son dueños de activos nuestros tal como nosotros somos dueños de activos suyos. ¡Esta es la verdadera globalización! ¿Cómo competir en este entorno? La solución es reducir nuestra dependencia del petróleo extranjero y crear un incremento en los salarios de otros países, a través de aumentos de los aranceles salariales, para que sus trabajadores puedan permitirse comprar nuestros bienes y servicios.

El argumento del "comercio justo vs. libre comercio" es, en cierto modo, falso, pues casi todos los países industrializados tienen algún tipo de arancel. Estoy a favor del libre comercio con los aranceles adecuados para proteger las diferencias salariales de la base de consumidores, las diferencias ecológicas y las prácticas anticompetitivas (*dumping* y subsidios) de los gobiernos con grandes bolsillos. **Nuestras empresas pueden competir con cualquier empresa a nivel mundial; sólo necesitan un campo de juego relativamente nivelado. Puede revisar la sección de comercio en la sección II, que también se relaciona con este tema.**

La implementación de una verdadera reforma monetaria (Sección I), eliminará o reducirá sustancialmente la necesidad de bonos del gobierno. Los países con balanzas comerciales positivas (cuando las exportaciones superan a las importaciones) tendrán por lo general monedas más fuertes, con una capacidad limitada para manipular sus monedas. También obstaculizará el comercio de muchos de los países menos productivos para adquirir los bienes y servicios de los países con saldo positivo. Esto es similar a como suceden las cosas hoy en día.

Para superar este problema comercial, hay que establecer un mecanismo internacional que devuelva las divisas a los países con déficit comercial. Esto permitirá a esos países deficitarios seguir comerciando con los países que tienen una balanza comercial positiva. ¡Estos países deficitarios lo gastarán directamente en las economías de los países con superávit! ¡Este mecanismo estimulará el comercio y estabilizará la moneda de ambos países! Recuerde que el dinero es lo único que no cuesta producir, salvo por la inflación excesiva, que ya ha sido reducida por las balanzas comerciales positivas. Habrá que desarrollar cálculos proporcionales para llevar a cabo las transferencias. Esencialmente es similar a la ayuda exterior.

Los tipos de cambio mundiales cambiarán completamente cuando el trilema Mandell-Fleming sea eliminado. Esto se conoce como la imposible trinidad (o trinidad inconsistente), que dice que un país debe elegir entre el libre flujo de capitales, la administración de los tipos de interés y la autonomía monetaria. Actualmente la moneda de Estados Unidos es la principal moneda de reserva que será menos utilizada como reserva pero que seguirá siendo una moneda importante para el comercio por otras razones (véase "Biography of the Dollar" de Craig Karmin).

Si la moneda de un país se vuelve tan fuerte (la llamada "enfermedad holandesa") que impide a las compañías exportadoras competir alrededor del globo, puede haber otro mecanismo para darles un pequeño porcentaje de efectivo de manera que puedan bajar sus precios para ser competitivos en el mercado global. No se trata de los grandes subsidios que les permiten menoscabar la competencia, utilizados por ciertos países para convertirse en los agentes dominantes de un mercado.

La creación de dinero en la economía moderna

Michael McLeay, Amar Radia y Ryland Thomas

- Este artículo explica cómo, en las economías modernas, la mayoría del dinero es creada por los bancos comerciales a través de la emisión de préstamos.

- La creación monetaria, en la práctica, difiere de algunas concepciones erróneas muy difundidas –los bancos no son simples intermediarios que prestan los depósitos que los ahorradores les han entregado, y no "multiplican" el dinero del banco central creando nuevos créditos y depósitos.

- El monto de dinero creado en la economía depende, en última instancia, de la política monetaria del banco central. En tiempos normales, esto se lleva a cabo mediante la fijación de la tasa de interés. El banco central también puede influir en el monto de dinero directamente, mediante la compra de activos, lo que se conoce como *Quantitative Easing* (en adelante QE).

* Este artículo ha sido traducido con el consentimiento del Banco de Inglaterra a partir de la versión original en inglés, titulada "Money Creation in the Modern Economy", autoría de Michael McLeay, Amar Radia y Ryland Thomas. Todos los derechos pertenecen al Banco de Inglaterra (2014). El artículo original puede encontrarse en: https://www.bankofengland.co.uk/quarterly-bulletin/2014/q1/money-creation-in-the-modern-economy. El Banco de Inglaterra no ha revisado esta traducción ni se hace responsable de la exactitud ni la integralidad de esta traducción.

** Banco de Inglaterra. Dirección de Análisis Monetario. Los autores agradecen a Lewis Kirkham su ayuda en la redacción de este artículo.

Síntesis

En la economía moderna, casi todo el dinero existente toma la forma de los depósitos bancarios. Pero la manera en que se crean estos depósitos a menudo es mal comprendida: la principal vía es la emisión de préstamos por parte de los bancos comerciales. **Cuando un banco concede un préstamo, simultáneamente crea un depósito correspondiente en la cuenta del banco del deudor, creando así nuevo dinero.**

La realidad de cómo se crea el dinero actualmente difiere de la descripción que se encuentra en algunos libros de texto:

- En vez de que los bancos reciban depósitos cuando los hogares ahorran para, posteriormente, prestar ese dinero, los préstamos bancarios crean los depósitos.

- En tiempos normales, el banco central no fija la cantidad de dinero en circulación, y no es verdad que el dinero del banco central se "multiplique" en más préstamos y depósitos.

Aunque los bancos comerciales crean dinero a través del crédito, no pueden hacerlo libre e ilimitadamente. Los bancos deben limitar la cantidad que prestan si desean mantener su rentabilidad dentro de un sistema bancario competitivo. La regulación prudencial también actúa como un constreñimiento en las actividades bancarias, con el fin de mantener la resiliencia del sistema financiero. Y los hogares y las compañías que reciben el dinero creado a partir de los nuevos créditos pueden tomar acciones que afectan el stock de dinero –pueden, por ejemplo, "destruir" dinero rápidamente para pagar sus deudas existentes.

La política monetaria actúa como el límite último a la creación monetaria. El Banco de Inglaterra procura asegurarse de que el monto de la creación monetaria en la economía sea coherente con el mantenimiento de una inflación baja y estable. En tiempos normales, el Banco de Inglaterra implementa su política monetaria fijando una tasa de interés sobre las reservas del banco central. Esto afecta a una gama de tasas de interés en la economía, incluyendo la de los créditos bancarios.

En circunstancias excepcionales, cuando las tasas de interés se encuentran en su nivel mínimo de efectividad, la creación y el gasto de dinero en la economía todavía pueden ser demasiado bajos como para ser consistentes con los objetivos de la política monetaria del banco central. Una respuesta posible es llevar a cabo una serie de compras de activos, lo que se conoce como Flexibilización Cuantitativa (*Quantitative* easing o *QE*). El *QE* busca incrementar el monto de dinero en la economía directamente mediante la compra de activos, principalmente a compañías financieras no bancarias.

El *QE* inicialmente incrementa el monto de depósitos bancarios que las compañías poseen (a cambio de los activos que venden). Estas compañías, luego, desearán reequilibrar sus portafolios mediante la compra de activos de mayor rendimiento, incrementando el precio de aquellos activos y estimulando el gasto en la economía.

Como subproducto del *QE*, se crean nuevas reservas del banco central. Pero éstas no son una parte importante del mecanismo de transición. Este artículo explica por qué estas reservas –al igual que en los tiempos normales– no pueden ser multiplicadas en más préstamos y depósitos, y por qué estas reservas no representan "dinero gratis" para los bancos.

Introducción

El artículo "El dinero en la economía moderna: una introducción", que es un complemento de este artículo, ofrece una revisión de lo que significa el dinero y los diferentes tipos de dinero que existen en la economía moderna, explorando brevemente cómo es creado cada uno de ellos.

Este artículo comienza delineando dos concepciones equivocadas comunes acerca de la creación monetaria y explicando que, en las economías modernas, el dinero es creado principalmente por los bancos comerciales cuando conceden préstamos.[1] El artículo discute los límites de la capacidad de creación monetaria del sistema bancario y el importante papel de las políticas del banco central en el aseguramiento de que el crecimiento del dinero y el crédito sea consistente con la estabilidad monetaria y financiera de la economía. La sección final discute el papel del dinero en los mecanismos de transición monetaria durante el periodo de la Flexibilización Cuantitativa, y despeja ciertos mitos en torno a la creación

---

1 A lo largo de este artículo, los términos "bancos" y "bancos comerciales" se refieren a bancos y sociedades de construcción en conjunto.

de dinero y el QE. Junto con este texto, también puede consultarse un video que explica algunos de los temas cruciales aquí tratados.[2]

Dos concepciones erróneas sobre la creación del dinero

La vasta mayoría del dinero poseído por la gente se presenta bajo la forma de un depósito bancario. Pero la pregunta por la proveniencia de este stock de dinero, a menudo es entendida de manera equivocada. Un error frecuente es la creencia de que los bancos actúan simplemente como intermediarios, prestando los depósitos que los ahorradores ponen en sus manos. Según esta perspectiva, habitualmente los depósitos son "creados" por las decisiones de ahorro de los particulares. Luego, los bancos "prestan" esos depósitos existentes a los deudores, como por ejemplo las compañías que buscan financiar sus inversiones o los individuos que desean comprar una casa.

En los hechos, no obstante, cuando los hogares deciden ahorrar más dinero en sus cuentas bancarias, esos depósitos se hacen a expensas de los depósitos que de otro modo habrían ido a parar a las empresas como pago de bienes y servicios. El ahorro por sí mismo no incrementa los depósitos o "fondos disponibles" que los bancos pueden prestar. De hecho, en la realidad de la economía moderna, los bancos comerciales son creadores de los depósitos de dinero. Este artículo explica cómo, en vez de que los bancos presten los depósitos que resguardan, el acto de prestar dinero crea los depósitos –lo inverso a la secuencia que generalmente describen los libros de texto.[3]

Otra concepción común, también equivocada, es que el banco central determina la cantidad de préstamos y depósitos en la economía controlando la cantidad de dinero del banco central –el llamado enfoque del "multiplicador del dinero"–. Según este punto de vista, los bancos centrales implementan su política monetaria eligiendo una cantidad de reservas. Y como se asume que hay una ratio constante entre el dinero ampliado y la base monetaria, estas reservas se "multiplican" en una cantidad mucho mayor de préstamos y depósitos. Para que esta teoría se sostenga, el monto de las

---

2 Véase, www.youtube.com/watch?v=CvRAqR2pAgw.

3 Hay una extensa literatura que reconoce la naturaleza "endógena" del proceso de creación monetaria en la práctica. Véase, por ejemplo, Moore (1988), Howells (1995) y Palley (1996).

reservas debe ser un constreñimiento que limite la emisión de préstamos, y el banco central debe determinar el monto de las reservas existentes. Si bien la teoría del multiplicador del dinero puede ser una forma útil de introducir al tema del dinero y de la actividad bancaria en los libros de texto, ella no ofrece una descripción acertada de la manera en que el dinero se crea en realidad. Más que controlar la cantidad de reservas, los bancos centrales habitualmente implementan su política monetaria estableciendo el precio de las reservas –es decir, la tasa de interés.

En realidad, ni las reservas son un constreñimiento que limita la emisión de préstamos, ni el banco central fija el monto de reservas disponibles. Como sucede con la relación entre depósitos y préstamos, la relación entre reservas y préstamos generalmente opera en sentido inverso al que describen los libros de texto de economía. Primero los bancos deciden cuánto prestar, dependiendo de la rentabilidad de las oportunidades de crédito que tienen a su disposición –lo cual depende crucialmente de la tasa de interés fijada por el Banco de Inglaterra–. El monto de depósitos bancarios, a su vez, influye en la cantidad de dinero del banco central que los bancos comerciales desean conservar en reserva (para satisfacer los retiros de dinero de sus clientes, hacer pagos a otros bancos o cumplir con los requerimientos de liquidez de las regulaciones), el cual, en tiempos normales, es suministrado bajo demanda por el Banco de Inglaterra. El resto de este artículo discute estas prácticas en mayor detalle.

La realidad de la creación monetaria

Los préstamos crean los depósitos –la determinación del dinero ampliado en el nivel agregado

Como se explica en "El dinero en la economía moderna: una introducción", el *dinero ampliado* [*broad money*] es una medida del monto total de dinero poseído por hogares y empresas dentro de una economía. El dinero ampliado se compone de depósitos bancarios (que son, en esencia, *pagarés* [*IOUs*] de los bancos comerciales a los hogares y las empresas) y la moneda nacional (en su mayoría billetes, es decir, *pagarés* del banco central).[4][5] De los dos componentes del dinero ampliado, los depósitos bancarios representan la vasta mayoría –97 por ciento del monto de dinero actualmente en circulación–.[6] Y en la economía moderna, estos depósitos bancarios son creados por los propios bancos comerciales.

Los bancos comerciales crean dinero, en la forma de depósitos bancarios, mediante la emisión de nuevos créditos. Cuando un banco hace un préstamo, por ejemplo, a alguien que solicita una hipoteca para comprar una casa, por lo general no le entrega las miles de libras de valor en billetes. En lugar de ello, abona a una cuenta bancaria un depósito por el monto de la hipoteca. En ese momento, se crea nuevo dinero. Por esta razón, algunos economistas se han referido a los depósitos bancarios como "pluma fuente de dinero", dinero creado de un plumazo por los banqueros al aprobar los préstamos.[7]

Este proceso es ilustrado en la Figura 1, que muestra cómo el otorgamiento de un crédito afecta la hoja de balance de los diferentes sectores de la economía (en "El dinero en la economía moderna: una introducción", se introducen diagramas similares). Como muestra la tercera línea de la Figura 1, el nuevo depósito incrementa los activos del consumidor (que aquí representa a los hogares y las compañías) –las barras rojas extra– y el nuevo préstamo incrementa su pasivo –las barras blancas–. Se ha creado nuevo "dinero ampliado". De manera similar, los dos lados de la hoja de

---

4 La definición de dinero ampliado utilizada por el Banco de Inglaterra, M4, también incluye una gama de obligaciones bancarias más amplia que los depósitos ordinarios; véase Burgess y Janssen (2007) para más detalles. Por simplicidad, este artículo describe todas estas obligaciones como depósitos. En un recuadro posterior se ofrecen más detalles sobre la gama de agregados monetarios más populares en Reino Unido.

5 Alrededor del 6 por ciento de la "moneda nacional" está conformada por las monedas metálicas, producidas por la Casa de Moneda Real. De los billetes que circulan en la economía del Reino Unido, algunos son emitidos por algunos bancos comerciales escoceses y norirlandeses, si bien éstos son igualados por el dinero del Banco de Inglaterra mantenido en el banco.

6 En diciembre de 2013.

7 El dinero de pluma fuente es discutido en Tobin (1963), quien lo menciona al argumentar que los bancos no pueden crear montos ilimitados de dinero en la práctica.

balance del sector bancario comercial se expanden cuando se crean el nuevo dinero y el nuevo crédito. Es importante notar que aunque el diagrama simplificado de la Figura 1 muestra que el monto de nuevo dinero creado es idéntico al monto del nuevo préstamo, en la práctica siempre habrá varios factores que, subsecuentemente, pueden causar que el monto de los depósitos sea diferente al monto del préstamo. Estos factores se discuten detalladamente en la siguiente sección.

La primera fila de la Figura 1 muestra que, cuando se crea el nuevo "dinero ampliado" en la hoja de balance del consumidor, esto se produce –al menos en un primer momento– sin cambio alguno en el dinero del banco central o "base monetaria". Como se señaló antes, un stock más alto de depósitos puede significar que los bancos quieren o están obligados a retener más dinero del banco central para satisfacer los retiros de dinero de sus clientes o hacer pagos a otros bancos. Y en tiempos normales, las reservas son suministradas a los bancos comerciales "bajo demanda" por el Banco de Inglaterra a cambio de otros activos de sus hojas de balance. En modo alguno la cantidad agregada de reservas constriñe directamente el monto del crédito bancario o la creación de depósitos.

Esta descripción de la creación monetaria contrasta con la noción de que los bancos sólo pueden prestar dinero preexistente, como esbozamos en la sección previa. Los depósitos bancarios simplemente son un registro de cuánto dinero le debe el propio banco a sus clientes. Por lo tanto, son una *obligación* (un pasivo) del banco, no un *activo* que pueda ser prestado. Una concepción errónea asociada a lo anterior es la idea de que los bancos pueden prestar sus reservas. Las reservas sólo pueden ser prestadas *entre los bancos*, pues los consumidores no tienen acceso a las cuentas de reservas en el Banco de Inglaterra.[8]

---

8 Parte de la confusión reside en el uso que hacen algunos economistas del término "reservas" al referirse a las "reservas en exceso" –poseídas por un banco por encima del mínimo requerido por la regulación–. En este contexto, los "préstamos de reservas" pueden ser una forma simplificada de describir el proceso de aumentar los créditos y los depósitos hasta que la proporción del banco alcance el máximo. Ya que en el Reino Unido no existen los requerimientos de reservas, este proceso es menos importante para los bancos de Reino Unido.

Figura 1. Creación de dinero mediante la emisión de un préstamo
por el sector bancario [a]

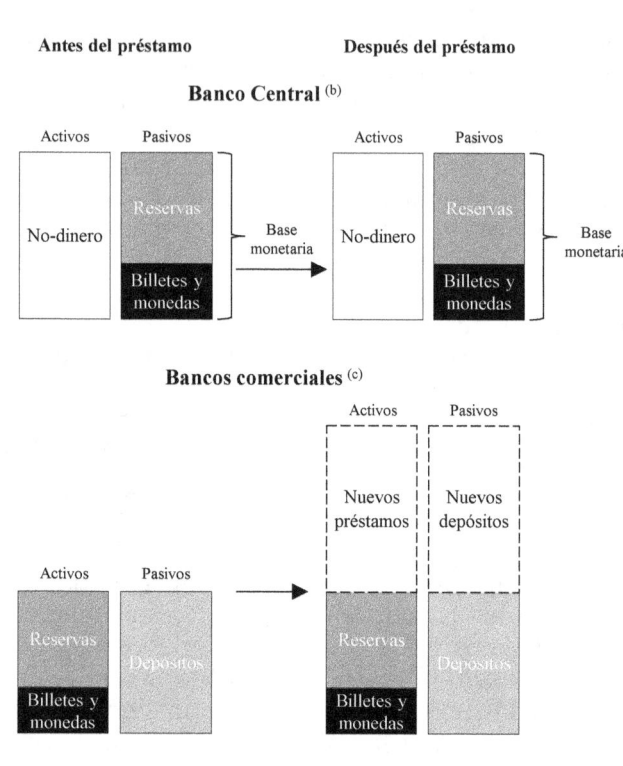

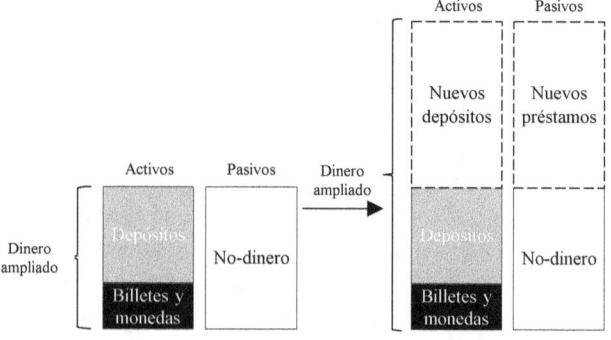

Explicación de la Figura 1:

(a) Los balances están simplificados para facilitar la exposición: las cantidades mostradas de cada tipo de dinero no corresponden a las cantidades realmente poseídas por el balance de cada sector.

(b) El balance del Banco Central sólo muestra el pasivo de la base monetaria y los activos correspondientes. En la práctica, el banco central posee otros pasivos que no son dinero. Sus activos no monetarios se componen principalmente de deuda gubernamental. Como la deuda gubernamental está en posesión del *Bank of England Asset Purchase Facility,* no aparece directamente en el balance.

(c) El balance de los bancos comerciales sólo muestra activos y pasivos antes de la emisión de los préstamos.

(d) Los consumidores incluyen tanto a hogares como empresas. El balance sólo muestra como activos el dinero ampliado y el pasivo correspondiente –no se muestran activos reales como el inmueble intercambiado–. El pasivo no-monetario de los consumidores incluye préstamos securitizados y no securitizados en circulación.

Otras formas de crear y destruir depósitos

Así como la emisión de un crédito crea dinero, el reembolso del crédito lo destruye.[9] Por ejemplo, supongamos que a lo largo del mes un cliente ha gastado dinero en el supermercado utilizando una tarjeta de crédito. Cada compra hecha con la tarjeta de crédito habrá incrementado tanto el crédito en circulación en la hoja de balance del cliente, como los depósitos en la hoja de balance del supermercado (de manera semejante a la Figura 1). Si el consumidor paga la totalidad de la cuenta de su tarjeta de crédito a fin de mes, el banco reducirá en la cuenta de depósitos del consumidor un monto igual al valor del adeudo en la tarjeta de crédito, destruyendo así todo el dinero recién creado.

Los bancos que emiten los préstamos, y los clientes que las reembolsan, son las formas más significativas en que los depósitos bancarios se crean y destruyen en la economía moderna. Pero están lejos de ser los únicos caminos. La creación o destrucción de depósitos tiene lugar cada vez que el sector bancario (incluyendo el

---

9 La caída en la emisión de créditos en Reino Unido desde 2008 es una razón importante de que el crecimiento del dinero en la economía haya sido más bajo que en los años previos a la crisis, como se discute en Bridges, Rosseiter y Thomas (2011) y Butt *et al* (2012).

banco central) compra o vende activos existentes de o a los consumidores o, más frecuentemente, las empresas y el gobierno.

La compra y venta de bonos gubernamentales por parte de los
bancos, es una vía particularmente importante para la creación y
destrucción de dinero. Los bancos a menudo compran y conservan
bonos gubernamentales como parte de su portafolio de activos líquidos, los cuales pueden ser vendidos rápidamente a cambio de
dinero del banco central en el caso de que, por ejemplo, los clientes
quieran retirar dinero en efectivo en grandes cantidades.[10] Cuando los bancos compran bonos gubernamentales de una entidad no
bancaria del sector privado, abonan a la cuenta de los vendedores
con un depósito bancario.[11] Y, como se discutirá más tarde en este
artículo, la compra de activos por parte del banco central conocida como *Quantitative Easing*, tiene implicaciones similares en la
creación monetaria.

El dinero también puede ser destruido a través de la emisión de
instrumentos de deuda y capital de largo plazo por parte de los bancos. Además de los depósitos, los bancos tienen otras obligaciones
en sus hojas de balance. Los bancos gestionan sus obligaciones
para asegurar que al menos tengan cierto capital y obligaciones
de largo plazo para mitigar algunos riesgos y cumplir con los requerimientos de las regulaciones. Ya que estas obligaciones –diferentes de los depósitos– representan inversiones de largo plazo
de los hogares y las empresas, no pueden ser intercambiadas por
dinero central tan fácilmente como los depósitos bancarios, y por
lo tanto incrementan la resiliencia del banco. Cuando los bancos
emiten estos instrumentos de deuda y capital de largo plazo para
empresas financieras no bancarias, dichas empresas pagan por ellas
con depósitos bancarios. Esto reduce el monto de los depósitos –o

---

10 Es por esta razón que la posesión de algunos bonos gubernamentales son
   considerados para cumplir con los requerimientos prudenciales de liquidez, como se describe detalladamente en Farag, Harland y Nixon (2013).

11 En un diagrama de hojas de balance como el de la Figura 1, si los bancos
   compran de los consumidores bonos gubernamentales, ello representaría
   un cambio en la composición en los activos de los consumidores (de bonos
   del gobierno a depósitos) y un incremento tanto de depósitos como de bonos del gobierno en la hoja de balance de los bancos comerciales.

el dinero–, un pasivo en la hoja de balance del sector bancario, e incrementa las obligaciones distintas de los depósitos.[12]

La compra y venta de los activos existentes y la emisión de obligaciones de largo plazo pueden generar una brecha entre los créditos y los depósitos en una economía cerrada. Adicionalmente, en una economía abierta como la del Reino Unido, los depósitos pueden pasar de residentes en el interior a residentes en el extranjero, o bien los depósitos en una moneda pueden ser convertidos en depósitos en moneda extranjera. Estas transacciones no destruyen dinero *por sí mismas*, pero los depósitos de los residentes en el extranjero y los depósitos en moneda extranjera no siempre son contabilizados como parte de la oferta monetaria de un país.

Límites a la creación del dinero ampliado

Aunque los bancos comerciales crean dinero a través de su comportamiento como prestamistas, no pueden hacer esto sin límites. En particular, el precio de los préstamos fijado por los bancos –es decir, la tasa de interés más las comisiones–, determina el monto de lo que los hogares y las empresas están dispuestos a pedir prestado. Diversos factores influyen en el precio de los nuevos créditos, y la política monetaria del Banco de Inglaterra no es el último de ellos, pues afecta el nivel de varias tasas de interés en la economía.

Los límites a la creación monetaria del sistema bancario fueron discutidos en un artículo del economista ganador del Premio Nobel James Tobin, y recientemente el tema ha sido objeto de debate entre numerosos comentaristas económicos y blogueros.[13] En la economía moderna hay tres conjuntos de constreñimientos principales que restringen el monto de dinero que los bancos pueden crear.

---

12 Las compras de bonos gubernamentales de los bancos comerciales y su emisión de deuda y capital de largo plazo, han sido influencias importantes en el crecimiento del dinero ampliado durante las crisis financieras, como se discute en Bridges, Rossiter y Thomas (2011) y Butt *et al.* (2012).

13 Tobin (1963) argumentó que los bancos no poseen la "vasija de la viuda", refiriéndose a la historia bíblica (antes introducida en la economía por John Maynard Keynes), en la que una viuda es capaz de, milagrosamente, llenar una vasija (una olla o jarra) de aceite durante una hambruna. Tobin argumentaba que había límites a la cantidad de préstamos que podrían ser equilibrados automáticamente por los depósitos.

(I) Los propios bancos enfrentan limitaciones a la cantidad que pueden prestar. En particular:

- Las fuerzas de mercado limitan la emisión de préstamos porque en un mercado competitivo los bancos individuales deben ser capaces de prestar de manera que les resulte rentable.

- El otorgamiento de créditos también está constreñido porque los bancos deben tomar acciones para mitigar los riesgos asociados con la creación de nuevos créditos.

- La política regulatoria actúa como un constreñimiento a las actividades de los bancos para mitigar la generación de riesgos que podrían amenazar la estabilidad del sistema financiero.

(II) La creación monetaria también está constreñida por el comportamiento de los propietarios del dinero –hogares y empresas–. Los hogares y las compañías que reciben el dinero creado, pueden llevar a cabo transacciones que inmediatamente lo destruye, como por ejemplo el reembolsar las deudas existentes.

(III) En última instancia, el constreñimiento a la creación de dinero es la política monetaria. Al influir sobre el nivel de las tasas de interés en la economía, la política monetaria del Banco de Inglaterra influye sobre la cantidad de dinero que hogares y compañías están dispuestos a pedir prestado. Esto ocurre directamente, mediante la manipulación de la tasa de interés que los bancos cargan sobre el crédito, pero también indirectamente, mediante el efecto general de la política económica sobre la actividad económica. Como resultado, el Banco de Inglaterra puede asegurar que el crecimiento del dinero es consistente con sus objetivos de inflación baja y estable.

El resto de esta sección explica cómo funciona cada uno de estos mecanismos en la práctica.

(I) *Los límites a la cantidad que los bancos pueden prestar.*
Las fuerzas del mercado que enfrentan los bancos individuales

La Figura 1 mostró que, para el sector bancario *en su conjunto*, los créditos inicialmente se crean con depósitos que los compensan.

Pero esto no significa que un banco *individual* dado, pueda libremente prestar y crear dinero sin límite alguno. Esto es así porque en un mercado competitivo los bancos tienen que ser capaces de prestar de manera rentable, y asegurarse de que administren adecuadamente los riesgos asociados a la emisión de créditos.

Los bancos reciben intereses sobre sus activos, tales como los créditos, pero generalmente también tienen que pagar intereses sobre sus pasivos, tales como las cuentas de depósitos. El modelo de negocio de un banco descansa en el principio de cobrar una tasa de interés sobre sus créditos (u otros activos) más alta que la tasa de interés que paga sobre sus depósitos (u otros pasivos). Las tasas de interés sobre los activos y los pasivos del banco, dependen de la tasa establecida por el Banco de Inglaterra, que actúa como el constreñimiento último sobre la creación monetaria. El banco comercial aprovecha la diferencia o brecha [*spread*] entre el beneficio esperado de sus activos y pasivos para cubrir sus costos de operación y obtener una ganancia.[14] Para conceder créditos extra, un banco individual normalmente tiene que bajar sus tasas de interés en relación con sus competidores para inducir a los hogares y las empresas a solicitar más créditos. Y una vez que concede el crédito, es susceptible de "perder" los depósitos que ha creado ante los bancos competidores. Los dos factores afectan la rentabilidad de la emisión de un crédito para un banco individual y determinan cuántos préstamos se producen.

Por ejemplo, supongamos que un banco individual disminuye la tasa que carga sobre sus préstamos, y que ello incita a un hogar a solicitar una hipoteca para comprar una casa. En el momento en que se realiza el préstamo, se abona un nuevo depósito a la cuenta del deudor. Cuando se ejecuta la compra de la casa, se transfiere este nuevo depósito a la cuenta del vendedor de la casa. La situación se muestra en la primera línea de la Figura 2. El comprador queda con un nuevo activo bajo la forma de una casa y una nueva obligación bajo la forma del nuevo préstamo. El vendedor queda con dinero bajo la forma de un depósito bancario en vez de la casa. Lo más probable es que el vendedor tenga su cuenta en un banco diferente al del comprador. Así que, cuando la transacción tiene lugar, el nuevo depósito es transferido al banco del vendedor, como se muestra en la segunda fila de la Figura 2. El banco del com-

---

14 Véase Bulton, Pezzini y Rossiter (2010) para una exploración de la forma en que los bancos determinan el precio de los nuevos préstamos.

Figura 2. Creación de dinero para un banco individual...

Cambios en la hojas de balance del comprador y el vendedor

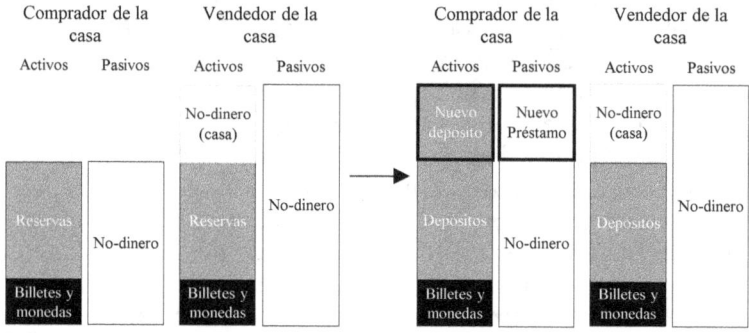

Balances antes del préstamo.   El comprador pide una hipoteca...

Cambios en los balances de los bancos del comprador y el vendedor

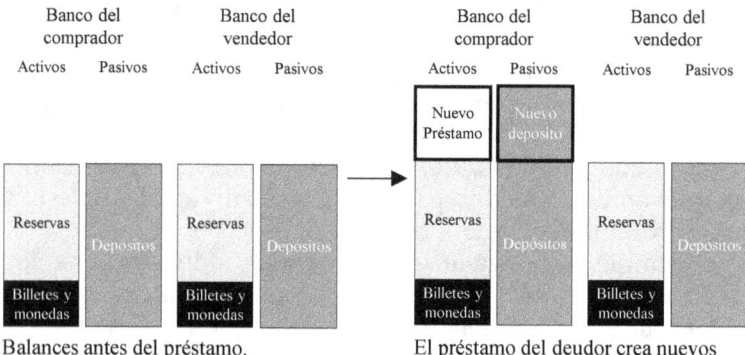

Balances antes del préstamo.   El préstamo del deudor crea nuevos
                                      depósitos...

Pero saldar todas las transacciones de este modo sería insostenible:

- El banco del comprador tendría menos reservas para sus egresos como, por ejemplo, los retiros de depósitos.
- Y si lleva a cabo demasiados préstamos eventualmente se quedará sin reservas.

De modo que el banco del comprador buscará retener o atraer nuevos depósitos (y reservas) —en el ejemplo que mostramos aquí, del banco del vendedor— que acompañen a sus nuevos préstamos.

Continúa en la siguiente página...

... mediante la emisión de un préstamo adicional [a]

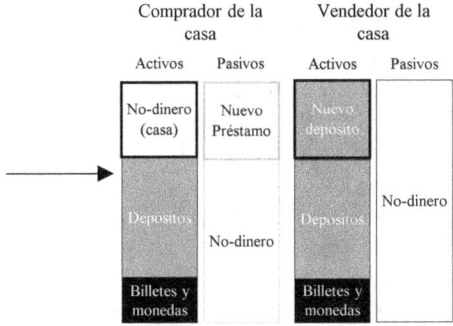

Y utiliza sus nuevos depósitos para pagarle al vendedor de la casa

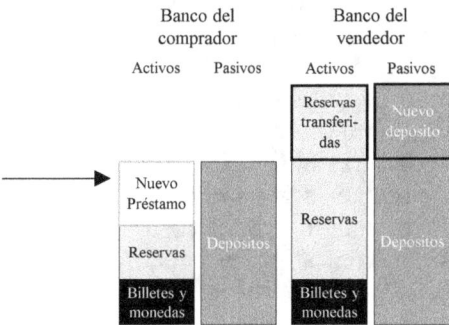

Que son transferidos al banco del vendedor, junto con las reservas que el banco del comprador utilizar para saldar la transacción

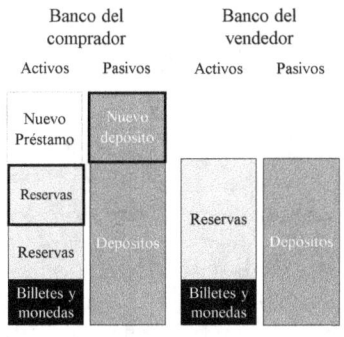

(a) Los balances están simplificados para facilitar la exposición: las cantidades mostradas de cada tipo de dinero no corresponden a las cantidades realmente poseídas por el balance de cada sector.

prador, entonces, tendrá menos depósitos que activos. En primera instancia, el banco del comprador salda la transacción con el banco del vendedor transfiriéndole reservas. Pero esto dejaría al banco del comprador con menos reservas y más préstamos en relación con los depósitos que tenía antes. Es probable que esto sea problemático para el banco, dado que ello incrementaría el riesgo de no poder equilibrar la totalidad de las probables salidas de dinero. Y en la práctica, los bancos conceden muchos préstamos de este tipo todos los días. Así que, si un cierto banco financiara todos sus préstamos de esta manera, muy pronto se quedaría sin reservas.

Los bancos, por lo tanto, intentan atraer o retener obligaciones adicionales que acompañen a sus nuevos préstamos. En la práctica, otros bancos también hacen nuevos préstamos y crean nuevos depósitos, y una forma de hacerlo es tratar de atraer una parte de esos depósitos creados. En un sector bancario competitivo, ello puede implicar el incremento de la tasa que ofrece a las cuentas de depósitos de los particulares. Atrayendo nuevos depósitos, el banco puede conceder más créditos sin que disminuyan sus reservas, como se muestra en la tercera fila de la Figura 2. Alternativamente, un banco puede pedir prestado de otros bancos o atraer otras formas de obligaciones, al menos temporalmente. Pero ya sea que lo haga a través de depósitos o de otras obligaciones, el banco necesitaría asegurarse de atraer y retener alguna clase de fondos para mantener la expansión de los préstamos. Y el costo de ello tiene que ser ponderado contra los intereses que el banco espera ganar sobre los créditos que está concediendo, lo que a su vez depende del nivel de la tasa de referencia fijada por el Banco de Inglaterra. Si, por ejemplo, un banco continuara atrayendo nuevos deudores e incrementando sus préstamos mediante la reducción de las tasas a las hipotecas, y buscara atraer nuevos depósitos incrementando las tasas que paga sobre los depósitos de sus clientes, pronto podría encontrar que no es rentable continuar con la expansión de los créditos. Así, la competencia por los créditos y los depósitos, y el deseo de obtener ganancias, limitan la creación de dinero llevada a cabo por los bancos.

La gestión de los riesgos asociados con la emisión de préstamos

Los bancos también necesitan gestionar los riesgos asociados con la emisión de nuevos créditos. Una forma de hacerlo es asegurarse de atraer depósitos relativamente estables para equilibrar sus nuevos préstamos, es decir, depósitos que es improbable o imposible que sean retirados en grandes sumas. Esto puede actuar como un límite adicional a la cantidad de préstamos que los bancos pueden emitir. Por ejemplo, si todos los depósitos que un banco tiene estuvieran en cuentas a las que se tiene acceso inmediato, como las cuentas corrientes, entonces el banco correría el riesgo de que muchos de estos depósitos fueran retirados en un periodo de tiempo corto. Como los bancos tienden a prestar por periodos de muchos meses o años, es posible que el banco no pueda reembolsar todos estos depósitos –es decir que enfrentaría un gran riesgo de liquidez–. Para reducir el riesgo de liquidez, los bancos intentan asegurarse de que algunos de sus depósitos estén anclados a ciertos periodos de tiempo o *plazo fijo*.[15] Sin embargo, es probable que los consumidores soliciten una compensación por el inconveniente de tener depósitos de mayor plazo, así que estos depósitos pueden ser más costosos para los bancos, limitando el monto de créditos que los bancos están dispuestos a conceder. Y como se discutió antes, si los bancos se protegen del riesgo de liquidez emitiendo obligaciones de largo plazo, esto puede destruir dinero directamente si las compañías pagan por ellas utilizando depósitos.

La emisión de créditos de un banco individual también está limitada por consideraciones propias del riesgo de crédito. Este es el riesgo, para el banco, de prestar a deudores que a su vez pueden ser incapaces de rembolsar sus deudas. En parte, los bancos pueden protegerse contra el riesgo de crédito teniendo suficiente capital para absorber cualquier pérdida inesperada en sus créditos. Pero dado que los préstamos siempre supondrán para los bancos el riesgo de causarles pérdidas, el costo de estas pérdidas será tomado en cuenta al ponerle precio al crédito. Cuando los bancos emiten un préstamo, la tasa de interés que cobran típicamente incluirá una compensación por el nivel promedio de pérdidas que el banco espera sufrir. El tamaño de este componente de la tasa de interés será mayor cuando los bancos estimen que sufrirán pérdidas más altas, como por ejemplo cuando prestan a deudores hipotecarios cuya

---

15 Los bancos también se protegen del riesgo de liquidez conservando activos líquidos (incluyendo reservas y dinero en efectivo), que pueden ser utilizados directamente para cubrir los egresos o, si no, pueden ser convertidos rápidamente y a bajo costo en activos que sí los cubran. Sin embargo, si los bancos compran activos líquidos tales como bonos gubernamentales del sector no bancario, esto puede engendrar más depósitos.

ratio préstamo/valor es alta. A medida que los bancos expanden los préstamos, es probable que la pérdida esperada promedio se incremente, haciendo menos rentables estos préstamos. Esto limita aún más el monto de los créditos que los bancos pueden emitir manteniendo la rentabilidad, y el dinero que, por ende, pueden crear.

Las fuerzas del mercado no siempre conducen a los bancos individuales a que se protejan lo suficiente contra los riesgos de liquidez y crédito. Debido a esto, la regulación prudencial apunta a asegurar que los bancos no tomen riesgos excesivos al conceder créditos, incluyendo requerimientos de posesión de capital y liquidez. Por lo tanto, estos requisitos pueden actuar como un freno adicional a la cantidad de dinero que los bancos comerciales crean. El marco de la regulación prudencial, así como una exposición más detallada del capital y la liquidez, son descritos en Farag, Harland y Nixon (2013).

Hasta el momento, esta sección ha considerado el caso de un banco individual que emite préstamos adicionales ofreciendo tasas de interés competitivas –tanto en sus préstamos como en sus depósitos–. Pero si *todos* los bancos simultáneamente deciden intentar prestar más, el dinero crece y puede no estar limitado de la misma manera. Aunque un banco individual pueda perder algunos depósitos contra otros bancos, es probable que gane otros depósitos, como resultado de que los demás bancos emiten préstamos.

Hay varias razones por las que muchos bancos pueden optar por aumentar notablemente sus préstamos al mismo tiempo. Por ejemplo, la rentabilidad de los préstamos a determinados tipos de interés podría aumentar debido a una mejora general de las condiciones económicas. Alternativamente, los bancos pueden decidir prestar más si perciben que los riesgos asociados a la concesión de préstamos a los hogares y las empresas han disminuido. A veces se argumenta que este tipo de evolución es una de las razones de que los préstamos bancarios se hubieran extendido tanto en el período previo a la crisis financiera.[16] Pero si la percepción de un entorno menos arriesgado no está justificada, el resultado puede ser un sistema financiero más frágil.[17] Una de las respuestas a la crisis en el Reino Unido ha sido la creación de una autoridad macroprudencial,

16 Véase, por ejemplo, Haldane (2009).

17 Tucker (2009) discute la posibilidad de esa "ilusión del riesgo" en el sistema financiero.

el Comité de Política Financiera, para identificar, supervisar y tomar medidas que tienen el fin de reducir o eliminar los riesgos que amenazan la capacidad de recuperación del sistema financiero en su conjunto.[18]

(II) Constreñimientos provenientes de las respuestas de los hogares y las empresas

Además de la gama de constreñimientos que actúan para limitar la creación monetaria, el comportamiento de los hogares y las empresas *en respuesta* a la creación monetaria por el sector bancario puede ser importante, como argumenta Tobin. El comportamiento del sector privado no bancario influencia el impacto que en última instancia tiene la creación de crédito bancario sobre el stock de dinero, dado que es posible que cree más (o menos) dinero del que desean tener en relación con otros activos (como propiedades o acciones). Si los hogares y empresas que solicitan los préstamos lo hacen porque quieren gastar más, al hacer esto rápidamente transferirán ese dinero a otras personas. La manera en que *estos* hogares y empresas reaccionen, determinará el stock de dinero de la economía, y potencialmente tendrá implicaciones en los niveles de gasto e inflación.

Hay dos posibilidades principales en cuanto a lo que puede pasar con los depósitos recién creados. En primer lugar, como sugiere Tobin, el dinero puede ser rápidamente destruido si los hogares o empresas que reciben el dinero una vez que el préstamo es gastado, desean utilizarlo para pagar sus propias deudas bancarias ya existentes. En ocasiones, esto ha sido denominado "teoría del reflujo".[19]

Por ejemplo, el primer comprador de una casa puede pedir una hipoteca para comprar la casa de una persona mayor que, a su vez, reembolsa su hipoteca existente y se muda allí con su familia. Como se discutió previamente, el reembolsar un préstamo bancario destruye dinero, de la misma manera que los préstamos lo crean. Así en este caso, la hoja de balance de los consumidores de la economía volvería a la posición en la que estaba antes de que se hiciera el préstamo.

---

18 Tucker, Hall y Pattani (2013) describen los nuevos poderes de la política monetaria macroprudencial en el Reino Unido en el surgimiento de la crisis financiera reciente.

19 Véase Kaldor y Trevithick (1981).

El segundo resultado posible es que la creación de dinero suplementario por los bancos conduzca a un incremento del gasto en la economía. Para que el dinero recién creado se destruya, se necesita que pase a los hogares y las empresas con créditos existentes que desean liquidarlas. Pero este no es siempre el caso, dado que las posiciones de activos y deudas tienden a variar considerablemente entre los individuos de la economía.[20] Por el contrario, el dinero puede pasar inicialmente a los hogares o las compañías con una balanza positiva de activos financieros: la persona mayor puede haber pagado ya su hipoteca, o una empresa que recibe el dinero como pago puede tener suficientes activos líquidos para cubrir sus posibles gastos. Si este es el caso, pueden encontrarse en posesión de más dinero del que desean y entonces intentar reducir su dinero "en exceso" incrementando su gasto en bienes y servicios. (En el caso de una compañía, puede comprar otros activos de mayor rendimiento).

Estos dos escenarios de lo que puede ocurrir con el dinero creado –ser rápidamente destruido o ser transferido a través del gasto– tienen implicaciones muy diferentes para la actividad económica. En el segundo, el dinero puede seguir circulando entre hogares y empresas diferentes, cada una de las cuales, a su vez, puede incrementar su gasto. Este proceso –llamado en ocasiones efecto "papa caliente"– puede llevar, si lo demás permanece constante, al incremento de las presiones inflacionarias en la economía.[21] En contraste, si el dinero es destruido rápidamente, como en el primer escenario, no habrá más efectos en la economía.

Hasta aquí, esta sección ha discutido cómo las acciones de los bancos, hogares y compañías pueden afectar el monto de dinero en la economía y, por ende, las presiones inflacionarias. Pero la determinación última de las condiciones monetarias en la economía es la política monetaria del banco central.

(III) Política monetaria. El constreñimiento
último de la creación monetaria

Uno de los objetivos principales del Banco de Inglaterra es asegurar la estabilidad monetaria, manteniendo bajo control la inflación

---

20 Véase Kamath *et al* (2011).

21 Este mecanismo se explica más detalladamente en artículos como Laidler (1984), Congdon (1992, 2005), Howells (1995), Laidler y Robson (1995), Bridges, Rossiter y Thomas (2011) y Bridges y Thomas (2012).

de los precios al consumidor alrededor del objetivo del 2 por ciento establecido por el gobierno. Como se discute en el recuadro de las pp. siguientes, en ciertos periodos de tiempo, algunas métricas del dinero se han incrementado a una tasa de crecimiento similar al gasto nominal, la cual determina la presión inflacionaria en la economía en el mediano plazo. Así pues, la elección de una política monetaria adecuada para alcanzar el objetivo de inflación, debe, en última instancia, asegurar una tasa estable de creación de crédito y dinero consistente con dicho objetivo. Esta sección explica la relación entre la política monetaria y los diferentes tipos de dinero.

En tiempos ordinarios, el Comité de Política Monetaria (CPM), como la mayoría de sus equivalentes en otros países, implementa la política monetaria fijando una tasa de interés de corto plazo, específicamente fijando la tasa de interés pagada sobre las reservas del banco central en posesión de los bancos. Es capaz de hacer esto debido a su posición como proveedor monopólico del dinero del banco central en Reino Unido. Y es porque hay demanda de dinero del banco central –el medio de pago definitivo para los bancos, los creadores del dinero ampliado– que el precio de las reservas tiene un impacto significativo en otras tasas de interés dentro de la economía.

La tasa de interés que los bancos comerciales pueden obtener sobre el dinero depositado en el banco central, afecta la tasa a la que están dispuestos a prestar en los mercados de dinero de la misma moneda –los mercados en los que el Banco y los bancos comerciales se prestan dinero entre sí y a otras instituciones financieras–. Los detalles precisos de cómo el banco central utiliza sus operaciones en el mercado abierto para implementar la política monetaria han variado con el tiempo, y los procedimientos operativos de los bancos centrales en la actualidad varían parcialmente de país a país, como es discutido en Clews, Salmon y Weeken (2010).[22] Las variaciones de los tipos de interés interbancarios impactan en una gama más amplia de tipos de interés a través de diferentes mercados y en diferentes plazos, incluidos los tipos de interés que los bancos cobran a los deudores por los préstamos, y los que ofre-

---

22 El marco para las operaciones del Banco de Inglaterra en los mercados de libras esterlinas está establecido en el "Libro Rojo" del Banco, disponible en: www.bankofengland.co.uk/markets/Documents/money/publications/ redbook.pdf. Desarrollos recientes en los mercados de libras son discutidos por Jackson y Sim (2013).

cen a los ahorradores por los depósitos.[23] Al influir de este modo en el precio del crédito, la política monetaria determina la creación de dinero ampliado.

Esta descripción de la relación entre la política monetaria y el dinero difiere de la descripción que se ofrece en muchos libros de texto introductorios, según los cuales los bancos centrales determinan la cantidad de dinero ampliado a través del "multiplicador del dinero", haciendo variar activamente la cantidad de reservas.[24] Según esta perspectiva, los bancos centrales implementan la política monetaria eligiendo una cantidad de reservas. Y como se asume que existe una ratio estable entre dinero ampliado y base de dinero, estas reservas son entonces "multiplicadas" en una escala mucho mayor al convertirse en depósitos bancarios a medida que los bancos incrementan los préstamos y los depósitos.

Ningún paso de esta narración constituye una descripción adecuada de la relación entre dinero y política monetaria en la economía moderna. Los bancos centrales no eligen una *cantidad* de reservas para alcanzar la tasa de interés de corto plazo deseada.[25] Por el contrario, los bancos centrales se concentran en los precios, estableciendo tasas de interés.[26] El Banco de Inglaterra controla la tasa de intereses suministrando y remunerando las reservas a la tasa de su elección. El suministro, tanto de las reservas como de la moneda nacional (que, en conjunto, conforman la base monetaria), es determinado por la demanda de reservas por parte de los bancos tanto para liquidar pagos como para satisfacer la demanda de dinero de sus clientes –demanda que habitualmente el banco central ajusta.

Por lo tanto, es más probable que esta demanda de dinero-base sea una consecuencia del hecho de que los bancos emiten créditos y crean dinero ampliado, no una causa. Esto es así porque las decisiones de los bancos en torno a la extensión de créditos están

---

23 El Banco de Inglaterra (1999) describe con mayor detalle los mecanismos de transmisión de la política monetaria.

24 Benes y Kumhof (1999) discuten con mayor detalle el mito del multiplicador del dinero.

25 Como señala Disyatat (2008).

26 Bindseil (2004) ofrece una descripción detallada de cómo funciona la implementación de la política monetaria a través de las tasas de interés de corto plazo.

basadas en las oportunidades de créditos rentables en cualquier punto del tiempo. La rentabilidad de un préstamo depende de cierto número de factores, como vimos anteriormente. Uno de ellos es el costo de los fondos que el banco enfrenta, lo que está estrechamente relacionado con la tasa de interés que las reservas pagan, la tasa de referencia.

En contraste, la cantidad de reservas ya existentes en el sistema no limita la creación de dinero ampliado a través de la emisión de créditos.[27] En ocasiones, esta fase del multiplicador monetario está motivada por el cumplimiento de los requisitos de reserva del banco central, en virtud de los cuales los bancos están obligados a mantener una cantidad mínima de reservas igual a una proporción fija de sus depósitos. Pero los requerimientos de reservas no son un aspecto importante de los marcos de política monetaria en la mayoría de las economías avanzadas de hoy en día.[28]

Es probable que una postura más flexible de la política monetaria aumente el stock de dinero ampliado, mediante la reducción de las tasas de interés de los préstamos y el aumento del volumen de los mismos. Y una mayor reserva de dinero ampliado, acompañada de un mayor nivel de gasto en la economía, puede hacer que los bancos y los clientes exijan más reservas y dinero en efectivo.[29] Así que, en realidad, la teoría del multiplicador del dinero opera de forma inversa a como se describe normalmente.

---

27 Carpenter y Demiralp (2012) muestra que en los Estados Unidos los cambios en las cantidades de reservas no están relacionados con los cambios en los préstamos.

28 Actualmente, el Banco de Inglaterra no impone formalmente requerimientos de reservas, por ejemplo. Exige que los bancos mantengan en el Banco una proporción de una ratio efectivo-depósitos [*cash ratio deposits*] que no rinden interés como un subconjunto de sus obligaciones. Pero la función de esta proporción de efectivo y depósitos no es operativa. El único propósito es suministrar un ingreso al banco central. Bernanke (2007) discute cómo actualmente los requerimientos de reservas en Estados Unidos son un constreñimiento menor que en el pasado.

29 Kydland y Prescott (1990) encontraron que el agregado del dinero ampliado conduce el ciclo, mientras que el agregado de dinero base tiende a ir ligeramente retrasado en el ciclo.

Recuadro 1. El contenido de los diferentes tipos de dinero y agregados monetarios

Uno de los objetivos principales del Banco de Inglaterra es asegurar la estabilidad monetaria, manteniendo bajo control la inflación alrededor del objetivo de 2 por ciento fijado por el gobierno. Es famoso el argumento de Milton Friedman (1963) de que la inflación "es siempre y en todo momento un fenómeno monetario". Así pues, los cambios en la oferta monetaria pueden contener información valiosa acerca del gasto y la presión inflacionaria en la economía. Dado que el dinero es esencial para la compra de bienes y servicios, es posible que contenga **información corroborativa** sobre el nivel *actual* del gasto nominal en la economía. También puede proporcionar **información incremental** sobre los movimientos *futuros* de los gastos nominales, por lo que puede ser un indicador útil de la futura presión inflacionaria. Finalmente, el comportamiento del dinero puede contribuir a revelar la **naturaleza del mecanismo de transmisión monetaria**, especialmente cuando la política monetaria opera a través del QE.

En la práctica, una dificultad crucial es la evaluación de qué mediciones del dinero son las apropiadas para indagar cada uno de los objetivos. Actualmente el Banco de Inglaterra construye ciertos agregados monetarios y publica la gama de datos que permite construirlos, como la **Tabla 1** sintetiza. El **Cuadro A** muestra algunas series históricas del crecimiento de los agregados monetarios en el largo plazo, en comparación con el del gasto nacional en la economía.[1] Habida cuenta de los muchos cambios en el régimen monetario de Reino Unido en los últimos 150 años, es improbable que un solo indicador monetario capture perfectamente tanto la información monetaria corroborativa como la incremental. El sector financiero de Reino Unido actual también ha atravesado numerosos cambios estructurales que deben ser tomados en cuenta cuando se considera el vínculo subyacente entre dinero y gasto. Por ejemplo, durante los periodos en que el sector financiero ha crecido en relación con el resto de la economía (como en los primeros años de la década de 1980 y los 2000), el dinero ampliado ha tendido a crecer persistentemente más rápido que el gasto nominal.

Las medidas más estrechas del dinero, como la contabilización del dinero en billetes, monedas y depósitos a la vista (cuentas que pueden ser retiradas inmediatamente sin penalización alguna) son, en principio, mejores indicadores corroborativos del gasto, pues es probable que sean el tipo de dinero utilizado para llevar a cabo la mayoría de las transacciones en bienes y servicios en la economía. La suma de billetes y monedas y depósitos a la vista poseídas por el sector privado no bancario, a veces se conoce como "dinero de madurez cero" [*zero maturity money*] o "MZM".[2]

Las medidas de dinero más amplias pueden ser más apropiadas como indicadores incrementales del gasto futuro y más reveladoras sobre la naturaleza de los mecanismos de transmisión. M2, por ejemplo, incluye adicionalmente depósitos a plazo fijo de los hogares como las cuentas de ahorro.[3] Y M4 es una medida aún más amplia, que incluye todos los depósitos a la vista y los depósitos de plazo poseídos por empresas no financieras y compañías no bancarias. El artículo principal describe cómo funciona el QE, incrementando primero los depósitos de las compañías financieras. A medida que estas compañías reequilibran sus portafolios, es probable que el precio de los activos se incremente y, con un cierto retraso, conduzcan al incremento del gasto de los hogares y las empresas. Así que el monitoreo del dinero ampliado ha sido una parte importante de la evaluación de la efectividad del QE.[4]

Ciertos estudios econométricos sugieren que los movimientos sectoriales en el dinero ampliado también pueden proveer información incremental valiosa sobre el gasto en la economía.[5] Por ejemplo, los depósitos de las compañías no financieras parecen ser un indicador líder de la inversión de las empresas en la economía. Uno puede también ponderar los tipos diferentes de dinero estrecho y amplio, utilizando una métrica de qué monto de cada tipo de dinero es emitido en las transacciones –conocido como Índice Divisia–.[6] En la práctica, el interés pagado por un determinado tipo de dinero se utiliza habitualmente como una medida de ponderación. Ello se debe a que probablemente los particulares y las empresas retendrán el dinero que rinde un bajo interés en relación con otros instrumentos financieros sólo si se les compensa prestando mayores servicios de transacciones.

Identificar las mediciones de dinero apropiadas se ha complicado por el desarrollo continuo del sector financiero. Esto ha expandido el rango de instrumentos que pueden servir como dinero y el rango de instituciones financieras que piden prestado a –y depositan en– el sistema bancario tradicional. Por ejemplo, los acuerdos de venta y recompra (conocidos como *repos*) –en los que una compañía compra un activo de un banco bajo el acuerdo de revenderlo más tarde– actualmente son incluidos en M4, pues la obligación del banco puede ser pensada como un depósito asegurado.

Adicionalmente, algunos economistas argumentan que el rango de instrumentos ofrecidos como garantía para los distintos tipos de créditos y deudas, también pueden ser incluidos dentro de una medición de dinero más amplia.[7] Más aún, muchas instituciones no-bancarias que poseen depósitos, son intermediarios entre los propios bancos. Es posible que los depósitos de estas instituciones, conocidas como "otras corporaciones financieras intermediarias" [*intermediate other financial corporations,* o IOFCs], reflejen actividades del sector bancario que no están directamente relacionadas con el gasto en la economía.[8] Por esta razón, la principal medición de dinero ampliado del Banco es M4[ex], que excluye los depósitos de las IOFCs.

---

[1] Estas series suponen el empalme de información actual del Banco de Inglaterra, con datos históricos de los agregados monetarios.

[2] También se puede construir una medición más estrecha conocida como M1 libre de interés. Esta medida se ha vuelto una medición más útil dado que actualmente la mayoría de los depósitos a la vista paga alguna forma de interés. Por ejemplo, durante la crisis financiera, cuando las tasas de interés cayeron hasta casi cero, el crecimiento de M1 libre de interés aumentó rápidamente, pues el costo relativo de poseer un dinero que no rinde interés cayó marcadamente en relación con el dinero que paga interés. El concentrarse en M1 hubiera dado una señal equivocada del crecimiento nominal del gasto en la economía.

[3] M2 abarca los billetes y monedas en manos del sector privado no bancario, además de los depósitos "minoristas", los cuales pagan una tasa de interés anunciada. En gran parte, se trata de los depósitos de los hogares, pero también de algunos depósitos de empresas.

[4] Véase Bridges, Rossiter y Thomas (1011) y Butt et al (2012).

[5] Véase, por ejemplo, Astley y Haldane (1995), Thomas (1997a,b) y Brigden y Mizen (2004).

[6] Véase, por ejemplo, Hancook (2005).

[7] Véase, por ejemplo, Singh (2013).

[8] Véase Burgess y Hanssen (2007) y www.bankofengland.co.uk/statistics/Pages/iadb/notesiadb/m4adjusted.aspx para más detalles.

Tabla 1. Agregados de dinero más populares que pueden construirse con datos disponibles del Reino Unido

Nombre	Definición	Descripción [b]	Disponibilidad
Billetes y monedas	Monedas y billetes en circulación fuera del Banco Central.	Medición más reducida del dinero, utilizada como un indicador de las transacciones realizadas en efectivo.	1870 – presente [c]
M0	Monedas y billetes más reservas del Banco Central.	Históricamente, la medida de la base monetaria usada en los cálculos del multiplicador del dinero. A menudo utilizada como una medida aproximada del tamaño del balance del Banco de Inglaterra. *El Banco de Inglaterra dejó de publicarla pero puede ser reconstruida.*	1870 – presente [c]
M1, no generador de interés	Monedas y billetes más depósitos a la vista libres de interés en manos del sector privado no bancario.	Indicador de las transacciones en bienes y servicios en la economía, menos útil actualmente porque la mayoría de los depósitos a la vista paga algún tipo de interés. *No publicada por el Banco de Inglaterra pero puede ser construida a partir de componentes publicados.*	1921 – presente [c]
MZM	Monedas y billetes más todos los depósitos a la vista en manos del sector privado no bancario.	Indicador de transacciones en bienes y servicios en la economía. *No publicado por el Banco de Inglaterra pero puede ser construido a partir de componentes publicados. El Banco también produce una medición basada en la definición de M1 del BCE.*	1977 – presente [c]
M2 o M4 minorista	Monedas y billetes más depósitos minoristas (incluyendo los depósitos a término) en manos del sector privado no bancario	Medición más amplia que MZM, abarca todos los depósitos minoristas. Las adiciones cruciales son los depósitos a plazo de los hogares y algunos depósitos minoristas de corporaciones. *El Banco también produce una medición basada en la definición de M2 del BCE.*	1982 – presente [c]

Nombre	Definición	Descripción [b]	Disponibilidad
M3	Monedas y billetes más todos los depósitos a la vista y a término (excluyendo sociedades de préstamo) en manos del sector privado no bancario.	Hasta 1987 fue el principal indicador agregado del dinero ampliado del Banco de Inglaterra. *El Banco también produce una medida basada en la definición de M3 del BCE.*	1870-1990 [c]
M4	Monedas y billetes, depósitos, certificados de depósitos, recompras y títulos con tiempo de maduración menor a 5 años en manos del sector privado no bancario.	Hasta 2007 fue el principal indicador agregado del dinero ampliado del Banco de Inglaterra.	1963 – presente[c]
M4ex	M4 excluyendo los depósitos IOFCs.	Desde 2007 es el principal indicador agregado del dinero ampliado del Banco de Inglaterra.	1997 – presente[c]
Divisia	Suma ponderada de los diferentes tipos de dinero	Se propone medir la porción de activos de dinero ampliado, de acuerdo con los servicios de transacciones que ofrecen.[e]	1997 – presente[c]

(a) Todas las definiciones se refieren únicamente a instrumentos en Libras. Algunas definiciones de esta tabla fueron cambiadas en ciertos puntos de la historia. Por ejemplo, el agregado original M3 incluía los depósitos del sector público y depósitos del sector privado no bancario denominados en moneda extranjera. Una historia comprehensiva del desarrollo de los agregados monetarios en Reino Unido se encuentra en: www.bankofengland.co.uk/statistics/Documents/ms/articles/art2jul03.pdf.

(b) Publicados por el Banco de Inglaterra a menos que se indique lo contrario.

(c) Estas series utilizan datos construidos por Capie y Webber (1985).

(d) Los datos de M0 fueron descontinuados tras las reformas a las operaciones de mercado del Banco de Inglaterra en 2006. Para más detalles véase: www.bankofengland.co.uk/statistics/Documents/ms/articles/artjun06.pdf

(e) Los Índices Divisia para otras corporaciones financieras y el sector privado no bancario fueron descontinuados en 2013. Para más detalles véase www.bankofengland.co.uk/statistics/Documents/ms/articles/art1aug13.pdf

Gráfica 1. Diferentes agregados monetarios y del gasto nominal

— Billetes y monedas [a]   — MZM[c]   — Divisia   ── PIB Nominal[f]
── M1 que no rinde interés [b]   — M2[d]   — M3/M4/M4ex[e]

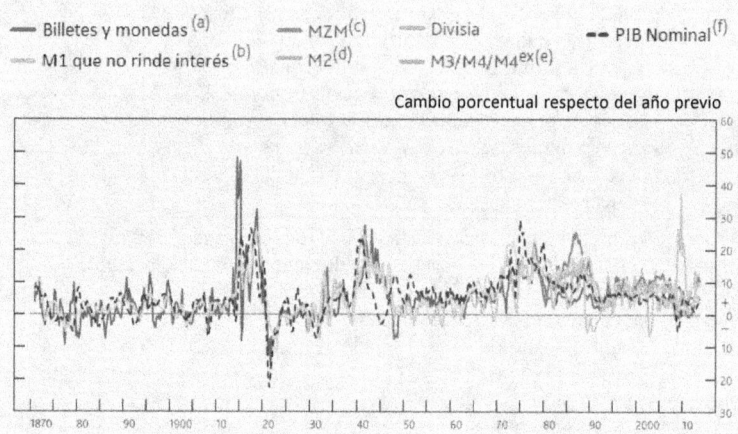

Fuentes: Banco de Inglaterra, Capie y Webber (1985), Mitchell (1988), ONS, Sefton y Weale (1995), Solomou y Weale (1991) y cálculos del banco. Todas las series son ajustadas a los periodos e interrupciones donde es posible. Los datos históricos se ajustan periódicamente utilizando X12.

(a) 1969 Q2 a 2013 Q4 — billetes y monedas en circulación. M0 de 1870 Q1 a 1969 Q2, de Capie y Webber (1985).

(b) 1977 Q1 a 2013 Q4 — billetes y monedas del sector no bancario y las sociedades privadas de préstamo inmobiliario más los depósitos que no rinden interés. Antes de Q1 2008, se excluyen los depósitos de las sociedades de préstamo inmobiliario. De 1963 Q1 a 1977 Q1 – los datos históricos de M1 provienen del England Quarterly Bulletins. 1921 Q4 a 1963 Q1 – Capie y Webber (1985).

(c) Billetes y monedas del sector no bancario y las sociedades privadas de préstamo inmobiliario más el total de los depósitos a la vista. Antes de 1998-Q4 se excluyen los depósitos de las sociedades de préstamo inmobiliario.

(d) Billetes y monedas y depósitos minoristas del sector no bancario y las sociedades de préstamo inmobiliario.

(e) De 1997-Q4 a 2013-Q4 – M4 excluye los intermediarios OFC's. De 1963-Q1 a 1997-Q4 – M4. 1870 Q2 a 1963 Q1 – M3 de Capie y Webber (1985).

(f) Estimación compuesta del PIB nominal a precios de mercado. Véase el apéndice de Hills, Thomas y Dimsdale (2010) para más detalles.

La Flexibilización Cuantitativa – crear directamente dinero ampliado a través de la política monetaria

La sección anterior mostró que la política monetaria puede ser vista como el *límite* último a la creación monetaria de los bancos comerciales. Pero también es posible que los bancos creen demasiado poco dinero para satisfacer la tasa de inflación. En tiempos normales, el Comité de Política Monetaria [CPM] puede responder bajando la tasa de referencia como incentivo para el crédito y, así, para la creación monetaria. Sin embargo, en respuesta a la crisis financiera, el CPM cortó la tasa de interés del banco central a 0.5 por ciento –el llamado límite efectivo inferior.

Una vez que la tasa de interés de corto plazo alcanza el límite efectivo inferior, no es posible para el banco central suministrar un mayor estímulo a la economía rebajando la tasa de interés a la que remunera la posesión de reservas.[30] Una forma posible de suministrar un mayor estímulo monetario a la economía es a través de un programa de compra de activos (*Quantitative Easing*). Al igual que las reducciones en la tasa de referencia, las compras de activos son un medio por el que el CPM puede relajar la disciplina de la política monetaria para estimular la actividad económica y alcanzar el objetivo de la tasa de inflación. Pero el papel del dinero en estas dos políticas no es el mismo.

El QE supone un desplazamiento en el foco de la política monetaria hacia la cantidad del dinero: el banco central compra una cierta cantidad de activos, financiándose mediante la creación de dinero ampliado y un incremento correspondiente en el monto de las reservas del banco central. Los vendedores de los activos adquirirán los nuevos depósitos creados en lugar de los bonos del gobierno. Es probable que tengan más dinero del que desean en relación con otros activos que desean tener, así que querrán reequilibrar sus portafolios, por ejemplo, utilizando los nuevos depósitos para comprar activos de mayor rendimiento tales como bonos y

---

30 Si el banco central redujera la tasa de interés significativamente por debajo de cero, los bancos podrían intercambiar sus reservas bancarias por dinero en efectivo, que pagan una tasa de interés mayor (de cero o un poco menos, tomando en cuenta los costos de almacenamiento del dinero en efectivo). Dicho de otra forma, la demanda de reservas del banco central desaparecería, así que el banco central no podría influir en la economía cambiando el precio de dichas reservas.

acciones emitidas por compañías –desencadenando el efecto "papa caliente" señalado antes–. Esto elevará el valor de esos activos y, para las compañías, reducirá el costo de financiarse en el mercado. Esto, a su vez, debe conducir hacia un mayor gasto en la economía.[31] La manera en que el QE funciona puede, por lo tanto, diferir de dos concepciones equivocadas acerca de la compra de activos por los bancos centrales: que el QE implica dar a los bancos "dinero gratis", y que el objetivo crucial del QE es incrementar los créditos bancarios suministrando más reservas al sistema bancario, como puede ser descrito por la teoría del multiplicador del dinero. Esta sección explica la relación entre dinero y QE y disipa estas concepciones erróneas.

El vínculo entre el QE y las cantidades de dinero

El QE ejerce un influjo directo en las cantidades tanto del dinero base como del dinero ampliado debido a la forma en que el banco central lleva a cabo la compra de activos. La política apunta a comprarle activos y bonos gubernamentales principalmente a compañías financieras no bancarias, tales como los fondos de pensión o las compañías de seguros. Consideremos, por ejemplo, la compra de mil millones de libras en bonos del gobierno a un fondo de pensión. Una forma en que el Banco puede realizar esta compra sería imprimir los mil millones en billetes y entregárselos directamente al fondo de pensión. Pero una transacción de esa magnitud en billetes es impráctica. Este tipo de transacciones, pues, se lleva a cabo utilizando formas electrónicas de dinero.

Ya que el fondo de pensión no tiene una cuenta de reservas con el Banco de Inglaterra, el banco comercial en el que tiene su cuenta es utilizado como intermediario. El banco del fondo de pensión abona mil millones de libras en la cuenta del fondo de pensión a cambio de los bonos gubernamentales. Esto se muestra en el primer panel de la Figura 3. El Banco de Inglaterra financia su compra abonando reservas al banco del fondo de pensión (entregando al banco comercial un título de deuda, como se muestra en la segunda fila). La hoja de balance del banco comercial se expande: los nuevos depó-

---

31 Las formas en que el QE afecta a la economía están cubiertas en detalle en Benford *et al* (2009), Joyce, Tong y Woods (2011) y Bowdler y Radia (2012). El rol del dinero es descrito con mayor detalle en Bridges, Rossiter y Thomas (2011), Bridges y Thomas (2012) y But *et al* (2012).

Figura 3. Impacto del QE en las hojas de balance [a]

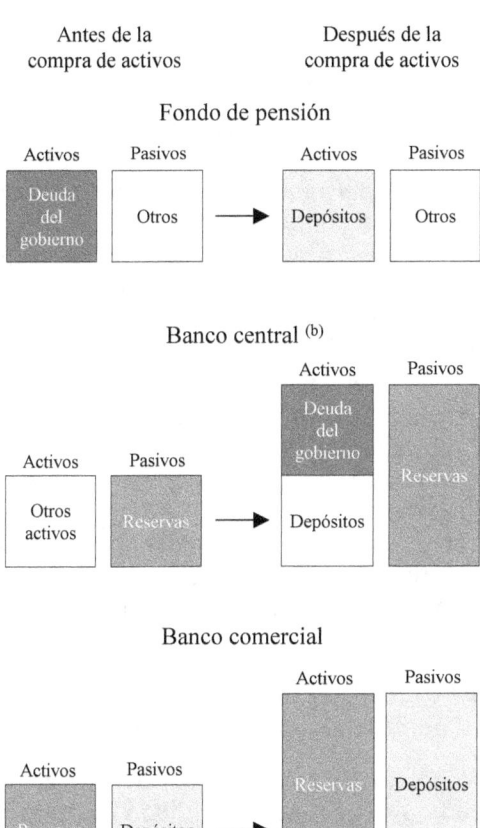

(a) Los balances están simplificados para facilitar la exposición: las cantidades mostradas de cada tipo de dinero no corresponden a las cantidades realmente poseídas por el balance de cada sector.

(b) En la realidad, la deuda gubernamental es comprada por el *Asset Purchase Facility,* parte del Banco de Inglaterra, a través de un préstamo del propio Banco de Inglaterra, de modo que no aparece directamente en el balance consolidado oficial del banco.

sitos en el pasivo se equilibran con un activo, es decir, las nuevas reservas (la tercera fila).

Dos concepciones equivocadas sobre cómo funciona el QE

Por qué las reservas extra no son "dinero gratis" para los bancos

Mientras la compra de activos del banco central implica –y afecta– el balance de los bancos comerciales, el papel principal de esos bancos es fungir como *intermediarios* para facilitar la transacción entre el banco central y el fondo de pensión. Las reservas adicionales mostradas en la Figura 3 son simplemente un producto secundario de esta transacción. A veces se argumenta que, como son activos en posesión de bancos comerciales que ganan intereses, estas reservas representan "dinero gratis" para los bancos. Pero si bien los bancos ganan intereses sobre las nuevas reservas creadas, el QE también crea una obligación correspondiente para el banco bajo la forma de un depósito del fondo de pensión, por el que el banco normalmente tendrá que pagar intereses. En otras palabras, el QE deja a los bancos con una nueva forma de pagaré *del* banco central, pero también con un nuevo *pagaré*, por el mismo monto, *para* los consumidores (en este caso, el fondo de pensión), y las tasas de interés de ambos dependen de la tasa de referencia.

¿Por qué las reservas extra no se multiplican a través de los nuevos préstamos y el dinero ampliado?

Como se discutió antes, los mecanismos de transmisión del QE dependen de los efectos del dinero ampliado creado (más que del dinero base). El comienzo de esa transmisión es la creación de depósitos bancarios en el balance del poseedor de los activos a cambio de la deuda gubernamental (Figura 3, primera fila). De manera importante, las reservas creadas en el sector bancario (Figura 3, tercera fila), no juegan un papel central. Esto es así porque, como se explicó antes, los bancos no pueden prestar sus reservas directamente. Las reservas son un *pagaré* del banco central hacia los bancos comerciales. Estos bancos pueden utilizarlas para hacer pagos a otros bancos, pero no pueden "prestarlas" a los consumidores en la economía, pues ellos carecen de una cuenta de reservas. Cuando los bancos emiten préstamos adicionales, éstos son equilibrados por depósitos adicionales, pero el monto de las reservas no cambia.

Más aún, las nuevas reservas no se multiplican mecánicamente mediante nuevos préstamos y depósitos, como predice la teoría del multiplicador del dinero. El QE propulsa el dinero ampliado sin conducir hacia, ni requerir de, un aumento en la emisión de préstamos. Mientras que la primera sección de la teoría del multiplicador del dinero se sostiene durante el QE –la postura monetaria determina mecánicamente la cantidad de reservas– las nuevas reservas creadas, por sí mismas, no cambian significativamente los incentivos que tienen los bancos para crear nuevo dinero mediante el crédito. Es posible que el QE pueda afectar indirectamente los incentivos de los bancos para emitir nuevos préstamos, por ejemplo, mediante la reducción de los costos de financiamiento, o aumentando la cantidad de crédito al acelerar la actividad.[32] Pero de igual manera, el QE podría llevar a las compañías a pagar sus deudas si emiten más bonos o acciones y utilizan esos fondos para reembolsar los préstamos bancarios. En el conjunto, por lo menos, es posible que el QE aumente o reduzca la cantidad de préstamos bancarios en la economía. Sin embargo, no se esperaba que estos canales fueran partes clave del mecanismo de transmisión: en cambio, el QE opera eludiendo al sector bancario, con el objetivo de aumentar directamente el gasto del sector privado.[33]

Conclusión

Este artículo ha discutido cómo se crea el dinero en la economía moderna. La mayor parte del dinero en circulación es creada no por la imprenta de dinero del Banco de Inglaterra, sino por los bancos comerciales mismos: los bancos crean dinero cuando emiten un préstamo a alguien o compran un activo de los consumidores. Y en contraste con las descripciones encontradas en algunos libros de texto, el Banco de Inglaterra, sin embargo, aún es capaz de influenciar el monto de dinero en la economía. En tiempos normales hace esto a través de la política monetaria –a través de la tasa de interés que paga sobre las reservas que los bancos tienen con el Banco de Inglaterra–. Más recientemente, empero, con la tasa de referencia

---

32 Un mecanismo similar por el cual el QE podría incrementar la emisión de préstamos es permitir que los bancos atraigan más fondos estables, como discute Miles (2012).

33 Estos canales, junto con el efecto del QE en la emisión de créditos bancarios, son discutidos detalladamente en el recuadro en Butt *et al* (2012).

bancaria constreñida por el límite efectivo inferior, el programa de compra de activos del Banco de Inglaterra ha procurado aumentar la cantidad de dinero ampliado en circulación. Esto, a su vez, afecta los precios y las cantidades de diversos activos en la economía, incluyendo el dinero.

Referencias

Astley, M y Haldane, A (1995), 'Money as an indicator', Bank of England Working Paper No. 35.

Bank of England (1999), 'The transmission mechanism of monetary policy', disponible en www.bankofengland.co.uk/publications/ Documents/other/monetary/montrans.pdf.

Benes, J y Kumhof, M (2012), 'The Chicago Plan revisited', IMF Working Paper No. 12/202.

Benford, J, Berry, S, Nikolov, K, Robson, M y Young, C (2009), 'Quantitative easing', Bank of England Quarterly Bulletin, Vol. 49, No. 2, pp. 90–100.

Bernanke, B (2007), 'The financial accelerator and the credit channel', speech at a conference on The Credit Channel of Monetary Policy in the Twenty-first Century, Federal Reserve Bank of Atlanta.

Bindseil, U (2004), 'The operational target of monetary policy and the rise and fall of the reserve position doctrine', ECB Working Paper No. 372.

Bowdler, C y Radia, A (2012), 'Unconventional monetary policy: the assessment', Oxford Review of Economic Policy, Vol. 28, No. 4, pp. 603–21.

Bridges, J, Rossiter, N y Thomas, R (2011), 'Understanding the recent weakness in broad money growth', Bank of England Quarterly Bulletin, Vol. 51, No. 1, pp. 22–35.

Bridges, J y Thomas, R (2012), 'The impact of QE on the UK economy — some supportive monetarist arithmetic', Bank of England Working Paper No. 442.

Brigden, A y Mizen, P (2004), 'Money, credit and investment in the UK industrial and commercial companies sector', The Manchester School, Vol. 72, No. 1, pp. 72–79.

Burgess, S y Janssen, N (2007), 'Proposals to modify the measurement of broad money in the United Kingdom: a user consultation', Bank of England Quarterly Bulletin, Vol. 47, No. 3, pp. 402–14.

Butt, N, Domit, S, Kirkham, L, McLeay, M y Thomas, R (2012), 'What can the money data tell us about the impact of QE?', *Bank of England Quarterly Bulletin*, Vol. 52, No. 4, pp. 321–31.

Button, R, Pezzini, S y Rossiter, N (2010), 'Understanding the price of new lending to households', *Bank of England Quarterly Bulletin*, Vol. 50, No. 3, pp. 172–82.

Capie, F y Webber, A (1985), *A monetary history of the United Kingdom, 1870–1982*, Vol. 1, Routledge.

Carpenter, S y Demiralp, S (2012), 'Money, reserves, and the transmission of monetary policy: does the money multiplier exist?', *Journal of Macroeconomics*, Vol. 34, No. 1, pp. 59–75.

Clews, R, Salmon, C y Weeken, O (2010), 'The Bank's money market framework', *Bank of England Quarterly Bulletin*, Vol. 50, No. 4, pp. 292–301.

Congdon, T (1992), *Reflections on monetarism*, Clarendon Press.

Congdon, T (2005), 'Money and asset prices in boom and bust', Institute of Economic Affairs, Hobart Paper No. 152.

Disyatat, P (2008), 'Monetary policy implementation: misconceptions and their consequences', BIS Working Paper No. 269.

Farag, M, Harland, D y Nixon, D (2013), 'Bank capital and liquidity', *Bank of England Quarterly Bulletin*, Vol. 53, No. 3, pp. 201–15.

Friedman, M (1963), *Inflation: causes and consequences*, Asia Publishing House.

Haldane, A (2009), 'Why banks failed the stress test', disponible en www.bankofengland.co.uk/archive/documents/historicpubs/speeches/2009/speech374.pdf.

Hancock, M (2005), 'Divisia money', *Bank of England Quarterly Bulletin*, Spring, pp. 39–46.

Hills, S, Thomas, R y Dimsdale, N (2010), 'The UK recession in context — what do three centuries of data tell us?', *Bank of England Quarterly Bulletin*, Vol. 50, No. 4, pp. 277–91.

Howells, P (1995), 'The demand for endogenous money', *Journal of Post Keynesian Economics*, Vol. 18, No. 1, pp. 89–106.

Jackson, C y Sim, M (2013), 'Recent developments in the sterling overnight money market', *Bank of England Quarterly Bulletin*, Vol. 53, No. 3, pp. 223–32.

Joyce, M, Tong, M y Woods, R (2011), 'The United Kingdom's quantitative easing policy: design, operation and impact', *Bank of England Quarterly Bulletin*, Vol. 51, No. 3, pp. 200–12.

Kaldor, N y Trevithick, J (1981), 'A Keynesian perspective on money', *Lloyds Bank Review*, January, pp. 1–19.

Kamath, K, Reinold, K, Nielsen, M y Radia, A (2011), 'The financial position of British households: evidence from the 2011 NMG Consulting survey', *Bank of England Quarterly Bulletin*, Vol. 51, No. 4, pp. 305–18.

Kydland, F y Prescott, E (1990), 'Business cycles: real facts and a monetary myth', *Federal Reserve Bank of Minneapolis Quarterly Review*, Vol. 14, No. 2, pp. 3–18.

Laidler, D (1984), 'The buffer stock notion in monetary economics', *The Economic Journal*, Vol. 94, Supplement: Conference Papers, pp. 17–34.

Laidler, D y Robson, W (1995), 'Endogenous buffer-stock money', Credit, interest rate spreads and the monetary policy transmission mechanism, Session 3, conference on The Transmission of Monetary Policy held at the Bank of Canada in November 1994.

Miles, D (2012), 'Asset prices, saving and the wider effects of monetary policy', disponible en www.bankofengland.co.uk/ publications/Documents/speeches/2012/speech549.pdf.

Mitchell, B R (1988), *British Historical Statistics*, Cambridge University Press.

Moore, B (1988), *Horizontalists and verticalists: the macroeconomics of credit money*, Cambridge University Press.

Palley, T (1996), *Post Keynesian economics: debt, distribution and the macro economy*, Macmillan.

Sefton, J y Weale, M (1995), *Reconciliation of National Income and Expenditure: balanced estimates of national income for the United Kingdom, 1920–1990*, Cambridge University Press.

Singh, M (2013), 'Collateral and monetary policy', IMF Working Paper No. 13/186.

Solomou, S N y Weale, M (1991), 'Balanced estimates of UK GDP 1870–1913', *Explorations in Economic History*, Vol. 28, No. 1, pp. 54–63.

Thomas, R (1997a), 'The demand for M4: a sectoral analysis, Part 1 — the personal sector', Bank of England Working Paper No. 61.

Thomas, R (1997b), 'The demand for M4: a sectoral analysis, Part 2 — the corporate sector', Bank of England Working Paper No. 62.

Tobin, J (1963), 'Commercial banks as creators of 'money'', Cowles Foundation Discussion Papers No. 159.

Tucker, P (2009), 'The debate on financial system resilience: macroprudential instruments', disponible en www.bankofengland.co.uk/archive/Documents/historicpubs/ speeches/2009/speech407.pdf.

Tucker, P, Hall, S y Pattani, A (2013), 'Macroprudential policy at the Bank of England', *Bank of England Quarterly Bulletin*, Vol. 53, No. 3, pp. 192–200.

www.ingramcontent.com/pod-product-compliance
Lightning Source LLC
Chambersburg PA
CBHW070326220526
45467CB00001B/43